汉书译注

（东汉）班固 著
陈朴 徐峰 译注

北京联合出版公司
Beijing United Publishing Co.,Ltd.

目录

前　言

《汉书》，又称《前汉书》，是我国东汉时期史学家班固所著。班固（32—92），字孟坚，东汉扶风安陵人（今陕西咸阳东北），史学家班彪之子，史学家、文学家，与司马迁并称“班马”。主要作品为《汉书》，撰有《白虎通德论》，善辞赋，有《两都赋》等。

班固在其父班彪续补《史记》之作《史记后传》的基础上开始编写汉书，至汉章帝建初中基本完成。司马迁所著的《史记》止于汉武帝太初年间，之后虽有扬雄、刘歆等名家为之作续，但大多鄙俗失真，有狗尾续貂之嫌，鉴于此，班彪倾注心力著史。班固时年二十三岁，便离开太学，返乡为父守丧，并仔细阅读父亲遗稿。他认为班彪已经撰成的《史记后传》的部分，内容还不够详备，布局也尚待改进；尚未撰成的部分，需要重新续写。于是，他决定继承父亲遗志，利用家藏的丰富图书，着手撰写《汉书》。永平五年（62），有人上奏朝廷，告发班固“私改作国史”。朝廷下诏拘捕班固并且查抄了他的书稿。为此，班固的弟弟班超上书申明其中原委，汉明帝了解情况后，很欣赏班固的才学，召他到校书部，任命他为兰台令史，负责掌管和校订图书。

班固在上任兰台令史后，便和陈宗、尹敏、孟冀等人共同撰成《世祖本纪》，记述汉光武创立帝业的历史，班固因此升为郎官。他又撰写开创东汉的功臣列传以及平林、新市起义军的事迹和公孙述等人的载记，共二十八篇，这些著述，都被后来官修的《东观汉记》所采用。之后，他又在汉明帝的诏命下继续撰写《汉书》，他决心“专笃志于儒学，以著述为业”。历时“二十余年”，至建初（76—84）中，完成了大部分著述，并且广为流传，“当世甚重其书，学者莫不讽诵焉”。

永元元年（89），南匈奴单于向汉请兵征伐天灾人祸频仍的北匈奴。窦宪因罪惧诛，自求讨伐北匈奴以赎罪。窦太后乃任命窦宪为车骑将军出征北匈奴。班固为中护军，参与谋议。汉军大胜，出塞三千余里，追至燕然山（今蒙古境内杭爱山）。班固奉窦宪之命，刻石勒功，记汉威德。永元四年（92），窦宪因外戚专权而被汉和帝削除兵权，被迫自杀。班固也因和窦宪关系密切，被罢了官。班家奴仆以往曾仗势侮辱过洛阳令种兢。种兢在窦宪垮台及班固失势后，便将班固逮捕入狱。不久，班固死于狱中，终年六十一岁。

班固去世时，《汉书》中的八表及《天文志》尚未完成，汉和帝令其妹班昭就东观藏书阁续成之，班昭续成八表，《天文志》由马续奉诏完成。因此，传世至今的《汉书》，历经两代四人，耗时几十年的时间，当然，其中最主要的是班固二十余年心血的结晶。

《汉书》是我国第一部纪传体断代史。它有十二纪、八表、十志、七十传，共一百篇（后人析为一百二十卷），主要记述汉高祖元年（前206）至王莽地皇四年（23）二百三十年间的史事，个别篇章贯通古今数千年（如《古今人表》和十志）。全书八十余万字。在体例上，《汉书》沿袭了《史记》而稍作变化，《史记》是本纪、表、书、世家、列传五体；《汉书》则是纪、表、志、传四体，改“书”为“志”，舍弃“世家”，体例较为严整。它为断代体正史定下了格局，成为历代正史的滥觞，其后除《南史》《北史》外，均沿用《汉书》的体例。

《汉书》记载的时代与《史记》有交叉，汉武帝中期以前的西汉历史，两书均有记述。这一部分，《汉书》常常移用《史记》。但由于作者思想境界的差异和材料取舍标准不尽相同，移用时也有增删改易。如《汉书》增设《惠帝纪》和贾山、李陵、苏武、张骞等传，创立《古今人表》和刑法、五行、地理、艺文等志。《汉书》中独具特色的内容是“八表”中的“古今人表”和“十志”中的“艺文志”。《古今人表》中罗列了远古至秦朝的数以千计的历史人物，是人们考证古史经常使用的材料。后人对“古今人表”也做了许多研究和考证。“艺文志”是根据西汉末年学者刘歆所著的《七略》改写而成的。它不仅著录了西汉官府的藏书，而且还分析了学术源流和派别，是我国目录学史上一篇杰出的代表作品。

班固曾批评司马迁“论是非颇谬于圣人”，这集中反映了两人的思想分歧。所谓“圣人”，就是孔子。司马迁不完全以孔子思想作为判断是非的标准，正是值得肯定的。而班固的见识却不及司马迁。从司马迁到班固的这一变化，反映了在汉武帝“罢黜百家，独尊儒术”之后，儒家思想到东汉时期已成为封建正统思想,在史学领域站稳了脚跟。《汉书》在思想上倾向于歌颂汉朝功德，维护汉室正统，以正统儒家的眼光来衡量是非，站在维护封建统治的立场来评价历史事件和人物。这种封建正统观念,对后世的影响很大。同时，班固否定非汉的政权和非帝系的人物。秦末农民大起义对于汉之代秦起了决定性的推动作用,司马迁在《史记》中将陈涉列于“世家”，将项羽列于“本纪”，给予较高的历史地位；而班固则将陈涉和项羽一律列于“传”。王莽建立过政权，且不论其政治得失，就体例而言，也应当入纪，而《汉书》只列于“传”。这些都反映了班固尊汉的正统思想。

《汉书》语言典雅，庄严工整，多用排偶、古字古词，遣词造句都十分考究，语意深奥，与《史记》中平畅流利的口语化表达形成了鲜明的对比。因此《汉书》在问世时就是一部难读的古书，连东汉的大学问家马融也觉得难以读懂，只好拜班昭为师进行学习。为了读通《汉书》，历代的学者做了许多注解工作。其中最著名的有两部：一是唐朝初年颜师古的《汉书注》，一是清代王先谦的《汉书补注》。颜师古注参考了隋以前二十三家的注释，体例精审严密，有许多独到见解，与《汉书》并行于世。中华书局出版的点校本《汉书》，就附有颜师古的注解。王先谦的《汉书补注》是一部集大成之著作，征引各家的说解广泛而完备，文字史实的考证审慎而翔实，校勘也比较精确，是研究《汉书》的重要工具。此外，近人杨树达的《汉书管窥》及《汉书补注补正》，也可以参考阅读。

本书以中华书局点校本《汉书》为底本，主要参考了王先谦的《汉书补注》，从王继如先生的注本中亦受益良多，在此表示谢意。鉴于篇幅所限，本书选取《汉书》中具有代表性、可读性强的名篇，加以简要注释并译成现代汉语，以飨读者。限于译注者的学识水平，错讹之处在所难免，敬请读者批评指正。

陈　朴

2014 年 7 月

高祖本纪

高祖，沛丰邑中阳里人也[①]，姓刘氏[②]。母媪尝息大泽之陂[③]，梦与神遇。是时雷电晦冥，父太公往视，则见交龙于上[④]。已而有娠。遂产高祖。

注释

① 沛：秦朝县名。今江苏沛县。丰邑：当时属沛县，在今江苏丰县。

② 姓刘氏：汉高祖，姓刘，名邦，字季。公元前 202 年称帝，在位七年，国号汉，谥号高皇帝，意为刘邦功劳最高。

③ 媪 ǎo：老年妇女之通称。

④ 交龙：蛟龙。此所记高祖诞生乃神化刘邦之说。

译文

汉高祖，是沛县丰邑中阳里人，姓刘。他的母亲有一次在湖岸上闭目休息，梦中与天神不期而遇。当时电闪雷鸣，天色阴暗，其父刘太公前往探视，只见一条蛟龙盘伏在其母身上。不久其母怀孕，生下汉高祖。

高祖为人，隆准而龙颜[①]，美须髯[②]，左股有七十二黑子[③]。宽仁爱人，意豁如也[④]。常有大度，不事家人生产作业[5]。及壮，试吏，为泗上亭长[6]，廷中吏无所不狎侮[7]。好酒及色。常从王媪、武负贳酒[8]，时饮醉卧，武负、王媪见其上常有怪。高祖每酤留饮，酒雠数倍[9]。及见怪，岁竟，此两家常折券弃责[10]。

注释

① 隆准：高鼻梁。
② 须髯：胡须。
③ 黑子：黑痣。
④ 意豁如：性情豁达大度。如，用于形容词词尾。
⑤ 家人：指平常人，普通老百姓。
⑥ 泗上：地名，在今江苏沛县东。亭长：秦汉时期最基层的吏员，负责民政事务。
⑦ 廷中吏：指县里的吏员。狎侮：捉弄。
⑧ 贳 shē：赊欠。
⑨ 雠：售。
⑩ 折券弃责：毁掉账单，免掉债务。责，同“债”。

译文

汉高祖这个人长着高高的鼻梁，龙形的额头，胡须很美，左大腿上有七十二颗黑痣。汉高祖性格宽厚仁爱，胸襟大度，不拘小节，不愿意从事一般的生产劳动。长大后，试补小吏，做了泗上亭长。和官府中的官差都混得很熟。高祖嗜酒好色，经常到王老太、武大娘酒铺赊酒，时常烂醉不起，王老太、武大娘见他醉卧时身上常有异象。高祖每次到铺中喝酒，酒铺便会多卖出好几倍的酒，她们看到怪异后，年终结算酒账时，总是毁掉账单，不再向高祖讨债。

高祖常繇咸阳[①]，纵观秦皇帝[②]，喟然大息[③]，曰："嗟乎，大丈夫当如此矣！"

注释

①繇：同"徭"，服役。咸阳：秦朝都城，在今陕西咸阳市东。

②纵观：允许百姓观看皇帝车驾。

③大息：长长的叹息。大，同"太"。

译文

高祖曾到咸阳服役，在观看秦始皇出行的场景时，他感叹地说："唉，大丈夫就应当像这样威风啊！"

单父人吕公善沛令[①]，辟仇[②]，从之客，因家焉。沛中豪杰吏闻令有重客，皆往贺。萧何为主吏[③]，主进[④]，令诸大夫曰[⑤]："进不满千钱，坐之堂下。"高祖为亭长，素易诸吏[⑥]，乃绐为谒曰"贺钱万"[⑦]，实不持一钱。谒入，吕公大惊，起，迎之门。吕公者，好相人，见高祖状貌，因重敬之，引入坐上坐。萧何曰："刘季固多大言，少成事。"高祖因狎侮诸客，遂坐上坐，无所诎[⑧]。酒阑[⑨]，吕公因目固留高祖。竟酒，后。吕公曰："臣少好相人，相人多矣，无如季相，愿季自爱。臣有息女[⑩]，愿为箕帚妾[⑪]。"酒罢，吕媪怒吕公曰："公始常欲奇此女，与贵人。沛令善公，求之不与，何自妄许与刘季？"吕公曰："此非儿女子所知。"卒与高祖。吕公女即吕后也，生孝惠帝、鲁元公主。

注释

①单父 shànfǔ：秦县名。今山东单县。沛令：沛县的县令。

②辟：同"避"，躲避。

③主吏：秦汉时县政府重要掾属之统称。

④主进：负责收受宾客送来的财礼。进，通"赆"，收入的钱财。

⑤大夫：爵名，秦汉时二十等爵的第五级。这里借为对客之尊称。

⑥易：轻视。

⑦绐 dài：欺骗。谒：名片。

⑧无所诎：毫不退缩的意思。诎，与"让"义近。

⑨酒阑：酒宴将结束时。

⑩息女：亲生女。

⑪箕帚妾：打扫清洁的婢妾。这里是妻子的谦词。

译文

单父县的吕公和沛县县令是好友，为躲避仇家，在县令家做客，后来就在沛县安了家。沛县的豪杰、官吏听说县令有贵客到来，都前往道贺。萧何是县衙的官员，负责接收贺礼。对诸位来宾说："礼不满一千钱的，坐在堂下。"高祖当时为亭长，素来轻视这些人，在贺帖上谎称"贺钱一万"，事实上一分钱没带。传报进去，吕公大惊，亲自到大门前迎接。吕公这个人，喜欢看相，看到高祖仪表非凡，十分敬重他，把他请入客厅坐上座。萧何说："刘季一向喜欢说大话，很少办成事。"高祖因为轻视在场宾客，就坐在了上座，也没有谦虚礼让。酒宴快要结束的时候，吕公使眼色暗示高祖留下，饮酒完毕后，吕公对高祖说："鄙人年轻时就喜欢给人看相，看了许多人，都不及您的相高贵，希望您多多保重。我有一个女儿，愿意嫁给您侍奉左右。"酒宴结束后，吕媪生气地对吕公说："你以前总说我女儿有福气，要嫁与贵人。沛县县令待你不薄，想娶我女儿你不答应，今日你为何随便地就把女儿许配给刘季？"吕公说："这不是你们妇道人家所能明白的。"最终还是把女儿嫁给了高祖。吕公的女儿就是后来的吕后，生了汉孝惠帝和鲁元公主。

高祖以亭长为县送徒骊山①，徒多道亡②。自度比至皆亡之③，到丰西泽中亭，止饮④，夜皆解纵所送徒。曰："公等皆去，吾亦从此逝矣⑤！"徒中壮士愿从者十余人。高祖被酒⑥，夜径泽中⑦，令一人行前⑧。行前者还报曰："前有大蛇当径⑨，愿还。"

高祖醉，曰："壮士行，何畏！"乃前，拔剑斩蛇，蛇分为两，道开。行数里，醉困卧。后人来至蛇所，有一老妪夜哭⑩。人问妪何哭，妪曰："人杀吾子。"人曰："妪子何为见杀？"妪曰："吾子，白帝子也，化为蛇，当道，今者赤帝子斩之，故哭。"人乃以妪为不诚，欲苦之，妪因忽不见。后人至，高祖觉⑪。告高祖，高祖乃心独喜，自负⑫。诸从者日益畏之。

注释

①徒：指服劳役的犯人。骊山：在今陕西临潼县境内。
②道亡：途中逃走。
③度 duó：估计。
④止：停下休息。
⑤逝：逃走。
⑥被酒：饮酒过量，带着酒意。
⑦径：经过。
⑧行：循行。
⑨径：小路。
⑩老妪：老年妇女。
⑪觉 jué：睡醒。
⑫自负：自恃不凡。赤帝子诛白帝子的故事，乃刘邦假托以神其身的花招。因流传开来，遂采入史。

译文

汉高祖以亭长的身份为沛县押送犯人去骊山服役，途中犯人多有逃走。他估计等到骊山时就逃完了，走到丰西泽中亭时，停下来喝酒，夜间释放了所有的犯人。他说：“大家都逃走吧！我从此也要远走高飞了！”犯人中有十多人愿意跟随高祖一起走。高祖乘着酒兴带众人从泽中小道逃走，派一人到前面探路。探路的人回来报告：“前面有大蛇横在路中挡道，还是回去吧。”高祖带着醉意说：“壮士前行，有什么好怕的！”高祖便亲自上前，拔剑斩蛇，蛇被砍为两段，道路通了。走了几里路，高祖醉困而卧。有人从后面赶上，经过高祖杀死大蛇的地方，看到一位老太太夜里在路旁哭泣。这人问老太太为什么哭泣，老太太说：“有人杀了我的儿子。”此人问：“您的儿子因为什么事被杀？”老太太说：“我的儿子是白帝之子，变成大蛇，挡着道路，被赤帝之子杀了，所以我在此哭泣。”此人以为老太太说的是假话，想盘诘一番，老太太却忽然间消失了。此人追上高祖时，高祖也醒了，就把这事告诉了高祖，高祖心中暗自高兴，自鸣得意。追随高祖的人越来越敬畏他。

秦二世元年秋七月①，陈涉起蕲②，至陈③，自立为楚王，遣武臣、张耳、陈馀略赵地④。八月，武臣自立为赵王。郡县多杀长吏以应涉。九月，沛令欲以沛应之。掾、主吏萧何、曹参曰⑤：“君为秦吏，今欲背之，帅沛子弟，恐不听。愿君召诸亡在外者，可得数百人，因以劫众⑥，众不敢不听。”乃令樊哙召高祖。高祖之众已数百人矣。

注释

①秦二世元年：公元前 209 年。

②陈涉：即陈胜。蕲 qí：县名。在今安徽宿州南。

③陈：县名。今河南淮阳。

④略：通“掠”，侵夺。

⑤掾：指沛县的属吏。当时曹参为沛县狱掾。

⑥因以劫众：借以挟制民众。

译文

秦二世元年（前 209）秋七月，陈涉在蕲县起义，后来到了陈地，自立为楚王。派武臣、张耳、陈馀攻取赵地。八月，武臣自立为赵王。很多郡县的百姓杀死官吏以响应陈涉起义。九月，沛县县令想在沛县响应陈涉，主吏萧何、掾属曹参建议：“您身为秦朝官吏，现在想背叛秦朝，率领沛县子弟起义，大家恐怕不会听从。希望您召回那些逃亡在外的人，可得数百人，用这些人威胁众人，众人就不敢不听从于您。”于是沛县县令派樊哙去召回高祖。当时高祖已经拥有几百人了。

于是樊哙从高祖来。沛令后悔，恐其有变，乃闭城城守[①]，欲诛萧、曹。萧、曹恐，逾城保高祖[②]。高祖乃书帛射城上，与沛父老曰：“天下同苦秦久矣。今父老虽为沛令守，诸侯并起，今屠沛。沛令共诛令，择可立立之，以应诸侯，即室家完。不然，父子俱屠，无为也[③]。”父老乃帅子弟共杀沛令，开城门迎高祖，欲以为沛令。高祖曰："天下方扰，诸侯并起，今置将不善，一败涂地④。吾非敢自爱，恐能薄，不能完父兄子弟。此大事，愿更择可者⑤。"萧、曹皆文吏，自爱，恐事不就，后秦种族其家⑥，尽让高祖。诸父老皆曰："平生所闻刘季奇怪，当贵，且卜筮之，莫如刘季最吉。"高祖数让，众莫肯为，高祖乃立为沛公。祠黄帝⑦，祭蚩尤于沛廷⑧，而衅鼓旗⑨。帜皆赤，由所杀蛇白帝子，杀者赤帝子故也。于是少年豪吏如萧、曹、樊哙等皆为收沛子弟，得三千人。

注释

① 城守：据城防守。

② 保：依靠。

③ 无为：不用，无价值，无意义。

④ 一败涂地：一旦失败，便肝脑涂地。

⑤ 可者：能胜任的人。

⑥ 种族：灭族。

⑦ 黄帝：传说为古代帝王（实是我国原始社会部落联盟的首领），号轩辕氏。

⑧ 蚩尤：传说为古代部落首领，善战，败于黄帝。祭祀黄帝、蚩尤，以祈求得到保佑。

⑨ 衅鼓旗：杀牲以血涂于鼓旗。

译文

于是高祖与樊哙一起回到沛县。沛令后悔，惧怕事变，便闭城固守，还想诛杀萧何、曹参。萧、曹震惊，就翻越城墙投靠高祖。高祖便在帛上写信射到城上，对沛县父老说："天下人民痛恨秦朝的暴虐很久了。现在各位父老虽为沛令守住县城，但各地诸侯兵马一到，就会屠杀沛县的百姓。如若现在父老乡亲共同诛杀沛令，推举众望所归的人为首领，以响应起义，就可以保全家人性命。否则，全家都要被杀，这是白白送死。"于是父老乡亲率领沛县子弟一起杀死县县令，打开城门迎接高祖，打算推举高祖做沛县令。高祖说："如今天下大乱，群雄并起，如果选拔首领不当，我们便会一败涂地。我并非贪生怕死，只是担心能力不够，不能保全父老乡亲。这是一件大事，希望另选合适的人。"萧何、曹参都是文官，担心其身家性命，害怕举事不成，被秦朝诛灭全族，都推举高祖。沛县父老都说："平日常听说刘季身上有异象，应当会成为贵人，并且我们占卜算卦，都不如刘季吉利。"高祖多次推辞，大家都不同意，高祖于是被立为沛公。在沛县大堂祭祀黄帝、蚩尤，并用牲畜的血染旗鼓。旗帜都是红色的，这是因为被杀之蛇是"白帝子"，而杀死白蛇是"赤帝之子"的缘故。于是青年官员如萧何、曹参、樊哙等都去招募沛县子弟，聚集了三千人。

初，怀王与诸将约，先入定关中者王之[①]。当是时，秦兵强，常乘胜逐北，诸将莫利先入关。独羽怨秦破项梁，奋势[②]，愿与沛公西入关。怀王诸老将皆曰："项羽为人慓悍祸贼，尝攻襄城，襄城无噍类[3]，所过无不残灭。且楚数进取，前陈王、项梁皆败，不如更遣长者扶义而西[4]。告谕秦父兄。秦父兄苦其主久矣，今诚得长者往，毋侵暴，宜可下。项羽不可遣，独沛公素宽大长者。"卒不许羽，而遣沛公西收陈王、项梁散卒。乃道砀至城阳与杠里[5]，攻秦军壁，破其二军。

注释

① 关中：地区名。指函谷关以西的地区。王 wàng：封王。

② 奋势：愤激的姿态。

③ 无噍类：没有吃东西的活物，指全杀光。噍，同"嚼"。

④ 长者：宽厚老实的人。扶义：凭借着道义。

⑤ 道：经由，经过。城阳：县名。在今山东鄄城东南。杠里：地名。在城阳西。

译文

当初，怀王与诸将订下盟约，谁能先平定关中谁就可以在关中称王。当时的秦兵强大，常常乘胜追击败军，诸将领中无人认为先入关有利。唯独项羽痛恨秦军打败并杀死项梁，激愤之下，愿意和沛公一起西进入关。怀王的老将都说："项羽为人性情剽悍好杀，曾经攻下襄城，襄城人全被杀光，项羽所到之处生灵涂炭。况且楚军多次西进作战，前楚王陈涉、项梁都失败了，不如另派一位宽厚长者倚仗仁义西进，告谕秦地父老兄弟。秦地人民苦于秦朝暴政很久了，如果真有一位仁义长者领兵，秋毫无犯，应当是能够攻下的。项羽不能担此重任，只有沛公一向是宽厚大度的人。”最终怀王不同意项羽西进，而派沛公往西收编陈涉与项梁的散兵。于是沛公取道砀，到城阳与杠里，攻打秦军壁垒，击败了两地守军。

秦三年十月，齐将田都畔田荣[①]，将兵助项羽救赵。沛公攻破东郡尉于成武[②]。十一月，项羽杀宋义，并其兵渡河，自立为上将军，诸将黥布等皆属[③]。十二月，沛公引兵至栗[④]，遇刚武侯，夺其军四千余人，并之，与魏将皇欣、武满军合，攻秦军，破之。故齐王建孙田安下济北[⑤]，从项羽救赵。羽大破秦军巨鹿下，虏王离，走章邯。

注释

① 畔：同“叛”，背叛。

② 东郡：郡名。治所在濮阳（今河南濮阳西南）。尉：郡尉，负责一郡的武装力量。成武：县名。今山东成武县。

③ 黥布：英布。

④ 栗：县名。今河南夏邑县。

⑤ 济北：郡名。治博阳（在今山东泰安东南）。

译文

秦二世三年（前207）十月，齐将田都背叛齐王田荣，率军帮助项羽救赵。沛公在成武击败了秦东郡尉的军队。十一月，项羽杀死了上将宋义，兼并了宋义的军队后渡过黄河，自封为上将军。宋义原有将领如英布等都归辖于项羽。十二月，沛公率军到达栗县，遇到刚武侯，吞并了他所率的四千兵马，并成一军和魏将皇欣、武满的军队会合，攻破秦军。前齐王田建之孙田安领兵攻下济北，跟随项羽救赵。项羽在巨鹿城下大破秦军，俘虏了秦将王离，秦将章邯逃走。

二月，沛公从砀北攻昌邑[①]，遇彭越[②]。越助攻昌邑，未下。沛公西过高阳[③]，郦食其为里监门[④]，曰："诸将过此者多，吾视沛公大度。"乃求见沛公。沛公方踞床[⑤]，使两女子洗[⑥]。郦生不拜，长揖曰："足下必欲诛无道秦，不宜踞见长者。"于是沛公起，摄衣谢之，延上坐。食其说沛公袭陈留。沛公以为广野君，以其弟商为将，将陈留兵。三月，攻开封[⑦]，未拔。西与秦将杨熊会战白马[⑧]，又战曲遇东[⑨]，大破之。杨熊走之荥阳[⑩]，二世使使斩之以徇[⑪]，四月，南攻颍川[⑫]，屠之。因张良遂略韩地。

注释

① 昌邑：县名。在今山东巨野县南。

② 彭越：秦末起义者之一。

③ 高阳：邑名。在今河南杞县西南。

④ 郦食其 yìjī：高阳人，刘邦的谋士。里监门：看守

里门的人。

⑤踞床：坐在床上。古人跪席见客为有礼，踞床见客乃不礼貌的行为。

⑥洗：洗脚。

⑦开封：县名。今河南开封市西南。

⑧白马：县名。在今河南滑县东。

⑨曲遇：邑名。在今河南中牟县境内。

⑩荥阳：县名。在今河南荥阳东北。

⑪斩之以徇：斩首示众。

⑫颍川：郡名。治阳翟（今河南禹州）。

译文

二月，沛公从砀郡出发北攻昌邑，遇见彭越。彭越帮助沛公攻打昌邑，未攻下。沛公往西经过高阳邑，郦食其是那里的门卒，他说："经过高阳的将领很多，我认为沛公度量最大。"于是郦食其求见沛公。当时沛公坐在床上，让两个女子替他洗脚。郦食其未行拜见之礼，只作了一个长揖说："如果足下真想推翻无道的秦朝，就不应坐着接见长者。"于是沛公起身，整衣表示歉意，请郦食其入上座。郦食其劝说沛公袭击陈留。沛公委封他为广野君。郦食其的弟弟郦商为将，率领陈留之军。三月，攻打开封，未攻下。率军西行与秦将杨熊在白马县进行会战，又在曲遇之东打了一仗，大败秦军。杨熊败走荥阳，秦二世派使者将杨熊斩首示众。四月，沛公往南攻打颍川，屠城。接着又靠张良的力量攻占了韩地。

八月，沛公攻武关[①]，入秦[②]。秦相赵高恐，乃杀二世，使人来，欲约分王关中，沛公不许。九月，赵高立二世兄子子婴为秦王[③]。子婴诛灭赵高，遣将将兵距峣关[④]。沛公欲击之，张良曰："秦兵尚强，未可轻。愿先遣人益张旗帜于山上为疑兵，使郦食其、陆贾往说秦将[⑤]，啖以利[⑥]。"秦将果欲连和，沛公欲许之。张良曰："此独其将欲叛，恐其士卒不从，不如因其怠懈击之。"沛公引兵绕峣关，逾蒉山，击秦军，大破之蓝田南[⑦]。遂至蓝田，又战其北，秦兵大败。

注释

① 武关：在今陕西商南县东南。

② 秦：这里指关中地区。

③ 子婴：？—前 206 年，二世之侄，在位仅四十六天。

④ 距：同"拒"。峣关：在今陕西蓝田县东南。

⑤ 陆贾：汉初谋士。

⑥ 啖 dàn：意为以利引诱。

⑦ 蓝田：县名。今陕西蓝田县。

译文

八月，沛公攻入武关，进入秦地。秦丞相赵高震惊，于是杀死秦二世，派使者求见沛公，想和沛公订立盟约平分关中之地，沛公没有答应。九月，赵高立秦二世兄长之子子婴为王。子婴诛杀了赵高，派将领领兵据守峣关。沛公想攻打峣关，张良说："秦兵尚强，不可轻视。建议先派人在山上多插旗帜作为疑兵，派郦食其、陆贾到秦营游说秦将，以利相诱。"秦将果然想与沛公讲和，沛公想要答应。张良说："这仅仅是秦君的将领想叛秦，恐怕其士卒们不会听从，不如乘其不备而攻打他们。"于是沛公率军绕道峣关，翻越蒉山，进攻秦军，在蓝田南大破秦军。接着进军蓝田，又在蓝田北打了一仗，秦军又大败。

元年冬十月[①]，五星聚于东井[②]。沛公至霸上[③]。秦王子婴素车白马，系颈以组[④]，封皇帝玺符节，降枳道旁[⑤]。诸将或言诛秦王，沛公曰："始怀王遣我，固以能宽容，且人已服降，杀之不祥。"乃以属吏[⑥]。遂西入咸阳，欲止宫休舍[⑦]，樊哙、张良谏，乃封秦重宝财物府库，还军霸上。萧何尽收秦丞相府图籍文书。十一月，召诸县豪桀曰："父老苦秦苛法久矣，诽谤者族，耦语者弃市[⑧]。吾与诸侯约，先入关者王之，吾当王关中。与父老约，法三章耳：杀人者死，伤人及盗抵罪[⑨]。余悉除去秦法。吏民皆按堵如故[⑩]。凡吾所以来，为父兄除害，非有所侵暴，毋恐！且吾所以军霸上[⑪]，待诸侯至而定要束耳[⑫]。"乃使人与秦吏行至县乡邑告谕之。秦民大喜，争持牛羊酒食献享军士。沛公让不受，曰："仓粟多，不欲费民[⑬]。"民又益喜，唯恐沛公不为秦王。

注释

① 元年：汉元年（前 206）。汉初沿用秦历，以十月为岁首。

② 五星：指水、火、木、金、土五星。东井：星名，即井宿。

③ 霸上：地名。在今陕西西安市东。

④ 系颈以组：以丝带系颈，表示被俘。组，丝带。

⑤ 枳道：一说为亭名。

⑥ 属 zhǔ 吏：交给官吏看管。

⑦ 止宫休舍：在宫殿中休息。

⑧ 耦语：两人及以上聚在一起议论。耦，同“偶”。弃市：在集市上处死。

⑨ 抵罪：按情节轻重判罪。

⑩ 按堵如故：寓意为照常不变。

⑪ 军：驻扎部队。

⑫ 要束：约束。

⑬ 费民：使百姓破费。

译文

汉高祖元年（前 206）冬十月，五星相聚在东井星处。沛公率军到霸上。秦王子婴乘坐素车白马，用丝带拴着脖子，封好皇帝的玉玺符节，在轵道旁向沛公投降，众将中有人建议杀掉秦王，沛公说：“起初怀王之所以派我入关，是因为我本来就能宽容人，何况秦王已经归顺投降，再杀掉他不吉利。”于是将子婴交给部下看管。沛公向西进入咸阳城，想要在秦宫留宿，樊哙、张良劝阻。沛公于是将秦都的重要财物封存府库，率军回驻于霸上。萧何把秦丞相府的图籍档案全都保存起来。十一月，沛公召集秦地各县豪杰，说："各位父老遭受秦朝的酷刑峻法之苦很久了。谁若诽谤就会被灭族，聚在一起议论的人也会被处死于街头。我曾与反秦的诸侯有盟约，先入关中者就在关中称王。我先入关当在关中称王。现在与父老乡亲约法三章：杀人的偿命，伤人与偷盗抢劫的治罪。其余的秦朝法律一概废除。秦地官吏百姓仍各从其业不变。我之所以领兵入关，是为了帮父老乡亲除害，不是来掠夺施暴的，父老乡亲们不要惊慌。我之所以驻扎在霸上，是为了等各路诸侯到达后再作约定。"于是派人与秦地官吏到各县、乡、邑通告百姓。秦地人民大喜，争相牵着牛羊，提着酒食犒劳沛公将士。沛公推辞不受，他说："秦仓库粮食虽多，可我不愿增加百姓负担。"秦地人民更加高兴，生怕沛公不在关中做王。

或说沛公曰："秦富十倍天下，地形强。今闻章邯降项羽，羽号曰雍王，王关中。即来，沛公恐不得有此。可急使守函谷关[①]，毋内诸侯军[②]，稍征关中兵以自益，距之。"沛公然其计，从之。十二月，项羽果帅诸侯兵欲西入关，关门闭。闻沛公已定关中，羽大怒，使黥布等攻破函谷关，遂至戏下[③]。沛公左司马曹毋伤闻羽怒，欲攻沛公，使人言羽曰："沛公欲王关中，令子婴相，珍宝尽有之。”欲以求封。亚父范增说羽曰[④]：“沛公居山东时[⑤]，贪财好色，今闻其入关，珍物无所取，妇女无所幸，此其志不小。吾使人望其气，皆为龙，成五色，此天子气。急击之，勿失。”于是飨士，旦日合战[⑥]。是时，羽兵四十万，号百万。沛公兵十万，号二十万，力不敌。会羽季父左尹项伯素善张良[⑦]，夜驰见张良，具告其实，欲与俱去，毋特俱死[⑧]。良曰：“臣为韩王送沛公，不可不告，亡去不义。”乃与项伯俱见沛公。沛公与伯约为婚姻，曰：“吾入关，秋豪无所敢取，籍吏民[⑨]，封府库，待将军。所以守关者，备他盗也。日夜望将军到，岂敢反邪！愿伯明言不敢背德。”项伯许诺，即夜复去。戒沛公曰：“旦日不可不早自来谢。”项伯还，具以沛公言告羽。因曰：“沛公不先破关中兵，公巨能入乎[⑩]？且人有大功，击之不祥，不如因善之。”羽许诺。

注释

① 函谷关：在今河南灵宝县东北，是关中东面的门户。

② 内：同“纳”。

③ 戏下：地名。在今陕西临潼东。

④ 亚父：次于父亲，即像父亲一样，项羽对范增的尊称。

⑤ 山东：指崤山或华山以东地区。

⑥ 旦日：明天。合战：会战。

⑦ 左尹：楚官名。职同左相。

⑧特：但，空。

⑨籍：用文簿登记，作动词。

⑩巨：犹“岂”，表示反问。

译文

有人向沛公建议说：“秦地财富十倍于天下，地形险要，如今听说秦大将章邯投降了项羽，项羽封他为雍王，派他到关中称王。他就快到了，沛公恐怕无法拥有此地。可迅速派兵守住函谷关，不要让诸侯的军队入关，之后从关中征调兵丁以加强兵力，拒章邯于关外。”沛公认为其计很好，就听从了。十二月，项羽果然率领诸侯兵准备西入关中，函谷关关门紧闭。听说沛公已平定关中，项羽勃然大怒，派黥布等将攻破函谷关，直抵戏下。沛公的左司马曹毋伤听说项羽发怒，想攻打沛公，就派人报告项羽说：“沛公想在关中称王，让子婴当他的丞相，珍宝尽归己有。”想以此来求项羽封赏。亚父范增建议项羽说：“沛公在山东时，贪财好色，现在听说他入关之后，既不取珍宝，也不亲近美色。看来他的志气不小啊。我派人望他头上的云气，都如龙形，五彩缤纷，这是帝王的气象。要趁早消灭他，不要失去良机。”于是项羽犒劳士卒，下令明日交战。此时，项羽拥兵四十万，号称百万。沛公拥兵十万，号称二十万，兵力悬殊。适逢项羽叔父左尹项伯是张良的好友，连夜去见张良，把实情都详细地告诉了张良，想和张良一起离开，不必与沛公一起送死。张良说：“在下替韩王护送沛公，不能不辞而别，别而不告是不义的行为。”于是和项伯一同去见沛公。沛公与项伯结为亲家，对项伯说："我入关之后，秋毫之物都不敢取，登记户口，查封府库，以等待项将军。我之所以派兵守关，是为了防备其他盗贼。我日夜盼望项将军的到来，怎么敢反叛呢？希望您向项将军说明我不敢背叛他的心意。"项伯答应他，连夜回营去了。临行时告诫沛公说："明晨一定要尽早亲自来道歉。"项伯回去后，把沛公的话全都转达给项羽，接着说："如果沛公不先打败关中秦军，您能够如此顺利到达关中吗？何况沛公立有大功，攻打人家是不得人心的，不如就此机会与他交好。"项羽表示同意。

沛公旦日从百余骑见羽鸿门[①]，谢曰："臣与将军戮力攻秦[②]，将军战河北，臣战河南，不自意先入关，能破秦，与将军复相见。今者有小人言，令将军与臣有隙。"羽曰："此沛公左司马曹毋伤言之，不然，籍何以至此？"羽因留沛公饮，范增数目羽击沛公[③]，羽不应。范增起，出谓项庄曰[④]："君王为人不忍。汝入以剑舞，因击沛公，杀之。不者，汝属且为所虏。"庄入为寿[⑤]。寿毕，曰："军中无以为乐，请以剑舞。"因拔剑舞。项伯亦起舞，常以身翼蔽沛公。樊哙闻事急，直入，怒甚。羽壮之，赐以酒。哙因谯让羽[⑥]。有顷[⑦]，沛公起如厕[⑧]，招樊哙出，置车官属[⑨]，独骑，与樊哙、靳彊、滕公、纪成步[⑩]，从间道走军[⑪]，使张良留谢羽。羽问："沛公安在？”曰：“闻将军有意督过之，脱身去，间至军，故使臣献璧。”羽受之。又献玉斗范增。增怒，撞其斗，起曰：“吾属今为沛公虏矣！”

注释

①鸿门：古地名，今称项王营，在今陕西临潼东。

②戮力：并力。

③目：使眼色。

④项庄：项羽堂弟。

⑤为寿：祝酒。

⑥谯让：责问。

⑦有顷：过了一会儿。

⑧如厕：上厕所。

⑨置：留下。

⑩滕公：夏侯婴。步：步行。

⑪间道：小路。

译文

沛公清晨带随从百余骑去鸿门拜见项羽，道歉说：“末将和将军协力攻秦，将军转战于河北，末将作战于河南，没想到先进入关中，能打败秦军，与将军再相见。如今却有小人进谗，让将军与末将产生隔阂。”项羽说：“这是你的左司马曹毋伤说的，不然我怎么会这样做？”项羽就留下沛公饮酒。范增多次用眼神示意项羽击杀沛公，项羽没有理会。范增起身离席，出去对项庄说：“项王为人心慈手软，你入席舞剑助兴，乘机袭击沛公，将他杀死。否则，你们不久就会成为沛公的俘虏。”项庄入席举杯祝寿。礼毕说：“军中没有什么可以取乐的，就让我舞剑助兴吧。”于是拔剑起舞。项伯也拔剑起舞，总是以身体来保护沛公。樊哙得知情况紧急，就冲到筵前，很是愤怒。项羽欣赏他的勇武，就赐酒给他。樊哙乘机责问项羽。一会儿，沛公起身上厕所，叫樊哙出来，丢下人员车马，自己骑马，和步行的樊哙、靳彊、滕公、纪成等，从小路回到自己营地，叫张良留下向项羽答谢。项羽问：“沛公在哪儿？”张良答道：“他听说将军有意责备他，就脱身走了，此时可能已经回营，特意叫小臣向将军献上玉璧。”项羽接受。张良向范增献以玉斗，范增大怒，撞碎玉斗，起身说：“我们不久都要当沛公的俘虏了！”

沛公归数日，羽引兵西屠咸阳，杀秦降王子婴，烧秦宫室，所过无不残灭。秦民大失望。羽使人还报怀王，怀王曰：“如约[①]。”羽怨怀王不肯令与沛公俱西入关，而北救赵，后天下约[②]。乃曰：“怀王者，吾家所立耳，非有功伐[③]，何以得专主约[④]！本定天下，诸将与籍也。”春正月，阳尊怀王为义帝，实不用其命。

注释

①如约：按照原先约定办。

②后天下约：晚于所约定的期限。

③ 功伐：功劳。

④ 专：独断。主：主持。

译文

沛公回营几天后，项羽率军西进屠咸阳城。杀死秦降王子婴，烧毁秦朝宫殿，所过之处无不受殃毁灭殆尽。秦人非常失望。项羽派人报告楚怀王，楚怀王说："按照之前的盟约办事。"项羽怨恨楚怀王之前不允许他和沛公一起西入函谷关，却派他北上救赵，以致失去了先入关称王的机会。于是项羽说："楚怀王，是我项家所立，并没有可以言说的功劳，凭什么让他说了算！其实推翻秦朝平定天下的，是各路将领和我项羽。"汉高祖二年（前205）正月，项羽表面上尊怀王为义帝，但事实上并不遵从怀王的命令。

二月，羽自立为西楚霸王[①]，王梁、楚地九郡[②]，都彭城。背约，更立沛公为汉王，王巴、蜀、汉中四十一县[③]，都南郑。三分关中，立秦三将：章邯为雍王，都废丘[④]；司马欣为塞王，都栎阳[⑤]；董翳为翟王，都高奴[⑥]。楚将瑕丘申阳为河南王，都洛阳。赵将司马卬为殷王，都朝歌[⑦]。当阳君英布为九江王，都六[⑧]。怀王柱国共敖为临江王，都江陵[⑨]。番君吴芮为衡山王，都邾[⑩]。故齐王建孙田安为济北王。徙魏王豹为西魏王，都平阳[⑪]。徙燕王韩广为辽东王。燕将臧荼为燕王，都蓟[⑫]。徙齐王田市为胶东王。齐将田都为齐王，都临菑[13]。徙赵王歇为代王。赵相张耳为常山王。汉王怨羽之背约，欲攻之，丞相萧何谏，乃止。

注释

①西楚：古时分楚国为三部分，称江陵为南楚，彭城为西楚，吴为东楚。项羽主持分封，自王梁、楚，都于彭城，故称西楚霸王。霸王：霸主之意。

②梁、楚地九郡：历来说法不一，有说是陈、泗水、薛、东海、黔中、会稽、南阳、砀、东郡等九郡。

③巴、蜀、汉中：皆郡名。巴郡治江州（今重庆），蜀郡治成都（今四川成都），汉中治南郑（今陕西汉中）。

④废丘：县名。在今陕西兴平县东南。

⑤栎阳：县名。在今陕西临潼东北。

⑥高奴：县名。在今陕西延安东。

⑦朝歌：县名。在今河南淇县东北。

⑧六：县名。在今安徽六安县北。

⑨江陵：县名。在今湖北江陵。

⑩邾：县名。在今湖北黄冈市西北。

⑪平阳：县名。在今山西临汾西南。

⑫蓟：县名。在今北京市西南。

⑬临菑：县名。在今山东淄博市东北。

译文

二月，项羽自封为西楚霸王，管辖梁、楚地区的九个郡，定都于彭城。推翻楚怀王的“先入定关中的为王”的盟约，改封沛公为汉王，统辖巴、蜀、汉中的四十一个县，定都于南郑。将关中一分为三，分别封三位秦将为王。封章邯为雍王，定都废丘；封司马欣为塞王，定都栎阳；封董翳为翟王，定都高奴。又封楚将瑕丘申阳为河南王，定都洛阳。赵将司马印为殷王，都于朝歌。当阳君英布为九江王，都于六县。怀王的柱国共敖为临江王，都于江陵。番君吴芮为衡山王，都于邾。前齐王田建之孙田安为济北王。迁魏王豹为西魏王，都于平阳。迁燕王韩广为辽东王。燕将臧荼为燕王，都于蓟。迁齐王田市为胶东王。齐将田都为齐王，都于临淄。迁赵王歇为代王。赵相张耳为常山王。汉王刘邦痛恨项羽背弃之前的盟约，想攻打项羽，丞相萧何进行劝阻，才作罢。

夏四月，诸侯罢戏下①，各就国②。羽使卒三万人从汉王，楚子、诸侯人之慕从者数万人，从杜南入蚀中③。张良辞归韩，汉王送至褒中④，因说汉王烧绝栈道⑤，以备诸侯盗兵，亦视项羽无东意。

注释

①戏下：即“麾下”。

②就国：到自己的封国去。

③杜：县名。在今陕西西安西南。蚀：由长安通往汉中的谷道。

④ 褒中：地名。在今陕西汉中西北约四十里。

⑤ 栈道：阁道，山谷间构筑的空中通道。

译文

夏四月，各路诸侯离开项羽麾下，分别到各自的封国去。项羽仅分拨士卒三万人给汉王，楚与各诸侯中仰慕汉王而愿追随于他的达数万人。张良辞别汉王回到韩国去，汉王亲自送张良到褒中，张良趁机建议汉王烧毁栈道，以防止其他诸侯偷袭汉中，也向项羽表示无再出汉中东进之意。

汉王既至南郑，诸将及士卒皆歌讴思东归，多道亡还者。韩信为治粟都尉[①]，亦亡去，萧何追还之。因荐于汉王，曰："必欲争天下，非信无可与计事者。"于是汉王齐戒设坛场，拜信为大将军，问以计策。信对曰："项羽背约而王君王于南郑，是迁也[②]。吏卒皆山东之人，日夜企而望归，及其锋而用之，可以有大功。天下已定，民皆自宁，不可复用。不如决策东向。"因陈羽可图、三秦易并之计[③]。汉王大说[④]，遂听信策，部署诸将。留萧何收巴蜀租，给军〔粮〕食。

注释

① 治粟都尉：官名，主管粮食之类的官员。

② 迁：左迁，贬降。

③三秦：指章邯、司马欣、董翳分封的原秦国的关中地区。

④说：同“悦”。

译文

汉王到达南郑后，所属将士都齐声歌唱想东归；途中有不少人逃回去了。韩信担任治粟都尉，也逃走了。萧何把韩信追了回来，随即推荐给汉王。萧何说：“如果汉王真想取得天下，除韩信以外再没有可与之谋划的人。”于是汉王斋戒，设置拜将台，拜韩信为大将军，并请教谋取天下的计策。韩信答道：“项羽背弃原先的约定而改封大王于南郑，这是在贬谪大王。大王所属将士都是殽山以东的人，日夜希望回老家去，如能及时利用这种锐气，就可以成就大的功业。如果等到天下已经安定，人民都各安其所，就没有士气可用了。不如现在下定决心向东进军。”于是他讲述了可以打败项羽、容易兼并三秦的计策。汉王十分满意，采纳韩信计策并分别进行部署，派萧何留守汉中征收巴、蜀租税，以供应军需。

汉王如陕[①]，镇抚关外父老。河南王申阳降，置河南郡[②]。使韩太尉韩信击韩，韩王郑昌降。十一月，立韩太尉信为韩王。汉王还归，都栎阳，使诸将略地，拔陇西[③]。以万人若一郡降者，封万户。缮治河上塞[④]。故秦苑囿园池，令民得田之。

注释

①陕：县名。今河南三门峡市西南。

②河南郡：郡治洛阳（在今河南洛阳市东北）。

③陇西：郡名。治狄道（今甘肃临洮）。

④河上：郡名。治所在长安，后改为左冯翊。塞：边塞。当时治塞以备匈奴。

译文

汉王到达陕地，安抚关外父老。河南王申阳归降汉王，汉王设立河南郡。派遣韩太尉韩信攻打韩地，韩王郑昌投降。十一月，汉王封韩太尉韩信为韩王。汉王回到关中，定都栎阳，派遣各部将攻城略地，攻克陇西郡。凡是率领万人或一郡归降的，都被汉王封为万户侯。整治河上郡要塞。原先秦朝的王室苑囿园池，让农民进行耕植。

三月，汉王自临晋渡河[①]，魏王豹降，将兵从。下河内[②]，虏殷王卬，置河内郡[③]。至修武[④]，陈平亡楚来降。汉王与语，说之，使参乘，监诸将。南渡平阴津[⑤]，至洛阳，新城三老董公遮说汉王曰[⑥]："臣闻'顺德者昌，逆德者亡'，'兵出无名，事故不成'。故曰：'明其为贼，敌乃可服。'项羽为无道，放杀其主，天下之贼也。夫仁不以勇，义不以力，三军之众为之素服，以告之诸侯，为此东伐，四海之内莫不仰德。此三王之举也[7]。”汉王曰：“善，非夫子无所闻。”于是汉王为义帝发丧，袒而大哭[8]，哀临三日[9]。发使告诸侯曰：“天下共立义帝，北面事之。今项羽放杀义帝江南，大逆无道。寡人亲为发丧，兵皆缟素[10]。悉发关中兵，收三河士[11]，南浮江汉以下[12]，愿从诸侯王击楚之杀义帝者。”

注释

①临晋：县名。在今陕西大荔县东。一为关名，即蒲关，又名蒲津关。

②河内：指今河南省黄河以北地区。

③河内郡：郡治怀县（今河南武陟县西南）。

④修武：县名。今河南获嘉县。

⑤平阴津：渡口名。在今河南孟津县东北。

⑥新城：邑名。在今河南伊川县西南。

⑦三王：指夏、殷、周三代开国的君王夏禹、商汤、周文王。

⑧袒而大哭：吊尊者长者丧之礼。袒，露出左臂。

⑨临：吊丧。

⑩缟素：白色的丧服。

⑪三河：指河东、河南、河内三郡。

⑫江汉：长江、汉水。

译文

三月，汉王从临晋渡黄河，魏王魏豹归降，率军随汉王出征。攻下河内，俘虏了殷王印，设立河内郡。

行军至修武县时，陈平逃出楚军归顺汉王。汉王和他谈话，很欣赏他，任命他参乘之职，监督各将领。南渡平阴津，到达洛阳，新城三老董公拦住汉王说："臣听说'顺德者昌，逆德者亡'，'兵出无名，其事不成'。所以说：'公布敌人的罪状指明他是逆贼，敌人才能被打败。'项羽行事暴虐无道，流放、弑杀义帝，是天下的公敌。仁爱不需要勇武，正义不需要暴力，汉王的三军将士都应为义帝穿上孝衣，并通告诸侯，说明此次用兵是为义帝被弑而东伐逆贼，那么四海之内都会对汉王感恩戴德。这是可以比肩三王的义举。"汉王说："说得太对了，不是老人家的教诲我难以听到这些道理。"于是汉王为义帝发丧，按丧礼袒露左臂大哭，公祭三天。派使者通告诸侯："天下人共立义帝，面向北朝拜他。如今项羽流放并弑杀义帝于江南，太大逆不道了。寡人亲自为义帝发丧，全军将士都穿着丧服，我率领全部的关中兵卒，收编三河将士，顺汉水入长江南下，愿随各位侯王之后，讨伐楚国弑杀义帝的逆贼。"

夏四月，田荣弟横收得数万人，立荣子广为齐王。羽虽闻汉东，既击齐，欲遂破之而后击汉，汉王以故得劫五诸侯兵[①]，东伐楚。到外黄，彭越将三万人归汉。汉王拜越为魏相国，令定梁地。汉王遂入彭城，收羽美人货赂，置酒高会。羽闻之，令其将击齐，而自以精兵三万人从鲁出胡陵[②]，至萧，晨击汉军，大战彭城灵壁东睢水上[③]，大破汉军，多杀士卒，睢水为之不流。围汉王三匝。大风从西北起，折木发屋，扬砂石，昼晦[④]，楚军大乱，而汉王得与数十骑遁去。过沛，使人求室家，室家亦已亡，不相得。汉王道逢孝惠、鲁元[⑤]，载行。楚骑追汉王，汉王急，推堕二子。滕公下收载，遂得脱。审食其从太公、吕后间行[⑥]，反遇楚军，羽常置军中以为质[⑦]。诸侯见汉败，皆亡去。塞王欣、翟王翳降楚，殷王卬死。吕后兄周吕侯[⑧]，将兵居下邑[⑨]，汉王往从之。稍收士卒，军砀。

注释

①劫五诸侯兵：犹言率天下之兵。五诸侯，意指除楚、汉外的齐、燕、赵、韩、魏等诸侯。历来各说不一。有说指魏、河南、韩、殷、赵五王。

②鲁：县名。今山东曲阜。胡陵：县名。在今山东鱼台县东南。

③灵壁：邑名。在今安徽宿州西北。睢水：鸿沟支脉之一，经彭城南，流入泗水。

④昼晦：白天昏暗如黑夜。

⑤孝惠：汉惠帝刘盈。鲁元：鲁元公主。

⑥间行：从小道走。

⑦质：人质。

⑧周吕侯：吕泽。

⑨下邑：县名。今安徽砀山县。

译文

夏四月，齐王田荣之弟田横收编被项羽击溃的散兵有数万人，立田荣之子田广为齐王。项羽此时虽知汉王东进，但已经发兵攻齐，就想消灭齐之后再迎击汉军，汉王因此得以乘机兼并魏、殷等五诸侯之兵，东伐楚。到外黄后，彭越率领三万人归附于汉。汉王封彭越为魏相国。让他平定魏地。于是汉王进入彭城，收取了项羽的美女与珍宝，设宴庆祝。项羽闻讯，令部将继续攻打齐，自己率领精兵三万人从鲁经胡陵，到萧县，天亮时攻击汉军，在彭城灵壁东的睢水之滨大战，大败汉军，对汉军进行大屠杀，尸体堵塞睢水水流。有三层楚兵围住汉王。忽然西北刮来狂风，树折房破，飞沙走石，白昼如同黑夜，楚军大乱。而汉王得以乘乱时与数十骑冲破包围逃走。路过沛县，派人寻找家眷，家眷也已逃亡，没有找到。汉王在途中遇见儿子孝惠与女儿鲁元，坐在一辆车中逃走。楚军骑兵追赶汉王，情急之下，汉王把子女推下车去。滕公又把他们二人拉上车，才得以脱险。审食其与汉王父亲刘太公及夫人吕后从小道逃走，反而遇上楚军被俘，项羽将他们安置在军中做人质。诸侯见汉军大败，都逃走了。塞王欣、翟王翳降顺于楚，殷王卬死了。吕后的兄长周吕侯领兵马驻在下邑县，汉王前往投奔。逐渐收编溃散的士卒，驻扎在砀县。

汉王西过梁地，至虞[①]，谓谒者随何曰[②]：“公能说九江王布使举兵畔楚，项王必留击之。得留数月，吾取天下必矣。”随何往说布，果使畔楚。

注释

① 虞：县名。在今河南虞城北。

② 谒者：官名。君王身边负责上传下达的官员。随何：汉初谋士。

译文

汉王向西路经梁地，到达虞县，对求见他的随何说：“先生如果能劝说九江王英布举兵叛楚，项羽定会留下进攻英布。只要项羽能留下数月，我就一定能夺取天下。”随何前去劝说英布，果然使英布背叛了楚国。

五月，汉王屯荥阳，萧何发关中老弱未傅者悉诣军①。韩信亦收兵与汉王会，兵复大振。与楚战荥阳南京、索间②，破之。筑甬道③，属河④，以取敖仓粟⑤。魏王豹谒归视亲疾⑥。至则绝河津⑦，反为楚。

注释

① 老弱未傅：老者（年五十六岁以上为老）与弱者（不满二十三岁为弱）没有在服役的名册上登记。

② 京：县名。在今河南荥阳东南。索：邑名。在今河南荥阳县。

③ 甬道：两旁有墙防卫的通道。

④ 属：连接。

⑤ 敖仓：秦朝在敖山（在今河南荥阳县境内）上建立的大粮仓。

⑥ 谒归：请假回家。

⑦ 绝河津：断绝黄河渡口。

译文

五月，汉王军驻扎于荥阳，萧何征集关中老弱及尚未成年的人都到军中报到。韩信也征集士卒与汉王会师，汉王此时又士气大振。与楚军在荥阳南边京、索之间交战，打败了楚军。汉军修筑甬道，通到河边，以运取敖仓的粮食。此时魏王豹以看望母病为名请假回去探亲。刚到家就立即封锁渡口，反汉降楚。

六月，汉王还栎阳，壬午[①]，立太子，赦罪人。令诸侯子在关中者皆集栎阳为卫。引水灌废丘，废丘降，章邯自杀。雍地定，八十余县，置河上、渭南、中地、陇西、上郡[②]。令祠官祀天地四方上帝山川[③]，以时祠之。兴关中卒乘边塞[④]。关中大饥，米斛万钱，人相食。令民就食蜀汉。

注释

① 壬午：（六月）六日。

② 渭南：郡名。汉初置，治所在长安，后改为京兆尹。

中地：郡名。汉初置，治所在长安，后改为右扶风。

上郡：郡名。治肤施（在今陕西榆林东南）。

③祠官：官名。掌管祭祀。

④乘：登上。

译文

六月，汉王返回都城栎阳，壬午日，立太子，赦免罪人。命令在关中的诸侯之子都集中到栎阳为近卫。汉军引水灌废丘城，废丘归降，雍王章邯自杀。雍州平定，有八十余县，建置河上、渭南、中地、陇西、上郡。令祠官祭祀天地四方上帝山川，按时进行祠祭。征调关中士卒守边塞。此时关中发生饥荒，一斛米值万钱，人吃人。汉王安排饥民聚集到蜀、汉地区谋生。

秋八月，汉王如荥阳，谓郦食其曰："缓颊往说魏王豹①，能下之，以魏地万户封生②。"食其往，豹不听。汉王以韩信为左丞相，与曹参、灌婴俱击魏。食其还，汉王问："魏大将谁也？"对曰："柏直。"王曰："是口尚乳臭③，不能当韩信。骑将谁也？"曰："冯敬④。"曰："是秦将冯无择子也，虽贤，不能当灌婴。步卒将谁也？"曰："项它。"曰："是不能当曹参。吾无患矣。"九月，信等虏豹，传诣荥阳。定魏地，置河东、太原、上党郡⑤。信使人请兵三万人，愿以北举燕、赵，东击齐，南绝楚粮道。汉王与之。

注释

①缓颊：婉言劝解。

②生：先生。

③口尚乳臭：指幼小。

④冯敬：汉文帝时为御史大夫。

⑤河东：治安邑（今山西夏县西北）。太原：郡名。治晋阳（今山西太原南）。上党：郡名。治长子（今山西长子西南）。

译文

秋八月，汉王前往荥阳，对郦食其说："以善言劝说魏王豹，如能劝说成功，就封先生为魏地万户侯。"郦食其前往游说，魏王豹不理会。汉王封韩信为左丞相，与曹参、灌婴一起讨伐魏王。郦食其回报，汉王问道："魏王大将是谁？"郦食其答："是柏直。"汉王说："此人乳臭未干，不是韩信的对手。骑将是谁？"郦食其答："是冯敬。"汉王说："他是秦将冯无择之子，虽有才能，但抵挡不了灌婴。步将是谁？"郦食其说："是项它。"汉王说："他也抵挡不了曹参。我不必担忧了。"九月，韩信等人俘虏了魏王豹，押解到荥阳。平定魏地，设置河东、太原、上党郡。韩信派使者向汉王要兵三万人，愿意率军北灭燕、赵，东击齐，南断楚粮道。汉王同意了韩信的请求。

项羽数侵夺汉甬道，汉军乏食，与郦食其谋桡楚权[①]。食其欲立六国后以树党，汉王刻印，将遣食其立之。以问张良，良发八难[②]。汉王辍饭吐哺，曰："竖儒几败乃公事[③]！"令趋销印。又问陈平，乃从其计，与平黄金四万斤，以间疏楚君臣[④]。

注释

① 桡 náo：阻止，削弱。

② 发八难：提出八点反对意见，详见《张良传》。

③ 竖儒：对儒生的蔑称。几：几乎。乃公：汉王自谓，犹言你老子。

④ 间疏：挑拨离间使疏远。

译文

项羽多次夺取汉军运粮的甬道，汉军缺粮。汉王与郦食其商量如何削弱楚项势力。郦食其想立六国后裔为王，树立汉军同盟，汉王刻六国王印，打算派郦食其前往分封。询问张良的意见，张良提出八条反对意见。汉王放下吃饭的碗筷，吐出口中的饭，说："臭儒生几乎坏了老子的大事！"传令赶紧销毁所刻的六国王印。又问陈平有什么好计策，并听从了陈平的计策。给陈平黄金四万斤，用以挑拨离间楚国的君臣关系，使之疏远。

夏四月，项羽围汉荥阳，汉王请和，割荥阳以西者为汉。亚父劝项羽急攻荥阳，汉王患之。陈平反间既行，羽果疑亚父。亚父大怒而去，发病死。

译文

夏四月，项羽在荥阳包围了汉王，汉王请求讲和，割荥阳以西的土地归汉。亚父范增劝项羽要尽快攻荥阳，汉王担忧此事。此时陈平的反间计已经产生效果，项羽果然对范增起疑。范增愤怒地离开了，发病而死。

五月，将军纪信曰："事急矣！臣请诳楚，可以间出[①]。"于是陈平夜出女子东门二千余人，楚因四面击之。纪信乃乘王车，黄屋左纛[②]，曰："食尽，汉王降楚。"楚皆呼万岁，之城东观，以故汉王得与数十骑出西门遁。令御史大夫周苛、魏豹、枞公守荥阳。羽见纪信，问："汉王安在？"曰："已出去矣。"羽烧杀信。而周苛、枞公相谓曰："反国之王[③]，难与守城。"因杀魏豹。

注释

① 间出：乘机偷偷逃走。

② 黄屋：古时帝王所乘黄色丝绸装饰的车。屋，指车盖。左纛 dào：黄屋车左边插的牦牛尾的饰物。

③ 反国之王：指魏王魏豹。魏豹曾背汉向楚。

译文

五月，将军纪信对汉王说："情况紧急！臣假扮大王以骗楚军，大王可以趁机逃出。”于是陈平于夜间在荥阳东门放出两千多女子，楚军因此四面出击。纪信乘汉王车。黄绸做的车盖，左边竖着羽幢旗，说：“粮食用尽了，汉王向楚投降。”楚军齐呼万岁，都到城东观看汉王投降，因此汉王得以乘机率领几十名骑兵从西门逃走。派御史大夫周苛、魏豹、枞公守荥阳。项羽见是纪信，问：“汉王呢？”纪信答道：“早已出城离开了。”于是项羽烧死了纪信。城中的周苛、枞公商量说：“背叛过汉王的魏王豹，我们很难与这种叛徒守城。”于是就把魏豹杀了。

汉王出荥阳，至成皋。自成皋入关，收兵欲复东。辕生说汉王曰：“汉与楚相距荥阳数岁，汉常困。愿君王出武关，项王必引兵南走，王深壁，令荥阳、成皋间且得休息。使韩信等得辑河北赵地①，连燕、齐，君王乃复走荥阳。如此，则楚所备者多，力分②。汉得休息，复与之战，破之必矣。”汉王从其计，出军宛、叶间③，与黥布行收兵④。

注释

① 辑：收服，安抚。

② 力分：力量分散。

③ 宛：县名。今河南南阳市。叶 shè：县名。在今河南叶县南。

④ 行收兵：广招兵马。

译文

汉王逃出荥阳重围，来到成皋，从成皋入关，想要征集兵马准备再次东征。辕生劝汉王说：“汉与楚在荥阳僵持已两年，汉常常被困。希望大王兵出武关，项王一定会率军南去，大王深挖壕沟、高筑壁垒，与之相持，好让荥阳、成皋的汉军有喘息之机。另派韩信等平定河北赵地，使燕齐之地连成一片，然后大王再进军荥阳。这样一来，则楚需要拉长防线防守多地，兵力分散。汉军得到休整后，再与楚军交战，一定能打败楚军。”汉王采纳这个计策，出兵于宛县与叶县之间，与英布一面行军一面征兵扩军。

羽闻汉王在宛，果引兵南，汉王坚壁不与战。是月，彭越渡睢，与项声、薛公战下邳[①]，破杀薛公。羽使终公守成皋，而自东击彭越。汉王引兵北，击破终公，复军成皋。六月，羽已破走彭越，闻汉复军成皋，乃引兵西拔荥阳城，生得周苛。羽谓苛：“为我将，以公为上将军，封三万户。”周苛骂曰：“若不趋降汉，今为虏矣！若非汉王敌也。”羽亨周苛，并杀枞公，而虏韩王信，遂围成皋。汉王跳[②]，独与滕公共车出成皋玉门[③]，北渡河，宿小修武[④]。自称使者，晨驰入张耳、韩信壁[⑤]，而夺之军。乃使张耳北收兵赵地。

注释

①下邳：县名。今江苏邳县南。

②跳：轻装（减少装备和人员）疾走。

③成皋玉门：成皋的北门。

④小修武：邑名。在今河南获嘉县境内。

⑤壁：营垒。

译文

项羽得知汉王驻扎于宛，果然率军向南讨伐，汉王坚守壁垒不和他交战。这个月，彭越率军渡过睢水，和楚将项声、薛公在下邳大战，打败楚军并杀死薛公，项羽派终公守成皋，亲自率军东进攻打彭越。汉王乘机率军北上，打败驻守在成皋的楚将终公，收复成皋。六月，项羽已打败并赶走了彭越，得知汉军又攻占了成皋，于是率军向西猛攻荥阳城，生擒主将周苛，项羽对周苛说："你若归顺我，我封你为上将军，封赏三万户。"周苛大骂道："你若不赶快降汉，马上要成为俘虏！你是打不过汉王的！"项羽烹杀了周苛，同时杀死枞公，俘获韩王信，接着包围成皋。汉王仓皇逃跑，只身和滕公同车出成皋北门，北渡黄河，夜宿于小修武。清晨，自称为汉王使者，驰入张耳、韩信的阵地，并夺取了这支队伍的兵权，亲自指挥。于是派张耳到北边赵地去征调兵马。

秋七月，有星孛于大角[①]。汉王得韩信军，复大振。八月，临河南乡，军小修武，欲复战。郎中郑忠说止汉王，高垒深堑勿战。汉王听其计，使卢绾、刘贾将卒二万人[②]，骑数百，渡白马津入楚地[③]，佐彭越烧楚积聚，复击破楚军燕郭西[④]，攻下睢阳、外黄十七城[⑤]。九月，羽谓海春侯大司马曹咎曰："谨守成皋。即汉王欲挑战，慎勿与战，勿令得东而已。我十五日必定梁地，复从将军。"羽引兵东击彭越。

注释

① 孛 bèi：星芒四射的现象。大角：星名，北天的亮星，即牧夫座第一星。

② 卢绾、刘贾：二人皆刘邦的部将。

③ 白马津：黄河渡口之一，在今河南滑县东北。

④ 燕：县名。在今河南延津县东北。郭：城郭。

⑤ 睢阳：县名。在今河南商丘市南。

译文

秋七月，在大角上空出现了彗星。汉王亲自掌控韩信的军队后，汉军士气大振。八月，兵临黄河向南，驻扎在小修武。想和楚军再战。郎中郑忠劝阻汉王，建议他深掘沟，高筑垒，不要与项羽交战。汉王采纳他的计策，派卢绾、刘贾率领步兵两万，骑兵数百，从白马津渡河进入楚军防区，协助彭越烧毁楚军的粮草，又在燕郭西打败楚军，攻下了睢阳、外黄等十七座城邑。九月，项羽命令海春侯大司马曹咎说："要谨守成皋。即使汉王进行挑战，切不可与他交锋，只要阻止汉兵东进就行了。我在十五天内一定能平定梁地，再与大司马会合。"于是项羽率军向东攻打彭越。

汉王使郦食其说齐王田广，罢守兵与汉和。四年冬十月，韩信用蒯通计[①]，袭破齐。齐王亨郦生，东走高密[②]。项羽闻韩信破齐，且欲击楚，使龙且救齐。

注释

① 蒯通：秦汉之际的辩士。

② 高密：县名。在今山东高密西南。

译文

汉王派郦食其去劝说齐王田广，撤去守军与汉联合共同抗楚。高祖四年（前 203）冬十月，韩信采纳蒯通计谋对齐进行突然袭击攻破齐国。齐王把骗他撤防的郦食其给煮了，东撤于高密。项羽听说韩信破齐，还打算进攻楚军，就派龙且率军救齐。

汉果数挑成皋战，楚军不出，使人辱之数日，大司马咎怒，渡兵汜水[①]。士卒半渡，汉击之，大破楚军，尽得楚国金玉货赂。大司马咎、长史欣皆自刭汜水上。

汉王引兵渡河，复取成皋，军广武[2]，就敖仓食。

注释

①汜 sì 水：水名，源于河南荥阳西南方山，北流经古时的虎牢关东，注入黄河。

②广武：山名，在今河南荥阳东北。山上有二城，中间隔着广武涧。

译文

汉军果然多次向固守在成皋的楚军挑战，楚军坚守不出，汉军派人在楚营前辱骂楚军好几天，楚军守将大司马曹咎怒不可遏，率军渡过城东汜水出战，楚军渡过一半的时候，汉军发起猛攻，大败楚军，缴获成皋城内楚国的全部金玉财宝。楚将大司马曹咎、长史欣都在汜水之滨自刎。汉王率军渡过黄河，重新占领成皋，驻扎在广武城，取敖仓粮供军用。

羽下梁地十余城，闻海春侯破，乃引兵还。汉军方围钟离眛于荥阳东[1]，闻羽至，尽走险阻。羽亦军广武，与汉相守。丁壮苦军旅，老弱罢转饷[2]。汉王、羽相与临广武之间而语。羽欲与汉王独身挑战，汉王数羽曰[3]：“吾始与羽俱受命怀王，曰先定关中者王之。羽负约，王我于蜀汉，罪一也。羽矫杀卿子冠军[4]，自尊，罪二也。羽当以救赵还报，而擅劫诸侯兵入关，罪三也。怀王约入秦无暴掠，羽烧秦宫室，掘始皇帝冢[5]，收私其财，罪四也。又强杀秦降王子婴，罪五也。诈坑秦子弟新安二十万[6]，王其将，罪六也。皆王诸将善地，而徙逐故主，令臣下争畔逆，罪七也。出逐义帝彭城，自都之，夺韩王地，并王梁、楚，多自与，罪八也。使人阴杀义帝江南，罪九也。夫为人臣而杀其主，杀其已降，为政不平，主约不信，天下所不容，大逆无道，罪十也。吾以义兵从诸侯诛残贼，使刑余罪人击公，何苦乃与公挑战！”羽大怒，伏弩射中汉王，汉王伤胸，乃扪足曰[7]：“虏中吾指[8]！”汉王病创卧，张良强请汉王起行劳军，以安士卒，毋令楚乘胜。汉王出行军，疾甚，因驰入成皋。

注释

① 钟离眛：项羽的部将，后归韩信。

② 转饷：运输粮饷。

③ 数 shǔ：指责，数落。

④ 卿子冠军：即宋义。

⑤ 冢：坟墓。

⑥ 新安：县名。在今河南渑池县东。

⑦ 扪：捂着。

⑧ 虏：这里是对敌人的蔑称。

译文

项羽攻下梁地十余城，得知海春侯曹咎被汉军打败，就率军返回成皋。当时汉军正在荥阳城东围困楚将钟离昧，听说项羽到，都去扼守险阻之处。项羽也驻军于广武，与汉王对峙。当时的情况是壮丁苦于行军打仗，老弱疲于转运粮草。汉王、项羽都到广武，两军阵前对话。项羽愿意与汉王单挑决一雌雄，汉王指责项羽说："当初我和你都受楚怀王之命，说好谁先平定关中谁称王。你背负盟约，让我到蜀汉称王，此罪之一。你假传怀王旨意杀死卿子冠军，自己取而代之，此罪之二。你受怀王之命救赵应当回去向怀王复命，却擅自劫持诸侯军队随你入关，此罪之三。怀王命令进入秦地不得暴掠，你烧毁秦朝宫殿，掘开始皇陵墓，将秦库宝藏据为己有，此罪之四。你又肆意杀害已经投降的秦王孺子婴，此罪之五。你在新安欺诈坑杀秦降卒二十万，却又封秦将章邯为王，此罪之六。你给诸将分封美地，而肆意迁徙放逐六国故主，教唆其臣下争当叛逆，此罪之七。你将义帝赶出彭城，夺义帝都城作为自己的都城，你夺取韩王地，兼并梁楚地九郡，都划归属于你自己，此罪之八。派人在江南暗杀义帝，此罪之九。你作为人之臣而弑杀君主，你杀害已降之人，你主封王侯却任意予夺，你主持盟约却背信弃义，天理难容，大逆不道，此罪之十。我率正义之师和诸侯一道诛杀凶残逆贼，我派愿意立功赎罪的犯人与你打就行了，你有什么资格来向我个人挑战？"项羽被汉王说得怒火中烧，楚军用暗箭射中汉王，汉王的胸部受伤，却抚摸着自己的脚说："敌人射中了我的脚趾。"汉王受伤卧病不起，张良请汉王强忍痛楚起床慰劳将士，以安定军心。防止楚军乘胜进攻。汉王上马巡视各军营，伤痛难忍，随即策马进入成皋城。

十一月，韩信与灌婴击破楚军，杀楚将龙且，追至城阳，虏齐王广。齐相田横自立为齐王，奔彭越。汉立张耳为赵王。

汉王疾瘉[①]，西入关，至栎阳，存问父老[②]，置酒。枭故塞王欣头栎阳市[③]。留四日，复如军，军广武。关中兵益出[④]，而彭越、田横居梁地，往来苦楚兵，绝其粮食[⑤]。

注释

① 瘉：同“愈”。

② 存问：慰问，安抚。

③ 枭：枭首示众。市：市场。

④ 益：增加。

⑤ 绝：断绝。

译文

十一月，韩信和灌婴打败楚军，杀死楚将龙且，乘胜追到城阳，俘虏齐王田广。齐相田横自立为齐王，投奔彭越。汉王立张耳为赵王。

汉王箭伤痊愈，西入关中，到都城栎阳，访问当地父老，并举行宴会。将原塞王司马欣斩首，在栎阳街头示众。逗留了四天，返回军中，驻军广武。关中士卒大批调往前线，而彭越、田横盘踞梁地，来回骚扰楚兵，断绝楚军的粮草。

韩信已破齐，使人言曰："齐边楚[1]，权轻，不为假王[2]，恐不能安齐。"汉王怒，欲攻之。张良曰："不如因而立之，使自为守。"春二月，遣张良操印，立韩信为齐王。秋七月，立黥布为淮南王。八月，初为算赋[3]。北貉、燕人来致枭骑助汉[4]。汉王下令：军士不幸死者，吏为衣衾棺敛[5]，转送其家。四方归心焉。

注释

① 边：靠近。

② 假王：代理王。

③ 算赋：汉制，民年十五至五十六岁，每人每年出钱一算（一百二十钱），以供军用。

④ 北貉：指北方某族。枭骑：骁勇的骑兵。

⑤ 棺敛：用棺材殓葬。敛，同"殓"。

译文

韩信已经灭齐，派人对汉王说："齐与楚相连，我的权威不够，不封我为王，恐怕不能平定齐地。"汉王对此十分恼怒，想率军攻打韩信。张良劝道："不如顺势封他为王，派他镇守齐地。"春二月，派张良带上玺印，立韩信为齐王。秋七月，立英布为淮南王。八月，开始推行算赋法。北貉、燕人派骁勇善战的骑兵协助汉军。汉王下令："不幸阵亡的兵士，派专门的官吏为其制作衣衾棺木，转送回家中。"四方民心归附于他。

项羽自知少助食尽，韩信又进兵击楚，羽患之。汉遣陆贾说羽，请太公[1]，羽弗听。汉复使侯公说羽，羽乃与汉约，中分天下，割鸿沟以西为汉[2]，以东为楚。九月，归太公、吕后，军皆称万岁。乃封侯公为平国君。羽解而东归。汉王欲西归，张良、陈平谏曰："今汉有天下太半[3]，而诸侯皆附，楚兵罢食尽，此天亡之时，不因其几而遂取之[4]，所谓养虎自遗患也。"汉王从之。

注释

① 请：请求，要求。

② 鸿沟：战国时魏国所开的一条沟通黄河与淮河的运河，在今河南境内。

③ 太半：大半，三分之二。

④ 几：危。

译文

项羽自知缺乏援助与军粮，韩信又从齐地攻打楚军，很是担心。汉王派陆贾游说项羽，请求项羽释放汉王之父刘太公，项羽拒绝。汉王又派侯公去劝说项羽，项羽于是与汉订立盟约，平分天下，以鸿沟为界，沟西属汉，沟东属楚。九月，项羽送还太公、吕后，汉军欢呼万岁。于是汉王封侯公为平国君。项羽收兵东归。汉王也想西归，张良、陈平劝阻道："如今汉已拥有大半个天下，而且诸侯都来归附。楚国兵疲粮尽，这正是灭亡楚国的大好时机，如不乘其危机时而彻底消灭他，那就是养虎遗患。”汉王听从其计。

十二月，围羽垓下[①]。羽夜闻汉军四面皆楚歌，知尽得楚地，羽与数百骑走，是以兵大败。灌婴追斩羽东城[②]。楚地悉定，独鲁不下[③]。汉王引天下兵欲屠之，为其守节礼义之国，乃持羽头示父兄，鲁乃降。初，怀王封羽为鲁公，及死，鲁又为之坚守，故以鲁公葬羽于谷城。汉王为发丧，器临而去[④]。封项伯等四人为列侯，赐姓刘氏[⑤]。诸民略在楚者皆归之。汉王还至定陶，驰入齐王信壁，夺其军。

注释

① 垓 gāi 下：地名。在今安徽灵璧县东南，沱河北岸。

② 东城：县名。在今安徽定远县东南。

③ 鲁：县名。今山东曲阜。

④ 临：吊丧。

⑤ 赐姓刘氏：古时帝王将己姓赐给臣下，视其为同族，以示宠信。刘邦就采用这种手法。

译文

十二月，汉军在垓下围困项羽。项羽夜间听到四面都在唱楚歌，知道汉军已经完全控制了楚军周围阵地，就率数百骑弃营突围，楚军大败。灌婴追击到东城斩杀了项羽。楚地完全平定，只有鲁地还尚未投降。汉王率领大军想要屠城，但被该地将士为项羽守节持义所感动，便拿项羽首级给鲁地的父老乡亲看，鲁地才投降。起初，怀王封项羽为鲁公，项羽死后，鲁地又为之坚守不降，因此就以鲁公的礼仪把项羽葬于济北谷城。汉王为项羽发丧，痛哭离去。汉王封项伯等四人为列侯，赐姓为刘。各地百姓被劫到楚地的都被遣返原籍。汉王回师到定陶，以迅雷不及掩耳之势进入韩信军营，剥夺了韩信的兵权。

帝乃西都洛阳。夏五月，兵皆罢归家。诏曰："诸侯子在关中者①，复之十二岁②，其归者半之。民前或相聚保山泽，不书名数③，今天下已定，令各归其县，复故爵田宅④，吏以文法教训辨告，勿笞辱。民以饥饿自卖为人奴婢者，皆免为庶人。军吏卒会赦⑤，其亡罪而亡爵及不满大夫者⑥，皆赐爵为大夫。故大夫以上赐爵各一级⑦，其七大夫以上，皆令食邑，非七大夫以下，皆复其身及户，勿事。"又曰："七大夫、公乘以上⑧，皆高爵也。诸侯子及从军归者，甚多高爵，吾数诏吏先与田宅，及所当求于吏者，亟与。爵或人君⑨，上所尊礼⑩，久立吏前⑪，会不为决，甚亡谓也。异日秦民爵公大夫以上，令丞与亢礼⑫。今吾于爵非轻也，吏独安取此！且法以有功劳行田宅⑬，今小吏未尝从军者多满⑭，而有功者顾不得⑮，背公立私，守尉长吏教训甚不善。其令诸吏善遇高爵，称吾意。且廉问⑯，有不如吾诏者，以重论之。"

注释

① 诸侯子：指诸侯王国之从军者。

② 复：免除徭役赋税。

③ 不书名数：言没有户籍。

④ 复：归还。

⑤ 赦：有罪者免罪。

⑥ 不满大夫：有爵而不到大夫级别者。大夫，爵名，第五级。

⑦ 赐爵各一级：言各加一级。

⑧ 七大夫：爵制第七级的大夫。公乘：爵名，第八级。

⑨ 爵或人君：爵高有国邑者，则为其国人的君主。

⑩ 上：指天子。

⑪ 久立吏前：意谓有事情找吏解决，而拖延不决。

⑫ 亢礼：指彼此以平等之礼相待。亢，同“抗”。

⑬ 行：付与，交给。

⑭ 多满：大多私取田宅，多自满足。

⑮ 顾：反。

⑯ 廉：视察，察访。

译文

汉高祖于是在西定都洛阳。夏五月，士卒们都复员回家。高祖下诏说：“诸侯的子弟留在关中的，免除十二年赋役，回原籍的，免除六年赋役。以前有的百姓聚逃于山泽之中躲避战乱，未列入户籍，现在天下已定，让他们各归故里，恢复原有的爵位与土地房屋，各地官吏要按照法令来晓谕义理，不得鞭打侮辱。百姓中因饥荒而自卖为他人奴婢的，都免其奴婢身份恢复为平民。军吏士卒一律免罪，其中没罪但无爵级或原爵级不满大夫的，都赐为大夫爵位，原有大夫爵级的各加一级。其中七大夫以上的都赐给食邑。爵级在七大夫以下的，都免除本人及家庭的赋税，不服徭役。”诏书又说：“七大夫、公乘，都是高的爵级。诸侯子弟及从军复员的，有很多高爵，我已经多次指示主管的官吏先分给他们田宅，他们对主管官吏所提出的正当要求，要迅速解决。有爵级高的被称为君，都是天子所尊重礼遇的，有的人多次请求办事官吏解决问题，竟然得不到妥善处理，这是不正常的。过去秦朝的人爵级在七大夫以上的，就与县令享有同样的地位。现在朕对于爵级也很看重，有些官吏怎能对爵级如此不尊重！何况明文规定按功劳给予田宅，今日有些小小官吏毫无军功却先满足自己，而有功的反而不能得到，违背公法而谋取私利，这是郡守、郡尉、县令教育管理不善所致。现在下令办事官吏尊重有高爵位的人，让我满意。还应进行检查，有不按照我的旨意办事的官员定要予以严惩。”

帝置酒洛阳南宫。上曰：“通侯诸将毋敢隐朕①，皆言其情。吾所以有天下者何？项氏之所以失天下者何？”高起、王陵对曰②：“陛下嫚而侮人，项羽仁而敬人。然陛下使人攻城略地，所降下者，因以与之，与天下同利也。项羽妒贤嫉能，有功者害之③，贤者疑之，战胜而不与人功，得地而不与人利，此其所以失天下也。”上曰：“公知其一，未知其二。夫运筹帷幄之中④，决胜千里之外，吾不如子房⑤；填国家⑥，抚百姓，给饷馈，不绝粮道，吾不如萧何；连百万之众，战必胜，攻必取，吾不如韩信。三者皆人杰，吾能用之，此吾所以取天下者也。项羽有一范增而不能用，此所以为我禽也⑦。”群臣说服。

注释

① 通侯：即彻侯，第二十级爵名。

② 高起：人名。一说“高起”二字为衍文。

③ 害：嫉妒。

④ 运筹：出谋划策。

⑤ 子房：张良之字。

⑥ 填：同“镇”，镇守。

⑦ 禽：同“擒”。

译文

高祖在洛阳南宫举行酒宴，说：“彻侯诸将，不要对我有所隐晦，都请讲实情。我为什么能得到天下？项羽为什么失掉天下？”高起、王陵答道：“陛下平日不大尊重他人，项羽关心与尊重他人。但是陛下派人攻城略地，所取得的战果，都给予有功之人，与大家同甘共苦。而项羽妒贤嫉能，打击有功之人，对贤能之士胡乱猜疑，打了胜仗的人却没有被记功，得了土地不愿意赏赐功臣，这就是他为什么失去了天下。”高祖说：“你只知其一，未知其二。例如运筹于帷幄之中，决胜于千里之外，我不如张良；镇守国家，安抚百姓，供应粮饷，保证粮道畅通，我不如萧何；指挥百万之众，战无不胜，攻无不取，我不如韩信。这三位都是杰出的人才。而我善于运用他们，这就是我能夺取天下的原因。项羽只有一个贤才范增，却还不能重用，所以他才被我打败。”群臣都心悦诚服。

戍卒娄敬求见[①]，说上曰：“陛下取天下与周异，而都洛阳，不便，不如入关，据秦之固。”上以问张良，良因劝上。是日，车驾西都长安[②]。拜娄敬为奉春君，赐姓刘氏。六月壬辰[③]，大赦天下。

注释

① 娄敬：汉高祖刘邦的重要谋士之一。《汉书》有其传。
② 车驾：言皇帝乘车而行。这里指汉高祖。
③ 壬辰：初三。

译文

有位边防士兵娄敬求见高祖，他向高祖建议：“陛下取得天下的情形与周朝不同，却建都于洛阳，不太恰当，不如进入函谷关，占据秦地的险固地形。”高祖就此事向张良询问，张良趁机劝高祖同意娄敬的建议。这天，皇上即时起驾登程赴西都长安。高祖封娄敬为奉春君，赐姓为刘。六月三日，大赦天下。

人告楚王信谋反，上问左右，左右争欲击之。用陈平计，乃伪游云梦①。十二月，会诸侯于陈，楚王信迎谒，因执之。诏曰："天下既安，豪桀有功者封侯，新立②，未能尽图其功。身居军九年，或未习法令，或以其故犯法，大者死刑，吾甚怜之。其赦天下。"田肯贺上曰："甚善，陛下得韩信，又治秦中③。秦，形胜之国也，带河阻山，县隔千里④，持戟百万⑤，秦得百二焉⑥。地势便利，其以下兵于诸侯，譬犹居高屋之上建瓴水也⑦。夫齐，东有琅邪、即墨之饶⑧，南有泰山之固，西有浊河之限⑨，北有勃海之利⑩，地方二千里，持戟百万，县隔千之外，齐得十二焉⑪，此东西秦也⑫。非亲子弟，莫可使王齐者。"上曰："善。"赐金五百斤。上还至洛阳，赦韩信，封为淮阴侯。

注释

① 云梦：古泽名。在今洪湖、洞庭湖一带。

② 新立：高祖谓自己新即帝位。此诏在十二月，其前已封曹参等为侯；故可知这里是指正月以后所封之人。

③ 治秦中：言建都关中。

④ 县隔千里：相隔千里。县，同"悬"。

⑤ 持戟百万：拥兵百万。

⑥ 秦得百二：言秦兵两万足当诸侯兵百万。

⑦居高屋之上建瓴 líng 水：居高临下，有不可阻遏之势。瓴，檐角滴水的瓦器。

⑧琅邪：县名。在今山东胶南县之南。即墨：县名。在今山东平度县东南。

⑨浊河：指黄河。

⑩勃海：即渤海。

⑪齐得十二：言齐兵二十万足当诸侯兵百万。

⑫此东西秦：指齐、秦形势险要相当。

注释

有人告楚王韩信要谋反，皇上征求身边大臣意见，群臣都主张出兵讨伐韩信。高祖采纳陈平的计谋，假装到云梦巡游。十二月，高祖在陈地会见各路诸侯，楚王韩信迎接拜见高祖，高祖乘机派人将他绑了。下诏说："天下已经安定，豪杰有功的封为侯爵，新即帝位，还没能全部按功行赏。从军征战九年以来，有的无暇学习法令，有的误犯国法，情节严重的被判处死刑，我为之深表同情。现在大赦天下。"田肯向皇上祝贺说："皇上说得太好了。陛下抓了韩信，又在关中建都。秦地是地形险固的地方，山河险阻，和东部诸侯相隔千里，秦地以百分之二的兵力，可敌来犯之军百万。秦地形势便利，如向关东出兵征伐诸侯，就好像在高屋之上用瓶子往下倒水。至于齐地，东边有像琅邪、即墨这样富饶的地方，南边有泰山的险固，西有黄河天堑，北有渤海之利，幅员两千里，如果有百万士兵来犯，隔于千里之外，只需以二十万之众便可抵御。这等于是东西方有两个秦国。不是皇上至亲，不能在齐封王。”高祖说：“讲得太好了。”于是赏赐黄金五百斤给他。高祖回到洛阳，赦免了韩信，贬为淮阴侯。

秋七月，淮南王布反[①]。上问诸将，滕公言故楚令尹薛公有筹策。上召见，薛公言布形势，上善之，封薛公千户。诏王、相国择可立为淮南王者，群臣请立子长为王[②]。上乃发上郡、北地、陇西车骑，巴蜀材官及中尉卒三万人为皇太子卫[③]，军霸上。布果如薛公言，东击杀荆王刘贾，劫其兵，度淮击楚，楚王交走入薛[④]。上赦天下死罪以下，皆令从军；征诸侯兵，上自将以击布。十二年冬十月，上破布军于会缶[⑤]，布走，令别将追之。

注释

① 淮南王布反：详见《汉书·黥布传》。
② 子长：刘邦第七子刘长。
③ 材官：步卒。中尉：官名，掌京师治安，后改称执金吾。
④ 薛：县名。在今山东滕州薛城镇。
⑤ 会缶：即会甀 kuàichuí，小邑名。在今安徽宿州南。

译文

秋七月，淮南王英布谋反作乱。皇上向诸将询问该如何处置，滕公说原楚令尹薛公有平叛良策。皇上立即召见，薛公分析了英布的形势，皇上很满意，加封薛公千户。诏令王、相国选择可立为淮南王的人，群臣请立皇子刘长为王。皇上于是征调上郡、北地、陇西车骑、巴蜀勇士及御林军三万人为皇太子的护卫，驻军于霸上。英布果不出薛公所料，往东击杀荆王刘贾，迫降荆王之兵，渡过淮水攻打楚地，楚王刘交退避到薛。皇上赦天下死罪以下的囚犯，让他们全都从军；同时征调诸侯之兵，御驾亲征英布。十二年冬十月，皇上在会甀打败英布军，英布逃走，皇上派别将追击。

上还，过沛，留，置酒沛宫，悉召故人父老子弟佐酒。发沛中儿得百二十人，教之歌。酒酣，上击筑[①]，自歌曰："大风起兮云飞扬，威加海内兮归故乡，安得猛士兮守四方！"令儿皆和习之。上乃起舞，慷慨伤怀，泣数行下。谓沛父兄曰："游子悲故乡。吾虽都关中，万岁之后吾魂魄犹思沛[②]。且朕自沛公以诛暴逆，遂有天下，其以沛为朕汤沐邑[③]，复其民，世世无有所与[④]。"沛父老诸母故人日乐饮极欢，道旧故为笑乐。十余日，上欲去，沛父兄固请。上曰："吾人众多，父兄不能给。"乃去。沛中空县皆之邑西献[⑤]。上留止，张饮三日[⑥]。沛父兄皆顿首曰："沛幸得复，丰未得，唯陛下哀矜。"上曰："丰者，吾所生长，极不忘耳。吾特以其为雍齿故反我为魏。"沛父兄固请之，乃并复丰，比沛[⑦]。

注释

①筑：古时弹拨乐器，已失传。

②万岁之后：言死后。

③汤沐邑：古时给予帝王贵族的封地，据说邑中所出赋税是为了供其斋戒沐浴之费用的。

④无有所与：言不承担徭役。与，同“豫”。

⑤空县：言全县出动。献：指贡献牛酒送行。

⑥张：设帐。

⑦比沛：与沛县同。

译文

皇上班师回朝，经过发迹地沛县，在沛宫留宿，摆酒设宴，把所有的故人父老子弟都召来饮酒。召来沛中儿童一百二十人，教他们唱歌。酒喝得正浓时，皇上击打乐器，自己唱起了歌：“大风起兮云飞扬，威加海内兮归故乡，安得猛士兮守四方！”让儿童们都一起习唱。于是皇上随着歌声起舞，感慨悲伤，泪水一行一行地下淌，对沛地父老说：“游子想念自己的故乡时总会很悲伤。我虽定都在关中，死后我的魂魄仍然会思念沛地家乡的。况且朕从任沛公起兵以推翻暴秦，遂得天下，现在以沛为朕的汤沐邑，免除沛县百姓的赋役，世世代代都不须向朝廷缴纳赋税。”沛县父老故人整日共饮极欢，以讲述皇上昔日往事为乐。十余日后，皇上想离开，沛地父兄坚持留皇上。皇上说：“我的随从太多，父老们难以供给。”于是就离开了。沛县万人空巷送皇上到城西并献上告别的礼品。皇上又停留下来，设帐幕宴请送行的人三天。沛县父老都叩头说："沛县有幸得皇恩免除赋役，而丰县却未能得到，希望皇上对丰县予以关怀。"皇上说："丰县，是我生长的地方，是最不能忘却的。我只因为他们为了雍齿却反我归魏，就不想照顾了。"沛县父老再三请求，皇上才同意免除丰县赋役，和沛县一样。

上击布时，为流矢所中，行道疾。疾甚，吕后迎良医。医入见，上问医。曰："疾可治。"于是上嫚骂之，曰："吾以布衣提三尺取天下[①]，此非天命乎？命乃在天，虽扁鹊何益[②]！"遂不使治疾，赐黄金五十斤，罢之。吕后问曰："陛下百岁后[③]，萧相国既死，谁令代之？"上曰："曹参可。"问其次，曰："王陵可，然少戆[④]，陈平可以助之。陈平知有余[⑤]，然难独任。周勃重厚少文，然安刘氏者必勃也，可令为太尉。"吕后复问其次，上曰："此后亦非乃所知也[⑥]。"

注释

① 三尺：指剑。

② 扁鹊：战国名医秦越人。

③ 百岁：古人以为人生不过百岁，故以其为死之讳称。

④ 少戆 zhuàng：稍有点刚直。

⑤ 知：同"智"。

⑥ 乃：你。

译文

皇上攻打英布时，被流箭射中，在行道途中，病情逐渐加重。吕后请来良医给高祖治病。医生进宫给皇上看病，皇上问伤势如何。医生说："我可以治好这个病。"于是皇上把医生大骂了一顿，他说："我以平民的身份持三尺宝剑就夺取了天下，这难道不是天命吗？既然上天自有安排，就算神医扁鹊再世对我又有何益！"便不再让医生诊病，赏赐医生黄金五十斤，叫他走。吕后问道："陛下百年之后，萧何丞相也去世，谁能代他为相？"皇上说："曹参可以。"吕后又问谁能继曹参之后，皇上说："王陵可以，但他性格有些刚直，陈平可以辅佐他。陈平智谋有余，但难以独当一面。周勃老成持重而不善于文辞，可是安定刘氏江山的一定是周勃，可以让他担任太尉之职。"吕后又问再以后谁可继以重任，皇上说："再以后就不是你能知道的了。"

夏四月甲辰①，帝崩于长乐宫。五月丙寅②，葬长陵③。已下④，皇太子群臣皆反至太上皇庙。群臣曰："帝起细微，拨乱世反之正，平定天下，为汉太祖，功最高。"上尊号曰高皇帝⑤。

注释

① 四月甲辰：即公元前 195 年阴历四月二十五日。

② 五月丙寅：五月十七日。

③ 长陵：汉高祖墓，在今陕西咸阳市东北。

④ 已下：指已经下葬。

⑤ 高皇帝：刘邦的谥号。

译文

夏四月二十五日，高帝在长乐宫去世，五月十七日，葬于长陵。下葬以后，皇太子携群臣回到太上皇庙。君臣说："皇上出身卑微，拨乱反正，平定天下，成为汉朝开国之君，功劳最高。"敬上尊号为高皇帝。

初，高祖不修文学，而性明达，好谋，能听，自监门戍卒[①]，见之如旧。初顺民心作三章之约。天下既定，命萧何次律令，韩信申军法，张苍定章程[②]，叔孙通制礼仪，陆贾造《新语》。又与功臣剖符作誓[③]，丹书铁契，金匮石室，藏之宗庙。虽日不暇给[④]，规摹弘远矣[⑤]。

注释

① 自：虽，即使。监门：指郦食其。戍卒：指娄敬。

② 章程：有关历术及度、量、衡等的规章制度。

③ 誓：誓言，有"使河为带，泰山若厉，国乃灭绝"之誓。

④ 日不暇给：言事务繁多而时间不足。

⑤ 规摹：规模。

译文

当初，高祖不爱修习文学，而秉性开朗聪明，喜欢思考计谋，善于听取臣下的意见，从看门人到普通士卒，见了面都像老朋友一样亲切。入关之初便顺民心约法三章，天下平定之后，命萧何整理法律与条令，命韩信整顿军纪，命张苍制定律法章程，令叔孙通制定各种礼节与仪式，令陆贾作总结历史兴亡之鉴的《新语》。又与各功臣剖符作誓，立丹书铁契，贮于金柜石室之中，保藏于宗庙之内。虽然诸事繁杂，但高祖订立的法度意义深远。

赞曰[①]：《春秋》晋史蔡墨有言[②]，陶唐氏既衰[③]，其后有刘累，学扰龙，事孔甲[④]，范氏其后也。而大夫范宣子亦曰："祖自虞以上为陶唐氏，在夏为御龙氏，在商为豕韦氏，在周为唐杜氏，晋主夏盟为范氏"[⑤]。范氏为晋士师，鲁文公世奔秦。后归于晋，其处者为刘氏[⑥]。刘向云战国时刘氏自秦获于魏。秦灭魏，迁大梁，都于丰，故周市说雍齿曰"丰，故梁徙也"。是以颂高祖云："汉帝本系，出自唐帝。降及于周，在秦作刘。涉魏而东，遂为丰公。"丰公，盖太上皇父。其迁日浅，坟墓在丰鲜焉。及高祖即位，置祠祀官，则有秦、晋、梁、荆之巫，世祠天地，缀之以祀[⑦]，岂不信哉！由是推之，汉承尧运，德祚已盛，断蛇著符，旗帜上赤[⑧]，协于火德，自然之应，得天统矣。

注释

①赞：帮助之意。作者意在通过写赞，帮助读者了解篇中所述的历史人物与事件，以及理解作者的志趣。

②史：史官。蔡墨：晋国的史官。

③陶唐氏：尧之号。

④孔甲：夏朝之君。

⑤“范宣子所言”等句：见《左传》哀公二十四年。

⑥其处者：那些留在秦国的支族。

⑦缀：不断绝。

⑧上：同“尚”。

译文

班固评论：《春秋》记载晋国史官蔡墨说过这样的话：唐尧所建的陶唐氏衰败之后，他的后人中有刘累，学习驯龙之术，事奉夏天子孔甲，晋国范氏是他的后人。而晋大夫范宣子也说过：“我的祖先在虞舜之前称为陶唐氏，在夏朝为御龙氏，在商代为豕韦氏，在周为唐杜氏，在晋为华夏霸主时为范氏。”当时范氏为晋国正卿，鲁文公时逃到秦国。后来又回到晋，留在秦地的为刘氏。刘向说战国时刘氏随秦军东进，在魏国被俘，秦攻魏，魏迁往大梁，曾定都于丰邑，所以周市劝说雍齿时说：“丰邑，是之前魏国迁徙后的都城。”因此，赞颂汉高祖说：“汉朝皇室的本系，出自于陶唐尧帝。到了周朝，在秦国为刘氏。经魏而向东，才有了丰公。”

丰公，是太上皇之父。他们迁徙到丰邑的时间不长，在丰地的坟墓不多。到高祖即位，设置祠祀之官，于是有了秦、晋、梁、荆的祖庙，世世代代祭祀天地祖先，香火连绵，这难道不可信吗？以此推断，汉朝继承了尧运，帝王之气很盛，斩白蛇而合“白帝子为赤帝子所杀”的谶言，旗帜以红色为主，这是火德的象征，自然相应，理应取得天命正统。

艺文志

昔仲尼没而微言绝[①]，七十子丧而大义乖[②]。故《春秋》分为五[③]，《诗》分为四[④]，《易》有数家之传。战国从衡[⑤]，真伪分争，诸子之言纷然淆乱。至秦患之，乃燔灭文章，以愚黔首[⑥]。汉兴，改秦之败，大收篇籍，广开献书之路。迄孝武世，书缺简脱[⑦]，礼坏乐崩，圣上喟然而称曰："朕甚闵焉！"于是建藏书之策，置写书之官[⑧]，下及诸子传说，皆充秘府[⑨]。至成帝时，以书颇散亡，使谒者陈农求遗书于天下[⑩]。诏光禄大夫刘向校经传诸子诗赋[⑪]，步兵校尉任宏校兵书[⑫]，太史令尹咸校数术[⑬]，侍医李柱国校方技[⑭]。每一书已，向辄条其篇目，撮其指意，录而奏之[⑮]。会向卒，哀帝复使向子侍中奉车都尉歆卒父业[⑯]。歆于是总群书而奏其《七略》，故有《辑略》[⑰]，有《六艺略》[⑱]，有《诸子略》，有《诗赋略》，有《兵书略》，有《术数略》，有《方技略》。今删其要，以备篇籍。

注释

①仲尼：孔子名丘，字仲尼。微言：精微要妙之言。

②七十子：指孔子弟子达者七十人。七十，指成数。大义：指诸经之义。

③《春秋》分为五：即《春秋左氏传》《春秋公羊传》

《春秋穀梁传》《春秋邹氏传》《春秋侠氏传》。

④《诗》分为四：即《毛氏》（毛亨）、《齐》（齐人辕固）、《鲁》（鲁人申培）、《韩》（燕人韩婴）。

⑤从衡：即纵横。

⑥黔首：劳动人民。

⑦简脱：编简之绳断，则简脱落。

⑧写书之官：指抄书者。

⑨秘府：宫中藏书处。

⑩谒者：官名，属郎中令。

⑪光禄大夫：官名，掌顾问应对。刘向：字子政。《楚元王传》附其传。

⑫步兵校尉：官名，掌宿卫兵。

⑬太史令：官名，掌天时星历。数术：占卜之书。

⑭侍医：少府太医令之属官。方技：医药之书。

⑮录：刘向的《书录》，附于原书者，谓之《叙录》；汇于一书者，则为《别录》，已佚。

⑯侍中：加官。奉车都尉：官名，掌御乘舆车。歆：刘歆，字子骏，刘向之子。《楚元王传》附其传。

⑰辑：同“集”，谓诸书之总要。略：概要。

⑱六艺：六经。

译文

从前，孔子去世后精微奥妙的言辞就断绝了。孔子的七十弟子死后，对经典的解释也出现了分歧。所以对《春秋》的解读分为《左氏传》《公羊传》《穀梁传》《邹氏传》《侠氏传》五家，对《诗经》的解读出现了《毛诗》《齐诗》《鲁诗》《韩诗》四家不同的版本，对《易经》的解读也分为好几家。战国时诸侯合纵连横，真伪难辨，诸子的学说也是如此的混乱。到秦始皇的时候，担忧这种局面，于是就焚书坑儒，以此愚民。到汉朝建立后，改革秦朝的弊政，大规模征收典籍，广开献书的门路。到汉武帝时代，书籍残缺，竹简脱落，规章礼节都遭到极大的破坏。皇上喟然叹息说:“朕对这些事感到很痛心！”于是立下了藏书的计划，设置了抄书的官员，即使是关于诸子传说之类的书籍，都收集到图书馆。到汉成帝的时候，由于书籍散佚得特别严重，就派谒者陈农向天下搜集散佚的图书。下令光禄大夫刘向校对经传诸子诗赋，步兵校尉任宏校对兵书，太史令尹咸校对数术的书，侍医李柱国校医药方技之书。每校完一部书，刘向就整理目录，概括其大意，写下来把它上奏给皇上。当刘向死后，哀帝又派刘向的儿子侍中奉车都尉刘歆完成父亲的事业。刘歆于是总结所有书籍而把《七略》上奏给皇帝。因此就有了《辑略》，有了《六艺略》《诸子略》《诗赋略》《兵书略》《术数略》和《方技略》。现在删去繁杂留下主要的东西，以使所收书篇更完备。

《易》曰:“宓戏氏仰观象于天，俯观法于地，观鸟兽之文，与地之宜，近取诸身，远取诸物，于是始作八卦，以通神明之德，以类万物之情[①]。”至于殷、周之际，纣在上位，逆天暴物[②]，文王以诸侯顺命而行道，天人之占可得而效[③]，于是重《易》

六爻，作上下篇[④]。孔氏为之《彖》、《象》、《系辞》、《文言》、《序卦》之属十篇[⑤]。故曰《易》道深矣，人更三圣[⑥]，世历三古。及秦燔书，而《易》为筮卜之事，传者不绝[⑦]。汉兴，田何传之。讫于宣、元，有施、孟、梁丘、京氏列于学官[⑧]，而民间有费、高二家之说[⑨]。刘向以中《古文易经》校施、孟、梁丘经[⑩]，或脱去“无咎”、“悔亡”[⑪]，唯费氏经与古文同。[⑫]

注释

①“《易》曰”等句：引文见《易经·系辞下》。所谓伏羲氏画卦，乃言《易》之创始。宓戏，即伏羲。

②物：万物，万事。

③效：犹“见”。

④六爻：指六十四卦，分上下篇。《经》文有《卦辞》《爻辞》。

⑤十篇：此言《传》文，实有七种十篇，除《彖辞》上下篇、《象辞》上下篇、《系辞》上下篇、《文言》一篇、《序卦》一篇外，还有《说卦》《杂卦》各一篇。此十篇称《十翼》。

⑥更：经也。三圣：指伏羲、文王、孔子。

⑦秦燔书，而《易》为筮卜之事，传者不绝：秦始皇焚书，命令“医药卜筮种树之书”不烧。

⑧有施、孟、梁丘、京氏列于学官：王先谦曰：汉武帝立五经博士，《易》惟杨何。宣帝立施、孟、梁丘《易》。元帝立京氏《易》，见《儒林传赞》。

⑨ 费：费直，字长翁，东莱人。高：高相，沛人。两人同时，未立于学官。

⑩ 中：指秘府。

⑪"无咎"、"悔亡"：皆经文。

⑫ 此段为《易》学之小序。《汉志》每种书后皆有之。

译文

《易经》上说："伏羲氏仰观天象，俯察地理，观察鸟兽的纹理和土地的性质，近则取自于人们的身体，远则取之于万物，于是创造了八卦；以通晓神明的德性，以模仿万物的性情。"到了殷、周之际，纣王身居帝位，逆天而行，摧残万物，周文王作为诸侯顺应天推行天道，天人感应的占卜很有成效，于是重叠了八卦推演出六十四卦，分为上下两篇。孔子作了《彖》《象》《系辞》《文言》《序卦》之类共十篇。所以说《易经》的道理极为深刻，经历了伏羲、文王、孔子三代圣人，又经历了上、中、下三个远古时代。到秦始皇焚书坑儒之时，因为《易经》是部占卜的书，而得以保存下来没有断绝。汉朝建立后，田何传授《易经》。到了宣帝、元帝之时，有施、孟、梁丘、京氏传授的《易经》学被列入官府传授之学，而民间有费直、高相两家的学说。刘向根据宫中的《古文易经》作为底本，参考施、孟、梁丘的经文来校对，有的地方脱漏"无咎""悔亡"，只有费氏经文与古文本相同。

《易》曰："河出图，洛出书，圣人则之[①]。"故《书》之所起远矣，至孔子纂焉，上断于尧，下讫于秦，凡百篇，而为之序，言其作意[②]。秦燔书禁学，济南伏生独壁藏之。汉兴亡失，求得二十九篇。以教齐鲁之间。讫孝宣世，有《欧阳》、《大小夏侯氏》，立于学官。《古文尚书》者，出孔子壁中，武帝末[③]，鲁共王坏孔子宅，欲以广其宫，而得《古文尚书》及《礼记》、《论语》、《孝经》凡数十篇，皆古字也。共王往入其宅，闻鼓琴瑟钟磬之音，于是惧，乃止不坏。孔安国者，孔子后也，悉得其书，以考二十九篇，得多十六篇[④]。安国献之。遭巫蛊事[⑤]，未列于学官。刘向以中古文校欧阳、大小夏侯三家经文[⑥]，《酒诰》脱简一，《召诰》脱简二。率简二十五字者，脱亦二十五字。简二十二字者，脱亦二十二字，文字异者七百有余，脱字数十。《书》者，古之号令，号令于众，其言不立具，则听受施行者弗晓。古文读应尔雅[⑦]，故解古今语而可知也[⑧]。

注释

①"《易》曰"等句：引文见《易经·系辞上》。

②作意：作者之意。

③武帝末：《论衡·正说篇》以为景帝时。

④得多十六篇：此谓考见行世二十九篇外，多得十六篇。

⑤巫蛊事：详见《汉书·武五子传·戾太子传》。

⑥ 中古文：秘府之古文经。

⑦ 尔雅：近正之意。

⑧ 古今语：古语为方言，今语指汉语。

译文

《易经》上说："黄河中的龙马驮河图而出，洛水中的神龟背着洛书而出，圣人根据河图洛书的启示而推演易经。"所以《尚书》的起源很久远了，到孔子时就加以编修，上起于尧帝，下止于秦，共一百篇，并为它作序，说明写作的主旨。秦始皇焚书禁学，济南的伏生私自把它们藏在墙壁之中。到了汉朝建立时大都散失了，只找到了二十九篇，用来在齐鲁一带传授。到了汉宣帝时代，有《欧阳》《大小夏侯氏》，被立在官府学宫。《古文尚书》在孔子家的墙壁中被发现。武帝末年，鲁共王拆掉了孔子的宅院，想要扩建他的宫殿，却得到了《古文尚书》以及《礼记》《论语》《孝经》总共几十篇，都是用先秦时代的文字撰写的。恭王进入孔子的住宅，听到演奏琴瑟钟磬的声音，对此感到很恐惧，于是停止拆房。孔安国是孔子的后代，全部得到了这些书，比先前的二十九篇，多出了十六篇。孔安国把它们献给了皇上。这时正逢巫蛊之乱，没有被学官列入。刘向用宫中古文校欧阳、大小夏侯三家的经文，其中《酒诰》脱落一简，《召诰》脱落两简。一简大概有二十五字，脱落的也是二十五个字，简上是二十二字的，脱落的也是二十二个字，有七百多字是不同的文字，脱落几十个字。《尚书》是古代帝王的号令，对于众人而言，如果号令所说的内容不能使人明白，就会使听的人和做的人糊涂。古文宣扬的应接近雅正，所以理解了古今语言就能明白《尚书》的含义了。

《书》曰："诗言志，歌咏言[①]。"故哀乐之心感，而歌咏之声发。诵其言谓之诗，咏其声谓之歌。故古有采诗之官，王者所以观风俗，知得失，自考正也。孔子纯取周诗，上采殷，下取鲁，凡三百五篇，遭秦而全者，以其讽诵，不独在竹帛故也。汉兴，鲁申公为《诗》训故，而齐辕固、燕韩生皆为之传。或取《春秋》[②]，采杂说，咸非其本义。与不得已[③]，鲁最为近之。三家皆列于学官。又有毛公之学，自谓子夏所传，而河间献王好之，未得立[④]。

注释

①"《书》曰"等句：引文见《尚书·虞书·舜典》。

②《春秋》：泛指古代的史书，非专指鲁《春秋》。

③与：如也。

④"又有毛公之学"四句：汉代有两个毛公，作《训故传》者为毛亨，为河间献王博士者为毛苌。

译文

《尚书》上说："诗言志，歌咏言。"所以心中有哀乐的感觉，就会通过歌咏表达出来。把它用语言表达出来就称为诗，把它用歌声表达出来就称为歌。所以古代有到民间收集诗歌的官员，君王用它观察风土人情了解政事得失，自我加以稽考修正。孔子精选了周诗，上起殷朝，下至鲁国，共有三百零五篇，虽然经历了秦始皇的焚书还能保存下来，是因为它是讽诗并能背诵，不单靠文字流传。汉朝建立后，鲁申公为《诗经》进行解释，齐国的辕固、燕国的韩生都为《诗经》作解说。有的取自《春秋》，采用众人的杂论，都不是《诗经》的本来意思。如不得已而要用《诗》，只有鲁《诗》最与《诗经》本义相近。三家都被列于官学。又有毛公的学说，自称是传之于子夏，而河间献王喜欢它，没被列于官学。

《易》曰："有夫妇、父子、君臣、上下，礼义有所错[①]。"而帝王质文世有损益，至周、曲为之防[②]，事为之制，故曰："礼经三百，威仪三千[③]。"及周之衰，诸侯将逾法度，恶其害己，皆灭去其籍，自孔子时而不具，至秦大坏。汉兴，鲁高堂生传《士礼》十七篇[④]。讫孝宣世，后仓最明。戴德、戴圣、庆普皆其弟子，三家立于学官。《礼古经》者，出于鲁淹中及孔氏[⑤]，与十七篇文相似，多三十九篇。及《明堂阴阳》、《王史氏记》所见，多天子诸侯卿大夫之制，虽不能备，犹瘉仓等推《士礼》而致于天子之说[⑥]。

注释

①"《易》曰"等句：引文见《易经·序卦》之辞。

错，置也。

②曲：犹事也。

③“礼经三百，威仪三千”：礼经谓礼之大纲，威仪谓礼之仪式。三百、三千言其多，不是其具体数目。

④《士礼》十七篇：陈直曰：“1957年7月，武威磨咀子六号墓中，出土汉代竹木简所写仪礼，包含三部分，甲本是《仪礼·士相见之礼》等七篇，乙本是《丧服传》一篇，丙本是《丧服经》。甘肃省博物馆定为是汉代今文经，疑为庆普所传之本。”

⑤淹中：里名。

⑥瘉：同“愈”，胜也。

译文

《易经》上说：“有夫妇、父子、君臣上下的区别，礼和义才能有安置之处。”但帝王的质朴和文饰代代有增有减，到周朝时就规定得极为细致，每一件事都要有制度，所以说：“礼经有三百条，礼仪的细节有三千条。”到了周朝衰微的时候，诸侯想逾越法度，讨厌礼法对自己的约束，把有关礼法的书籍都毁掉了。从孔子时已经不完备了，到秦朝时，又遭到了更大的破坏。汉朝兴起，鲁国的高堂生传授《士礼》十七篇。到孝宣帝时，后仓的解释最为明晰。戴德、戴圣、庆普都是他的学生，三家的礼学被定为官学课程。《礼古经》出现在鲁国的淹中里和孔氏家中，同高堂升的十七篇文章相似，多出了三十九篇。至于《明堂阴阳》《王史氏记》上所见到的，大多是天子、诸侯、卿大夫的制度，虽然不是很详备，但仍比后仓等人推论《士礼》是天子的礼制更好。

《易》曰："先王作乐崇德，殷荐之上帝，以享祖考[①]。"故自黄帝下至三代，乐各有名[②]。孔子曰："安上治民，莫善于礼；移风易俗，莫善于乐[③]。"二者相与并行[④]。周衰俱坏，乐尤微眇，以音律为节，又为郑卫所乱，故无遗法[⑤]。汉兴，制氏以雅乐声律[⑥]，世在乐官，颇能纪其铿锵鼓舞[⑦]，而不能言其义[⑧]。六国之君，魏文侯最为好古，孝文时得其乐人窦公[⑨]，献其书，乃《周官·大宗伯》之《大司乐》章也。武帝时，河间献王好儒，与毛生等共采《周官》及诸子言乐事者，以作《乐记》，献八佾之舞[⑩]，与制氏不相远。其内史丞王定传之[⑪]，以授常山王禹。禹，成帝时为谒者，数言其义，献二十四卷记。刘向校书，得《乐记》二十三篇，与禹不同，其道寖以益微[⑫]。

注释

①"《易》曰"等句：引文见《易经·豫卦》象辞。殷，盛也。

②自黄帝下至三代，乐各有名：《通典》云：黄帝作《咸池》，少昊作《大渊》，颛顼作《六茎》，帝喾作《五英》，尧作《大章》，舜作《大韶》，禹作《大夏》，汤作《大濩》。纣弃先祖之乐，作淫声。

周武王作《大武》，周公作《大勺》。又有《房中之乐》，歌以后妃之德。

③“孔子曰”等句：《孝经·广要道章》载孔子之言。说明礼乐在安邦治民中的重要性。

④二者相与并行：引孔子之言，以明乐与礼相辅而行。

⑤郑、卫：郑卫之音，乃俗乐。遗法：指雅乐之遗法。

⑥制氏：鲁人，善乐事。

⑦纪：识也。

⑧义：义理。

⑨孝文时得其乐人窦公：此说不足据。按《史记》，魏文侯逝世至汉文帝元年已二百余年，岂有汉文帝得魏文侯之乐人窦公事，康有为《新学伪经考》有考辩。

⑩八佾之舞：古代天子专用的乐舞，八人为列，共八列，八八六十四人。

⑪内史：官名。西汉初，诸侯国内置内史，掌民政。丞：官名。多用作副职之称。

⑫寖：逐渐。微：隐也。

译文

《易经》上说：“先代帝王创作音乐尊崇道德，隆重地进献给上天，供奉祖先。”所以从黄帝到夏商周三代，乐曲的名称各有不同。孔子说：“要想安定国家治理百姓，没有比用礼更好的方式了，要想改变风气风俗，没有比用乐更好的方式了。”礼和乐相辅相成、并行不悖。周朝衰落后，礼和乐都被破坏。音乐之理特别精深，因为它的节奏在音律，又加上被郑、卫之音所扰乱，所以没有流传下来。汉朝建立后，制氏因为研究雅乐声律，世代担任乐官，颇能记忆一些音乐铿锵鼓舞的音节，但不能表达出它的含义。六国的君主中，魏文侯最崇尚古乐，孝文帝的时候得到歌舞艺人窦公，他献上的书籍，是《周官·大宗伯》中的《大司乐》章。武帝的时候，河间献王刘德喜欢儒学，同毛苌等人共同采集《周礼》和诸子学说中论述音乐的部分，撰写成《乐记》，并献上八佾之舞，和制氏的相差不大。内史丞王定传授《乐记》，把它授给常山的王禹。王禹在汉成帝时是谒者，多次论说《乐记》的意义，献上二十四卷的记载。刘向校定书籍时，得到二十三篇的《乐记》，和王禹的不同，王禹《乐记》的传承逐渐地衰败了。

古之王者世有史官，君举必书，所以慎言行，昭法式也[①]。左史记言，右史记事，事为《春秋》，言为《尚书》，帝王靡不同之。周室既微，载籍残缺，仲尼思存前圣之业，乃称曰："夏礼吾能言之，杞不足征也；殷礼吾能言之，宋不足征也。文献不足故也。足则吾能征之矣[②]。"以鲁周公之国，礼文备物，史官有法，故与左丘明观其史记，据行事，仍人道[③]，因兴以立功，就败以成罚，假日月以定历数，借朝聘以正礼乐。有所褒讳贬损，不可书见，口授弟子，弟子退而异言。丘明恐弟子各安其意，以失其真，故论本事而作传，明夫子不以空言说经也。《春秋》

所贬损大人当世君臣，有威权势力，其事实皆形于传[④]，是以隐其书而不宣，所以免时难也。及末世口说流行，故有《公羊》、《穀梁》、《邹》、《夹》之传。四家之中，《公羊》、《穀梁》立于学官，邹氏无师，夹氏未有书。

注释

①法式：法度。王念孙在《读书杂志》五中认为："式"本作"戒"，字之误也。言行之是者可以为法，非者可以为戒。

②"称曰"六句：引文见《论语·八佾篇》。征，成也。献，贤也。

③仍：因也。

④事实：即本事。

译文

古代帝王代代都有史官，君王的行动都要加以记录，所以君主谨言慎行，作为百姓言行的典范。史官中左史记录君王的言辞，右史记录君王的事迹，这些事迹记下来就是《春秋》，言论记下来就成了《尚书》，所有的帝王都是如此。周室衰败后，书籍残缺不全，孔子想保存前代圣贤的业绩，就说："夏代的礼我能说出来，但它的后代杞国的礼就不能全面验证了；殷代的礼我能说出来，但它的后代宋国的礼就不足以作证了。这是它历史文献不够的缘故，文献如果足够，我就能加以考证了。"因为鲁国是周公的封国，尊崇礼制，礼器完备，史官有原则，所以让左丘明观看了他们历史的记载，根据所行的事实，依照社会的规范，用成就来建立功赏，根据失败来加以责罚，借助日月来确定节气的时间，凭借诸侯朝见天子的仪制来端正礼乐。有些要褒贬讳损的事情，不能见之于书籍，就口授给弟子，弟子回去后就有不同的说法。左丘明怕他的弟子们各自按照自己的见解，以致失去历史的真实，所以记述本来的事实而作《左氏传》，表明孔子是不用空言来解说经文的。《春秋》所贬损的是大官、当代君臣和有权势的人，他们的事情就写进了《左氏传》中，因此这本书就被隐而不宣，所以避免了遭到秦朝时的灾难。等到秦朝末年，人们口头传说流行开来，便有《公羊》《穀梁》《邹》《夹》的传。这四家之中，《公羊传》《穀梁传》两家被列在官学讲解，邹氏没有师承关系，夹氏没有书籍流传。

《论语》者，孔子应答弟子、时人及弟子相与言而接闻于夫子之语也。当时弟子各有所记。夫子既卒，门人相与辑而论纂①，故谓之《论语》。汉兴，有齐、鲁之说。传《齐论》者，昌邑中尉王吉、少府宋畸、御史大夫贡禹、尚书令五鹿充宗、胶东庸生②，唯王阳名家。传《鲁论语》者③，常山都尉龚奋、长信少府夏侯胜、丞相韦贤、鲁扶卿、前将军萧望之、安昌侯张禹④，皆名家。张氏最后而行于世。

注释

①纂：同“撰”。

②王吉：字子阳。贡禹：字少翁，琅邪人。《汉书》卷七十二有两人传。胶东：国名。庸生：名谭。

③《鲁论语》：汉时只称《鲁论》，多“语”字。

④夏侯胜：字长公，东平人。《汉书》卷七十五有其传。韦贤：字长孺，鲁国邹人。《汉书》有其传。鲁：国名。扶卿：孔安国之弟子（见《论衡·正说篇》）。萧望之：字长倩，东海兰陵人。汉书有其传。张禹：字子文，河内轵人。《汉书》卷八十一有其传。

译文

《论语》这部书，是记录孔子回答弟子及当时人所提问，以及其门徒相互谈论的一部书。当时弟子们的记录各不相同。孔子去世后，弟子们共同辑录并记述下来，所以称为《论语》。汉朝建立后，有《齐论语》和《鲁论语》两家。传授《齐论语》的，有昌邑中尉王吉、少府宋畸、御史大夫贡禹、尚书令五鹿充宗、胶东的庸生等人，只有王吉是名家。传授《鲁论语》的，有常山都尉龚奋、长信少府夏侯胜、丞相韦贤、鲁扶卿、前将军萧望之、安昌侯张禹，他们都是名家。张禹传授的最晚，因而流行于世。

《孝经》者，孔子为曾子陈孝道也[①]。夫孝，天之经，地之义，民之行也。举大者言，故曰《孝经》。汉兴，长孙氏、博士江翁、少府后仓、谏大夫翼奉、安昌侯张禹传之，各自名家。经文皆同，唯孔氏壁中古文为异。“父母生之，续莫大焉[②]”，“故亲生之膝下”，诸家说不安处，古文字读皆异[③]。

注释

① 孔子为曾子陈孝道：《史记·仲尼弟子列传》云：“曾参，南武城人，孔子弟子。”孔以为能通孝道，故授之业，作《孝经》。王应麟不信此说，曰：“当是曾子弟子所为书”。

② 续：嗣续。

③ 读：句读。古时称文辞停顿的地方叫句读。

译文

《孝经》是孔子对曾子讲述孝道的书。孝道，是天经地义的事，是每个人都应该遵行的。从大处说，所以叫《孝经》。汉朝建立后，有长孙氏、博士江翁、少府后仓、谏大夫翼奉、安昌侯张禹传授《孝经》，因各自成一家之言而著名。他们传授的经文都相同，只有孔子旧居墙壁中的古字经文不同。“父母生之，续莫大焉”，“故亲生之膝下”，这两句各家的说法都不妥帖，古字经文的文字、断句方式与各家传授的经也都不同。

《易》曰："上古结绳以治，后世圣人易之以书契，百官以治，万民以察，盖取诸夬[1]。""夬，扬于王庭[2]"，言其宣扬于王者朝廷，其用最大也。古者八岁入小学，故《周官》保氏掌养国子[3]，教之六书，谓象形、象事、象意、象声、转注、假借，造字之本也[4]。汉兴，萧何草律[5]，亦著其法，曰："太史试学童，能讽书九千字以上，乃得为史。又以六体试之，课最者以为尚书、御史史书令史。吏民上书，字或不正，辄举劾。"六体者，古文、奇字、篆书、隶书、缪篆、虫书[6]，皆所以通知古今文字，摹印章，书幡信也。古制，书必同文，不知则阙，问诸故老，至于衰世，是非无正，人用其私[7]。故孔子曰："吾犹及史之阙文也，今亡矣夫[8]！"盖伤其寖不正。《史籀篇》者，周时史官教学童书也，与孔氏壁中古文异体。《苍颉》七章者，秦丞相李斯所作也；《爰历》六章者，车府令赵高所作也；《博学》七章者，太史令胡母敬所作也：文字多取《史籀篇》，而篆体复颇异，所谓秦篆者也[9]。是时始造隶书矣，起于官狱多事，苟趋省易，施之于徒隶也[10]。汉兴，闾里书师合《苍颉》、《爰历》、《博学》三篇[11]，断六十字以为一章，凡五十五章[12]，并为《苍颉篇》。武帝时，司马相如作《凡将篇》，无复字[13]。元帝时黄门令史游作《急就篇》，成帝时，将作大匠李长作《元尚篇》，皆《苍颉》中正字也[14]。《凡将》则颇有出矣[15]。至元始中[16]，征天下通小学者以百数，各令记字于庭中。扬雄取其有用者以作《训纂篇》，顺续

《苍颉》，又易《苍颉》中重复之字，凡八十九章。臣复续扬雄作十三章[17]，凡一百二章[18]，无复字，六艺群书所载略备矣。《苍颉》多古字，俗师失其读，宣帝时征齐人能正读者，张敞从受之，传至外孙之子杜林，为作训故，并列焉。

注释

①“《易》曰”等句：引文见《易经·系辞下》。夬 guàn：《易》之夬卦。夬，决也。

②夬，扬于王庭：引文见《易经·夬卦》之辞。谓公行决断之事于王者之庭，表示公正无私。

③保氏：《周礼》中地官之属。

④象形、象事、象意、象声、转注、假借，造字之本：颜师古曰：“象形，谓画成其物，随体诘屈，日、月是也。象事，即指事也，谓视而可识，察而见意，上、下是也。象意，即会意也，谓比类合谊，以见指撝，武、信是也。象声，即形声，谓以事为名，取譬相成，江、河是也。转注，谓建类一首，同意相受，考、老是也。假借，谓本无其字，依声托事，令、长是也。文字之义，总归六书，故曰立字之本也。”

⑤草：草创。

⑥六体：疑误。此与上文云“八体六技”，显然矛盾。应为八体，八体者：大篆、小篆、刻符、虫书、摹印、署书、殳书、隶书。

⑦人用其私：言各自任凭私意而为字。

⑧“孔子曰”等句：引文见《论语·卫灵公篇》载孔子之言。

⑨秦篆：即小篆。

⑩“隶书”等句：许慎《说文·叙》曰：秦“官狱职务繁，初有隶书，以趣约易，而古文由此绝矣”。

⑪闾里书师：在闾里教授字书的先生。

⑫凡五十五章：计有三千三百字。

⑬复：重复。

⑭《苍颉》中：在《苍颉》三千三百字之中。

⑮出：言多出于《苍颉》之字。

⑯元始：汉平帝年号，共五年（1—5）。

⑰臣：班固自称。

⑱一百二章：如仍以每章六十字计，则为六千一百二十字。

译文

《易经》上说：“上古时代用结绳的方法记事，后代圣人改用文字，百官用来管理事务，万民用来分辨事物，这都是取之于《易经》中《夬》卦的内涵。”“夬，在王庭上显扬”，是说它之所以能在君王朝廷上宣扬，完全由于它的用处最大。古代的人八岁进入小学，所以《周礼·地官》说：保氏掌管匡正君王过错，教授贵族子弟六书的事宜，六书就是象形、象事、象意、象声、转注、假借，这些是造字的根本方法。汉朝建立后，萧何制定并彰明律令说：“太史测试学童，能够背诵九千字以上的人，才能作为史官。再用六体来考他们，成绩最好的任命为尚书和御史的史书令史。官民上书，写字不端正的，就要揭发弹劾。”六体，就是古文、奇字、篆书、隶书、缪篆、虫书，它们都是用来认识古今文字，摹刻印章，书写幡信的工具。依据古代制度，书写的文字一定要相同，不知道的应暂时空缺，然后求教年老者，到了春秋末年，文字是否正确没有了评判法则，人们都不规范地在乱用。所以孔子说：“我还能看到史书中存疑不写的地方，现在已经没有了！”大概是对文字的逐渐不规范而感到悲哀。《史籀篇》是周朝时的史官用来教学童的书，和孔氏壁中的古文字体相异。《苍颉》七章，是秦朝丞相李斯所作；《爰历》六章，是车府令赵高所作；《博学》七章，是太史令胡母敬所作；文字大多取自《史籀篇》，但篆体又差别很大，是所谓的秦篆。这时候已开始倡立隶书，它起因于官府中诉讼案件很多，为了减少笔画方便书写，用于处理官吏事务的公文。汉朝建立后，乡间的教师就把《苍颉》《爰历》《博学》三篇合在一起，每六十字断为一章，共有五十五章，合并而成《苍颉篇》。武帝时司马相如作《凡将篇》，没有重复的字。元帝时黄门令史游作《急就篇》，汉成帝时将作大匠李长作《元尚篇》，都是《苍颉》中的本字。《凡将篇》则有很大的出入。到汉平帝元始年间，征召天下通晓文字学的人以百计，并让他们在朝廷中写字。扬雄选取其中有用的编成《训纂篇》，它延续了《苍颉篇》，又更换了《苍颉篇》中重复的字，共成八十九章。臣又继承扬雄的作了十三章，共成一百零二章，没有重复的字，六艺和各书所记载的字大致都齐全了。《苍颉篇》中古字较多，不称职的教师弄错了它的断句，汉宣帝时就征召齐国能正确句读的人，张敞跟着他学习，传到他的外孙之子杜林时，他写了《苍颉训纂》和《苍颉故》，我把两书一并列入。

六艺之文，《乐》以和神，仁之表也；《诗》以正言，义之用也；《礼》以明体，明者著见，故无训也；《书》以广听，知之术也；《春秋》以断事，信之符也。五者，盖五常之道，相须而备，而《易》为之原。故曰"《易》不可见，则乾坤或几乎息矣[①]"，言与天地为终始也。至于五学[②]，世有变改，犹五行之更用事焉[③]。古之学者耕且养，三年而通一艺，存其大体，玩经文而已，是故用日少而畜德多，三十而五经立也[④]。后世经传既已乖离，博学者又不思多闻阙疑之义[⑤]，而务碎义逃难，便辞巧说，破坏形体；说五字之文，至于二三万言[⑥]。后进弥以驰逐，故幼童而守一艺，白首而后能言；安其所习，毁所不见[⑦]，终以自蔽。此学者之大患也。序六艺为九种。[⑧]

注释

①"故曰"等句：引文见《易经·系辞上》。言若见不到阴阳变化的《易》道，则乾坤近于息灭。

②五学：谓学者学《乐》《礼》《诗》《书》《春秋》。

③犹五行之更用事：如同五行更迭用事。姚明辉《汉

志注解》曰：五常之于五行，仁为木，义为金，礼为火，智为水，信为土。五学既为五行之道，则其递相为教，亦如五行之更迭用事也。

④三十而五经立：十五岁开始学，三年而通一经，到了三十岁，五经就都通其大体了。

⑤多闻阙疑之义：《论语·为政篇》载孔子“多闻疑缺，慎言其余，则寡尤”之语，故《志》引之。

⑥说五字之文，至于二三万言：言其烦琐。

⑦此言已所习者则保守之，未尝见者则妄毁之。

⑧此段为一略之总论。

译文

六经的文章中：《乐》用来调节精神，是仁的表征。《诗》用来端正言语，是义的功用。《礼》用来明确规矩，明确了就显而易见，所以没有注解。《书》用来推广道德，是求知的学问。《春秋》用来断事，是信用的体现。这五经，体现仁、义、礼、智、信，互为补充，不可或缺，而《易》是它们的本源。所以说“如果不能从中见到《易》的变化之道，那么乾坤也近乎息灭了”，这是说《易》与天地同始终。至于那五种学问，世代有变化，就像五行相生相克一样。古代的学者边耕种边修养，三年而通晓一本经，大体是研究经文罢了，因此所用的时间少而积累的德行日益增多。三十岁就通晓了五经。后来解经的文字背离了经，博学的人又不思考多听多疑的含义，而追求用支离破碎的僻义去逃避别人的诘难，牵强附会，巧为立说，破坏文字的形意；解说五个字的文章，达到二三万字。后来的人更是亦步亦趋，所以即使幼童学习一艺，到老才能讲解。习惯于他所学习的东西，诋毁他所不知道的，最终自己蒙蔽自己。这是学习的人的大毛病。在这里把六经分列为九种。

儒家者流，盖出于司徒之官①，助人君顺阴阳明教化者也。游文于六经之中，留意于仁义之际，祖述尧舜②，宪章文武③，宗师仲尼④，以重其言，于道最为高⑤。孔子曰："如有所誉，其有所试⑥。"唐虞之隆，殷周之盛，仲尼之业，已试之效者也。然惑者既失精微，而辟者又随时抑扬，违离道本，苟以哗众取宠⑦。后进循之，是以《五经》乖析，儒学寖衰，此辟儒之患。

注释

① 司徒：《周礼·地官司徒》言司徒掌邦教，佐国王。
② 祖：本始。述：遵行。
③ 宪：法也。章：明晰。
④ 宗：尊也。
⑤ 于道最为高：此对儒家极力推崇。
⑥ 此句为《论语·卫灵公》载孔子之言。意谓对人称誉，当试以事，观其实效。
⑦ 惑：迷惑。辟 pì：邪僻。哗：喧哗。

译文

儒家学派，源自掌管教化的司徒，其宗旨是辅助君主顺应阴阳教化民众。他们研习六经的学问，专心于仁义，效法尧舜之道，遵循文王武王，以孔子为宗师，借以表明自己学说的重要性。孔子说："如果要对人有所称赞，就要考察他所做的事情。"唐、虞的鼎盛、殷周的兴旺、孔子事业的发达，都已经证明行之有效。但是那些糊涂的人已经不知其精妙细微之处，邪僻的人又趋炎附势，违背仁义，脱离本旨，只是用来哗众取宠罢了。后学以他们为榜样，因此《五经》支离破碎，儒学渐渐衰微，这就是孤陋寡闻的儒生的毛病。

道家者流，盖出于史官，历记成败、存亡、祸福、古今之道，然后知秉要执本，清虚以自守，卑弱以自持，此君人南面之术也①。合于尧之克攘，《易》之嗛嗛②。一谦而四益③，此其所长也。及放者为之④，则欲绝去礼学，兼弃仁义，曰独任清虚可以为治。

注释

①君人：治理人民。

②嗛：同"谦"。

③四益：谓天益、地益、神益、人益。出自《易经·谦卦》彖辞。

④放：荡散。

译文

道家学派，大概是由史官演变而来，道家著作记载历代成败存亡祸福之道，但能秉要执本，清净虚无以保持自我节操，谦卑柔弱以保护自我，这是君王的统治手段。道家符合尧的让，《易经》的谦，能一谦而得到天益、地益、神益、人益，这是它的优点。等到放荡的人来修习道家学说，就想废除礼仪，并放弃仁义，说只要清净虚无就可以天下太平。

阴阳家者流，盖出于羲和之官①，敬顺昊天②，历象日月星辰，敬授民时，此其所长也。及拘者为之，则牵于禁忌，泥于小数③，舍人事而任鬼神④。

注释

① 羲和：羲氏与和氏的合称，相传为唐虞时掌管天地四时之官。

② 昊天：苍天。

③ 泥：滞。

④ 舍：废。

译文

阴阳家学派，大概出自掌管天文历法之官，他们遵循天道，观测推算日月星辰的运行，制定立法并给百姓使用，这是他们所擅长的。至于拘泥的人来推行它，就会受到禁忌的禁锢，拘泥于小道，舍弃人事而沉迷于鬼神之事。

法家者流，盖出于理官[①]，信赏必罚，以辅礼制。《易》曰“先王以明罚饬法”[②]，此其所长也。及刻者为之，则无教化，去仁爱，专任刑法而欲以致治，至于残害至亲，伤恩薄厚[③]。

注释

①理官：管理案件的官员。

②“《易》曰”句：引文见《易经·噬嗑》象辞。

③薄厚：使亲厚之情变得寡薄。

译文

法家学派，起源于管理案件的官，主张赏罚分明，以刑法辅助礼制。《易经》说“前代君王以严明的刑罚来整顿法度”，这是他们所擅长的。如果苛严的人来推行它，就不要教化，放弃仁爱，只依靠施行刑法以求得统治巩固，甚至会残害至亲，得罪亲人和挚友。

名家者流，盖出于礼官。古者名位不同，礼亦异数[①]。孔子曰：“必也正名乎！名不正则言不顺，言不顺则事不成[②]。”此其所长也。及謷者为之[③]，则苟钩鈲析乱而已[④]。

注释

①异数：差别之意，如天子七庙，诸侯五庙，大夫三庙，士一庙。

②“孔子曰”等句：此引《论语》载孔子之言。意谓欲为政，必先正其名。名，指名分、名号、爵位。

③警 jiào：攻讦。

④铍 pī：破也。

译文

名家学派，起源于礼官。古时名位不同，礼仪的等级也就不同。孔子说：“一定要端正名分！名不正那么言就不顺，言不顺事就办不成。”这是他们擅长的。如果专门揭发他人隐私的人来推行它，就只能是增添乱子罢了。

墨家者流，盖出于清庙之守[①]。茅屋采椽[②]，是以贵俭；养三老五更[③]，是以兼爱；选士大射，是以上贤；宗祀严父，是以右鬼[④]；顺四时而行，是以非命[⑤]；以孝视天下，是以上同：此其所长也。及蔽者为之，见俭之利，因以非礼[⑥]，推兼爱之意，而不知别亲疏。

注释

①清庙：宗庙。因其处肃然清静，故称清庙。守：

"官"之误。

② 采椽：以柞木为椽。

③ 三老五更：古时设三老和五更，以父兄之礼奉养。

④ 右鬼：谓信鬼神。

⑤ 非命：言无吉凶之命。

⑥ 非礼：当是"非礼乐"（王念孙说）。

译文

墨家学说，大概源于看守宗庙之官。他们住在以柞木作椽子的茅草屋中，因此崇尚俭朴；赡养三老五更，因此他们博爱；挑选贤士，行大射，因此他们尊重贤能的人；祭祀祖宗，尊敬父辈，因此他们相信鬼神；顺应四季而行事，因此他们不信命运；以孝来昭示天下，因此他们对他人善于求同。这是他们的长处。如果愚者学习这些学问，就会因为节俭而反对礼节，推行博爱，却不知道分辨亲疏。

从横家者流，盖出于行人之官①。孔子曰："诵《诗》三百，使于四方，不能专对，虽多，亦奚以为②？"又曰："使乎，使乎③！"言其当权事制宜，受命而不受辞，此其所长也。及邪人为之，则上诈谖而弃其信④。

注释

① 行人之官：掌使之官。

②“孔子曰”等句：出自《论语·子路》。意谓为使不达于事，诵《诗》虽多，亦无所用。

③“使乎，使乎！”：出自《论语·宪问》。意谓使者其人难得。

④谖：诈言。

译文

纵横家学派，大概源自接待贵客之官。孔子说：“背诵了《诗》三百首，出使四方，不能随机应对，即使背诵再多的《诗》，有什么用处呢？”又说：“使者啊，使者！”是说使者应当懂得权变，因事制宜，接受使命但不接受应对的话，这是他们的长处。如果邪恶的人做此事，就会多行虚假而背信弃义。

杂家者流，盖出于议官[①]。兼儒、墨，合名、法，知国体之有此[②]，见王治之无不贯[③]，此其所长也。及荡者为之[④]，则漫羡而无所归心[⑤]。

注释

①议官：言官。

②此：指杂家之言。

③王治之无不贯：言王者之治，于百家之道无不贯综。

④荡：放散。

⑤漫羡：犹漫衍，泛滥而没有约束。

译文

杂家学派，大概源自议事之官。兼有儒家、墨家，融合了名、法，懂得国家体制有它的存在，君主统治中无不贯穿着它，这是他们的长处。如果放纵的人来推行它，就会漫无边际而无所依托。

农家者流，盖出于农稷之官。播百谷，劝耕桑，以足衣食，故八政一曰食，二曰货。孔子曰“所重民食[①]”，此其所长也。及鄙者为之，以为无所事圣王[②]，欲使君臣并耕，誖上下之序[③]。

注释

①所重民食：出自《论语·尧曰》。意谓为君之道，当重视民食。

②以为无所事圣王：谓不需圣王，而天下自治。

③誖：混乱。

译文

农家学派，大概源于主管农业之官。他们勤于播种百谷，致力耕作和蚕桑，以求丰衣足食，所以八政中第一是食物，第二是财物。孔子说“以人民和食物为重”，这是他们的长处。如果那些鄙陋的人来主办此事，认为不用事奉帝王，想让君臣一同耕作，这就混淆了上下等级的秩序。

小说家者流，盖出于稗官[1]。街谈巷语，道听涂说者之所造也。孔子曰："虽小道，必有可观者焉，致远恐泥，是以君子弗为也。[2]"然亦弗灭也。闾里小知者之所及，亦使缀而不忘。如或一言可采，此亦刍荛狂夫之议也[3]。

注释

①稗官：小官。

②"孔子曰"等句：引文见今《论语》载子夏语。

③刍荛：割草打柴的人。狂夫：无知妄为的人。

译文

小说家学派，大概源于收集民间传说的小官。小说是由街谈巷语，道听途说的人所作成的。孔子说："即使是小道，也一定有值得学习的地方，因为怕这会阻碍远大的事业，因此君子不会去做。"但也没有灭绝。民间有小智慧的人来进行传播，也使它得以传承不被遗忘。如果有一句话可以采用，那也是平民和愚人的言论。

诸子十家，其可观者九家而已[1]。皆起于王道既微，诸侯力政，时君世主，好恶殊方，是以九家之术蜂出并作，各引一端，崇其所善，以此驰说，取合诸侯。其言虽殊，辟犹水火，相灭亦相生也。仁之与义，敬之与和，相反而皆相成也。《易》曰：

“天下同归而殊涂，一致而百虑[②]。”今异家者各推所长[③]，穷知究虑，以明其指，虽有蔽短，合其要归，亦《六经》之支与流裔[④]。使其人遭明王圣主，得其所折中，皆股肱之材已。仲尼有言：“礼失而求诸野[⑤]。”方今去圣久远，道术缺废，无所更索[⑥]，彼九家者，不犹瘉于野乎？若能修六艺之术，而观此九家之言，舍短取长[⑦]，则可以通万方之略矣[⑧]。

注释

①九家：十家中去小说家。

②“《易》曰”句：引文见《易经·系辞下》。

③异家：相异之家，即指九家。

④流裔：流，指河流的下游。裔，指衣服的边缘。

⑤礼失而求诸野：言都邑失礼，则于郊野求之，亦将有所收获。

⑥索：求。

⑦舍：废也。

⑧万方之略：犹天下之道。万方，指天下。略，道术。

译文

诸子十家，其中值得欣赏的只有九家罢了。他们都是在王道衰微的时候兴起，诸侯把持政局的时候，当时君主好恶有很大的不同，因这九个学派群起并立，各自坚持自己的立场，推崇他们认为好的东西，用来游说各国君主，适应诸侯的要求。九家学说虽然不同，却如水火一样，相克也能相生。如仁与义、敬与和一样，相反相成。《易经》上说："天下虽然道路各不相同但归宿是一样的，目的一样但思考的方式不同。"现在不同学派各自推崇自己的长处，深究事物的始末，以懂得它的要旨，即使有缺点，综合其要领，也是《六经》的支和末。假使这些人遇到明君，得到公正对待，就都能成为辅佐君王的人才了。孔子曾说："礼制失去了就向民间寻求。"现在距离圣王久远，王道废除，学术缺乏，没有地方再去寻求，这九家，不就比民间学说有所超越吗？如果有人能学习六经学术，再钻研这九家的言论，取长弃短，就可以通晓多方面的谋略了。

传曰："不歌而诵谓之赋[①]，登高能赋可以为大夫[②]。"言感物造耑；材知深美，可与图事，故可以为列大夫也。古者诸侯卿大夫交接邻国，以微言相感[③]；当揖让之时，必称《诗》以谕其志，盖以别贤不肖而观盛衰焉。故孔子曰"不学《诗》，无以言"也[④]。春秋之后，周道寖坏，聘问歌咏不行于列国，学《诗》之士逸在布衣[⑤]，而贤人失志之赋作矣。大儒孙卿及楚臣屈原离谗忧国[⑥]，皆作赋以风[⑦]，咸有恻隐古诗之义。其后宋玉、唐勒，汉兴枚乘、司马相如，下及扬子云，竞为侈丽闳衍之词，没其风谕之义。是以扬子悔之，曰："诗人之赋丽以则，辞人之赋丽以淫[⑧]。如孔氏之门人用赋也[⑨]，则贾谊登堂，相如入室矣，如其不用何！"自孝武立乐府而采歌谣，于是有代赵之讴，秦楚之风，皆感于哀乐，缘事而发，亦可以观风俗，知薄厚云。序诗赋为五种⑩。

注释

①诵：讽诵，诵读也，今谓背诵。赋：敷也，谓能敷陈事物，摹写状貌。

②登高能赋可以为大夫：《诗经·卫风·定之方中》毛传云："建邦能命龟，田能施命，作器能铭，使能造命，升高能赋，师旅能誓，山川能说，丧志能诔，祭祀能语，君子能此九者，可谓有德音，可以为大夫也。"

③微言：含有深意的微妙言辞。

④"孔子曰"等句：此引《论语·季氏》载孔子诫伯鱼之辞。

⑤逸在布衣：流散到平民中。

⑥离：遭也。

⑦作赋以讽：王念孙曰："讽"下原有"谕"字，而今本脱之。

⑧辞人：言后代之为文辞者。

⑨人：此字衍（王念孙说）。

⑩序：排列。五种：指屈赋、陆赋、荀赋、杂赋、歌诗这五种。

译文

《诗经》毛传上说："不唱而读的叫作赋，爬到高处能作赋的可以做大夫。"这就是说能够触景生情遣词造句，表明自己才智出众可与共商大事，所以可成为大夫。古时候诸侯卿大夫同邻国交涉谈判，用暗喻来感化，在以礼相见时，一定要引用《诗经》的诗句来表达自己的志向，大概以此来判别贤能和不肖并观察对方的盛衰先机。所以孔子说“不学习《诗经》，便无话可说”。春秋之后，周朝朝纲逐渐被破坏，诸侯之间通问修好时歌咏不再出现在各国，学《诗经》的人无官可做，贤能失志的人就去创作赋了。大儒荀子和楚国的屈原遭到谗言而为国担忧，就都创作赋来进行讽谏，他们的赋都有古诗哀悯的意味。之后宋玉、唐勒，汉朝出现的枚乘、司马相如，以及后来的扬子云，在赋中争相写出华丽的文辞，却淹没了荀子、屈原讽劝的本意。因此扬子云对此很是懊悔，说：“《诗经》的赋词华丽但有原则，汉代的赋华丽得没有分寸。就像孔氏的门人使用赋一样，那么贾谊、司马相如可算登堂入室了，如果他们不用赋又怎样呢！”从孝武帝设立乐府并采集歌谣后，于是有代国、赵国的歌曲，秦国、楚国的风格，都是有感于哀乐，因事而作，可以借此以观察风俗习惯，知道政治的得失。因此把诗赋分列为五种。

权谋者①，以正守国，以奇用兵，先计而后战，兼形势，包阴阳，用技巧者也②。

注释

①权谋：随机应变的谋略。

②“以正守国，以奇用兵”等句：顾实曰：《老子》曰：“以正守国，以奇用兵。”《孙子》曰：“凡战者，以正合，以奇胜。”故道家、兵家通也。

译文

权谋学派，用中正的办法守卫国家，对敌作战则主张出奇制胜，先谋后战的原则，兼有形势家雷厉风行的气势，也兼有阴阳家的神秘莫测，又善用兵技巧。

形势者，雷动风举，后发而先至，离合背乡，变化无常，以轻疾制敌者也[①]。

注释

① 以轻疾制敌：《孙子》曰：“兵闻拙速，未睹巧之久也。”“后人发，先人至。”“兵之情，主速，乘人之不及。”皆言兵贵神速。

译文

形势家，其用兵主张雷厉风行，后发而先至的原则，它进退聚散，变化无常，用轻快神速来克敌制胜。

阴阳者，顺时而发，推刑德[①]，随斗击，因五胜[②]，假鬼神而为助者也。

注释

① 推刑德：推算刑德之所在以用兵。

② 五胜：五行相胜。

译文

阴阳家，主张顺应天时而用兵，它重视阴阳的变化，观察星斗转移确定攻敌的时地，依据五行之相生相克，假借鬼神的力量而用兵。

技巧者，习手足，便器械[①]，积机关，以立攻守之胜者也。

注释

① 习手足：手足习惯于各种技击。便器械：灵便地使用各种武器。

译文

兵技巧家，主张练习手足的熟练灵活，灵便地使用各种武器，熟用弓弩，并用以决定攻守取胜的训练方法。

兵家者，盖出古司马之职，王官之武备也。《洪范》八政，八曰师。孔子曰为国者“足食足兵”[①]，“以不教民战，是谓弃之[②]”，明兵之重也。《易》曰

“古者弦木为弧，剡木为矢，弧矢之利，以威天下[3]”，其用上矣。后世燿金为刃[4]，割革为甲，器械甚备。下及汤武受命，以师克乱而济百姓，动之以仁义，行之以礼让，《司马法》是其遗事也。自春秋至于战国，出奇设伏，变诈之兵并作。汉兴，张良、韩信序次兵法，凡百八十二家，删取要用，定著三十五家。诸吕用事而盗取之[5]。武帝时，军政杨仆捃摭遗逸[6]，纪奏兵录，犹未能备。至于孝成，命任宏论次兵书为四种。

注释

① 足食足兵：《论语》载孔子之言。谓无兵无食，不可以为国。

② 以不教民战，是谓弃之：《论语》载孔子之言。此意在批评不素习武备。

③ “《易》曰”等句：引文见《易经·系辞下》。弧，木弓。剡 yǎn，削也。

④ 燿：销熔。

⑤ 盗取：言盗取秘府所藏兵法。

⑥ 捃 jùn 摭：摘取；搜集。

译文

兵家学派大概源于古代主管军备的司马之官。《洪范》所列八种政事中，第八是军事。孔子说治理国家的人“备足粮食，充足军械”，“用未经训练的老百姓作战，就等于抛弃了他们”，这都表明军事的重要。《易经》说“古代的人用弦木制造为弓，把木削为箭，弓箭的锋利，可以威行天下”，这是在上古使用的。后代销金为刀，割掉皮革做成甲，器械很是完备。到了汤武承受天命，用军队战胜叛乱而周济百姓，用仁义来感动他们，用礼让来行动，《司马法》就是他们遗留下来的事迹。从春秋到战国，旁出奇兵，巧设埋伏，变化无常和不厌诈谖的军队时常出现。汉朝建立后，张良、韩信编排兵法，总计一百八十二家，删繁取要，确定了三十五家。吕氏掌权后就窃取了它。汉武帝的时候，军政杨仆搜遗辑佚，记录下来兵书并呈给皇上，但是仍不完备。到了孝帝、成帝时，命任宏编次兵书分为四种。

天文者，序二十八宿①，步五星日月，以纪吉凶之象，圣王所以参政也。《易》曰：“观乎天文，以察时变②。”然星事殉悍，非湛密者弗能由也③。夫观景以谴形，非明王亦不能服听也。以不能由之臣，谏不能听之王，此所以两有患也。

注释

①二十八宿：亦称“二十八舍”。中国古代天文学中，将黄道附近的恒星分为二十八宿，周天四方各有七宿，东方曰苍龙，有角、亢、氐、房、心、尾、箕七宿；北方曰玄武，有斗、牛、女、虚、危、室、壁七宿；西方曰白虎，有奎、娄、胃、昴、

毕、觜、参七宿；南方曰朱雀，有井、鬼、柳、星、张、翼、轸七宿。

②“《易》曰”等句：引文见《易经·贲卦》彖辞。

③湛：深沉。

译文

天文是圣王用来作为政事的参考。天文学家排列二十八宿的顺序，推算金木水火土五星和日月的运行轨迹，用来记录吉凶的征兆。《易经》上说：“观天文、察时变。”然而星象呈凶，农事将旱，不是精细严密的人不能加以运用。观察星象来指导行为，不是贤明的君王也不会顺从。用不能运用星象的大臣，来规劝不能接纳的君王，这就是双方都有危害的原因。

历谱者，序四时之位[①]，正分至之节[②]，会日月五星之辰，以考寒暑杀生之实。故圣王必正历数，以定三统服色之制[③]，又以探知五星日月之会。凶厄之患，吉隆之喜，其术皆出焉。此圣人知命之术也，非天下之至材，其孰与焉！道之乱也，患出于小人而强欲知天道者，坏大以为小，削远以为近，是以道术破碎而难知也。

注释

①四时：春、夏、秋、冬。

②分至：春分、夏至、秋分、冬至。

③ 三统：古历法名。汉刘歆作《三统历》及谱，以夏正建寅为人统，商正建丑为地统，周正建子为天统。

译文

历谱是排列四季的方位，确定春分、夏至、秋分和冬至等二十四节气，推算日月和金木水火土五星会合的时辰，以考察寒暑生杀的实际内容。所以圣王一定要慎重地对待推算历法之事，以决定三统服色的制度，又可据此测知五星日月交会的时间。那些推测吉凶的方术都由这里产生。这是圣人知晓天命的方法，不是天下最有才能的人，谁能参与呢！大道被毁坏之后，那些硬想知道天道的人生出祸患，破坏大的用来作为小的，削减远的用来作为近的，因此天体的规律和推测的方术都遭到破坏而难以知晓了。

五行者[①]，五常之形气也[②]。《书》云“初一曰五行，次二曰羞用五事[③]”，言进用五事以顺五行也。貌、言、视、听、思心失，而五行之序乱，五星之变作，皆出于律历之数而分为一者也。其法亦起五德终始，推其极则无不至。而小数家因此以为吉凶，而行于世，寖以相乱。

注释

① 五行：金、木、水、火、土。

②五常：仁、义、礼、智、信。

③"《书》云"等句：引文见《尚书·周书·洪范》。羞，进也。五事，貌、言、视、听、思。

译文

木、金、火、土、水这五行是仁、义、礼、智、信这五常的外在的形体与精神。《尚书》上说"第一，是木、金、火、土、水；第二，进献食品要用貌、言、视、听、思这五事"，这是说要用五事来顺应五行。貌、言、视、听、思的中心失去了，金、木、水、火、土的次序就会混乱，五星的变化就开始发作，这些都是出于律历的计量，却各分化为一部分。它的方法也启发了五德终始的学说，推演它到极致就能算出任何事物。而小技能的人因此把五行的相生相克和周而复始作为吉凶的象征，逐渐把五行、五常都搞乱了。

蓍龟者，圣人之所用也。《书》曰："女则有大疑，谋及卜筮[①]。"《易》曰："定天下之吉凶，成天下之亹亹者，莫善于蓍龟[②]。""是故君子将有为也，将有行也，问焉而以言，其受命也如向，无有远近幽深，遂知来物。非天下之至精，其孰能与于此[③]！"及至衰世，解于齐戒，而娄烦卜筮，神明不应。故筮渎不告，《易》以为忌[④]；龟厌不告，《诗》以为刺[⑤]。

注释

①“《书》曰”等句：引文见《尚书·周书·洪范》。卜筮，龟曰卜，蓍曰筮。

②“《易》曰”等句：引文见《易经·系辞上》。亹亹，同“娓娓”，勤勉貌。

③“是故君子将有为也”等句：引文见《易经·系辞上》。

④筮渎不告，《易》以为忌：《易经·蒙卦》之辞曰：“初筮吉，再三渎，渎则不告。”

⑤龟厌不告，《诗》以为刺：《诗经·小雅·小旻》曰：“我龟既厌，不我告犹。”意谓龟甲已厌恶我们，占卜不出什么吉凶来了。

译文

蓍草、龟甲是圣人用来占卜吉凶的。《尚书》上说：“你如果有很大的疑惑，就用卜筮来决定。”《易经》上说：“确定天下的吉凶，并使天下勤勉的东西，没有比蓍草、龟甲更好的了。”“因此君子将要有所作为，有所行动，就用他的言语来卜问，蓍草、龟甲很快就会告诉他吉凶，不分远近幽深，便能知道将要发生的事情。若非天下的至精至妙，怎么可能达到这个地步呢！”等到到了衰落的时代，人们对于斋戒就懈怠了，屡次使用卜筮，神灵便置之不应了。所以卜筮时轻佻怠慢，神灵就不会加以相告，《易经》把此作为禁戒；卜问烦，神龟感到厌烦了，于是不会相告，《诗经》也以此作为讥讽。

杂占者，纪百事之象，候善恶之征[①]，《易》曰："占事知来[②]。"众占非一，而梦为大，故周有其官[③]。而《诗》载熊罴虺蛇众鱼旐旟之梦[④]，著明大人之占[⑤]，以考吉凶，盖参卜筮。《春秋》之说訞也，曰："人之所忌，其气炎以取之，訞由人兴也。人失常则訞兴，人无衅焉，訞不自作[⑥]。"故曰："德胜不祥，义厌不惠[⑦]。"桑谷共生，大戊以兴[⑧]；鸲雉登鼎，武丁为宗[⑨]。然惑者不稽诸躬[⑩]，而忌訞之见，是以《诗》刺"召彼故老，讯之占梦"[⑪]，伤其舍本而忧末，不能胜凶咎也。

注释

① 征：证也。

② 占事知来：见《易经·系辞下》。

③ 周有其官：师古曰："谓太卜掌三梦之法，又占梦中士二人，皆宗伯之属官。"

④《诗》：指《诗经·小雅》之《斯干》《无羊》。从略不引。熊罴虺蛇之梦：吉祥之梦，而生男女。众鱼之梦：为丰年之应。旐旟 zhàoyú 之梦：为多盛之象。

⑤ 大人之占：谓以圣人占梦之法占之。

⑥"人之所忌"等句：此引《左传》庄公十四年申缙之言。失常，谓反五常之德。衅，瑕也。

⑦ 厌：厌恶。惠：顺也。

⑧ 大戊：商代君主，太庚之子。说在《郊祀志》。

⑨ 武丁：商代君主，在位五十九年，后称为高宗。

说在《五行志》。

⑩稽：考也。躬：自身。

⑪"《诗》刺"等句：引诗见《诗经·小雅·正月》。

译文

杂占是记录各种事物的现象，观测善恶的征兆的。《易经》说："占卜可以知道将来之事。"各人所占的结果都不一致，就以梦为准，所以周朝设有占梦之官。《诗经》上所记载的熊罴虺蛇蝗鱼军旗的梦，写明是大人的占卜，用来考察吉凶，大概也用上了龟卜和蓍筮。《春秋》在解妖时说："人们所禁戒的，大概是靠威势来取得，妖是因人所起的。人失去仁义礼智信，那么妖孽就兴起，人没有过失，妖孽就不会产生。"所以说："道德太盛就不吉祥，仁义太烦琐就不顺。"桑和谷一同生长，太戊因此兴盛；鸲和雉跳到鼎上，武丁就成为宗主。但糊涂的人不但不反躬自省，反而忌讳妖孽的出现，因此《诗经》上讽刺说"召来旧时的元老，询问占梦的吉凶"，是对他们舍本逐末，禁不起灾祸感到痛心啊。

形法者，大举九州之势以立城郭室舍形，人及六畜骨法之度数、器物之形容以求其声气贵贱吉凶。犹律有长短，而各征其声，非有鬼神，数自然也。然形与气相首尾，亦有有其形而无其气，有其气而无其形，此精微之独异也①。

注释

①“形法者”等句：顾实曰：“此以形气言相，非专门名家难言之。然以《山海经》次其间，则其驳也。”

译文

形法家学派，大可以相九州之地势以建立城郭房屋，又可相人及六畜之骨法，以及器物之形状以探究其声音气息、吉凶贵贱。就像律管长短不一，各自发出自己的声音一样，这不是有鬼神，而是数的自然体现。但形和神互为始末，也有有形但没有神，有神没有形的，这就是精妙细微的独特之处啊。

数术者，皆明堂羲和史卜之职也。史官之废久矣[①]，其书既不能具，虽有其书而无其人。《易》曰：“苟非其人，道不虚行[②]。”春秋时鲁有梓慎[③]，郑有裨灶[④]，晋有卜偃[⑤]，宋有子韦[⑥]。六国时楚有甘公[⑦]，魏有石申夫[⑧]。汉有唐都[⑨]，庶得粗觕[⑩]。盖有因而成易，无因而成难，故因旧书以序数术为六种。

注释

①史官：史，是史巫之史。官，则太卜（周寿昌说）。

②“《易》曰”等句：引文见《易经·系辞下》。言道由人行。

③梓慎：春秋时人，见《左传》襄公十五年。

④ 裨灶：春秋时郑国大夫。见《左传》襄公二十八年。

⑤ 卜偃：春秋时晋国掌卜大夫。见《左传》闵公元年。

⑥ 子韦：春秋时宋景公之史。

⑦ 甘公：即甘德，战国时天文学家。

⑧ 石申夫：战国时天文学家。

⑨ 唐都：汉代天文学家。

⑩ 粗觕 cū：粗略。

译文

数术包括天文、历法、五行、占卜之类的学问，都是掌管祭祀天地、宗庙，记录史事和占卜的官职。史官被废很久了，有关数术的著作已经很不完备了，实际上即使有完备的书也没有能够通晓其事的人了。所以《易经》上说："如果不是圣人行道，道是不会徒然运行的。"春秋时鲁国有梓慎，郑国有裨灶，晋国有卜偃，宋国有子韦。战国时楚国有甘德，魏国有石申夫。还有汉朝的唐都，差不多都得其大略。大概是有传承的话就容易学成，没有师承学起来就困难，所以根据旧书来分列数术为六种。

医经者，原人血脉经落骨髓阴阳表里[①]，以起百病之本，死生之分，而用度箴石汤火所施[②]，调百药齐和之所宜。至齐之得，犹慈石取铁[③]，以物相使。拙者失理，以瘉为剧[④]，以生为死。

注释

①原：研究。经落：经络。

②箴石：即石针。“所施”上当有“之”字（王念孙说）。

③慈石：今作“磁石”。

④瘉：痊愈。剧：严重。

译文

医经是推究人的血脉、经络和骨髓、阴阳、表里，以此来找出百病的根源所在和死生的界限，使用时度量石针以及汤、火所产生的影响，把百药调剂至适宜的程度。等到达到调和状态，就像磁石取铁，用一物来役使另一物。愚蠢的医生没有掌握其中的道理，就会把病情痊愈的当作病情加重，把活人当作死人。

经方者[①]，本草石之寒温，量疾病之浅深，假药味之滋，因气感之宜，辩五苦六辛[②]，致水火之齐[③]，以通闭解结，反之于平。及失其宜者，以热益热，以寒增寒，精气内伤，不见于外，是所独失也。故谚曰：“有病不治，常得中医[④]。”

注释

①经方：乃上古相传之医方，后世莫能出其范围，故冠以经名。（姚明辉《汉书注解》）

②五苦：批黄连、苦参、黄芩、黄檗、大黄。六辛：

干姜、附子、肉桂、吴萸、蜀椒、细辛。

③ 水火之齐：制剂有水、火之分。齐，同“剂”。火制四：煅、煨、炙、炒。水制三：浸、泡、洗。水火共制：蒸、煮。（姚明辉《汉书注解》）

④ 中医：谓不服药。钱大昕《汉书辨疑》：“今吴人犹云不服药为中医。”

译文

经方是根据药草和砭石的寒温性质，测量疾病的深浅，借着药味的作用，顺应气感适宜，辨别五苦六辛，达到水火交融，因此沟通闭塞解除症结，使它恢复到平衡。如果使用这种方法失去平衡，以热加热，以寒增寒，使内部的元气受到伤害，在外面是看不到的，这是这种学问唯一的不足。所以谚语说：“生病了却不治疗使身体顺其自然，和找一个一般的医生是一样的效果。”

房中者，情性之极，至道之际，是以圣王制外乐以禁内情，而为之节文。传曰：“先王之作乐，所以节百事也。”乐而有节，则和平寿考。及迷者弗顾，以生疾而陨性命①。

注释

① 陨：死亡。

译文

房中术是情性的极端体现，达到了道的极点，因此圣王主张通过音乐来禁欲，因而叫做节制修饰。《左传》上说："先王之所以作乐，是因为百事都有节度。"欢乐而有节制，就会心平气和而长寿。如果沉迷寻欢作乐的人无所顾忌，就会产生疾病从而丢掉性命。

神仙者，所以保性命之真，而游求于其外者也。聊以荡意平心，同死生之域，而无怵惕于胸中①。然而或者专以为务，则诞欺怪迂之文弥以益多②，非圣王之所以教也。孔子曰："索隐行怪，后世有述焉，吾不为之矣③。"

注释

①怵惕 chùtì：惊恐，戒惧。

②诞：荒诞，欺诈。

③"孔子曰"等句：引文见《礼记·中庸》。谓求索隐暗之事，而行怪迂之道，后世妄从祖述，我不为之。

译文

神仙之术是保持性命的至精至诚，而且在性命之外遨游以求的人。他们暂且用来清心静意，视死生没有分别，使内心没有恐惧。然而却有人以此为业，就会使荒诞欺骗、怪异迂阔的文字日益增多，这不是圣明的君主用来教化人民的东西。孔子说："探索隐秘之事，行怪迂之道，后人会有所记述的，我不干这样的事。"

方技者，皆生生之具，王官之一守也。太古有岐伯、俞拊[①]，中世有扁鹊、秦和[②]，盖论病以及国，原诊以知政[③]。汉兴有仓公[④]。今其技术晻昧[⑤]，故论其书，以序方技为四种。

注释

① 岐伯、俞拊：相传为黄帝的臣下。

② 扁鹊、秦和：春秋战国时人。

③ 论病以及国，原诊以知政：顾实《汉书讲疏》曰："《晋语》赵文子曰：'医及国家乎？'秦和对曰：'上医医国，其次医疾，固医官也。'盖古医字亦作'毉'，上世从巫史社会而来，故医通于治国之道耳！"

④ 仓公：姓淳于，名意。曾为太仓县长，故称仓公。

⑤ 晻：通"暗"。

译文

方技都是安于生命自然的办法，是王官的职守之一。上古的时候有岐伯、俞拊，中古时有扁鹊、秦和，都是从谈论疾病而到国家的治理，推究病症从而得知政事。汉朝建立后有仓公，现在他们的技术已经模糊不清，所以评论他们的著作，将方技分列为四种。

陈胜传

陈胜，字涉，阳城人[①]。吴广，字叔，阳夏人也[②]。胜少时，尝与人佣耕[③]。辍耕之垄上，怅然甚久，曰："苟富贵，无相忘[④]！"佣者笑而应曰："若为佣耕，何富贵也？"胜太息曰："嗟乎，燕雀安知鸿鹄之志哉[⑤]！"

注释

① 阳城：古县名，在今河南方城东。

② 阳夏 jiǎ：古县名，在今河南太康。

③ 佣：被雇佣。

④ 无：通"毋"，不，不要。

⑤ 鸿鹄：天鹅。

译文

陈胜，字涉，阳城人。吴广，字叔，阳夏人。陈涉年轻时，曾和别人一起被雇去种田。有一次坐在田埂上休息的时候，他失意了很久，说："要是有一天谁富贵了，那可都不要忘了大家啊。"被雇来种田的伙伴们笑着应声问道："你只是被雇佣来耕田的，还有什么富贵可言呢？"陈胜叹息说："唉，燕雀哪能知道天鹅的志向啊！"

秦二世元年秋七月[1]，发闾左戍渔阳九百人[2]，胜、广皆为屯长。行至蕲大泽乡[3]，会天大雨，道不通，度已失期。失期法斩，胜、广乃谋曰："今亡亦死，举大计亦死[4]，等死[5]，死国可乎[6]？"胜曰："天下苦秦久矣。吾闻二世[7]，少子，不当立，当立者乃公子扶苏[8]。扶苏以数谏故不得立[9]，上使外将兵。今或闻无罪，二世杀之。百姓多闻其贤，未知其死。项燕为楚将[10]，数有功，爱士卒，楚人怜之。或以为在。今诚以吾众为天下倡，宜多应者。"广以为然。乃行卜[11]。卜者知其指意，曰："足下事皆成，有功。然足下卜之鬼乎！"胜、广喜，念鬼[12]，曰："此教我先威众耳。"乃丹书帛曰"陈胜王[13]"，置人所罾鱼腹中[14]。卒买鱼亨食，得书，已怪之矣。又间令广之次所旁丛祠中，夜构火，狐鸣呼曰[15]："大楚兴，陈胜王。"卒皆夜惊恐。旦日，卒中往往指目胜、广[16]。

注释

① 秦二世元年：公元前 209 年。

② 发：征调。闾左：征调里巷左边的居民，指穷人居住的地方。渔阳：秦郡名，在今北京市密云西南。

③ 蕲：古县名，在今安徽宿州东南。大泽乡：在今安徽宿州东南。

④ 举大计：指起义。

⑤ 等死：同样是死。

⑥ 死国：为夺取国家大权而死。

⑦二世：秦二世（前230—前207），秦始皇之子，嬴姓，名胡亥，被赵高等拥立，在位仅三年。

⑧公子扶苏：？—前210，秦始皇长子，被赵高与秦二世害死。

⑨数：屡次。

⑩项燕：？—前223，战国末年楚国的名将。

⑪行卜：向占卜者问吉凶。

⑫念鬼：寻卜者让他们卜问鬼神的用意。

⑬丹书帛：用朱砂在丝绸上写字。

⑭罾 zēng：渔网。这里作动词用，捕获之义。

⑮狐鸣：学狐狸叫。

⑯指：用手指。目：用眼睛看。

译文

秦二世元年（前209）秋七月，朝廷征调聚居里巷左侧的贫民九百人去渔阳戍边，陈胜、吴广担任屯长的职务。走到蕲县大泽乡的时候，恰逢天降大雨，道路被阻，估计已延误了报到期限。误了报到期限，依据法律都要被斩首。于是陈胜、吴广就商量：“如今逃走是死，起义干一番大事也是死，同样是死，为夺取国家大权而死行不行？”陈胜说：“天下人受苦于暴秦统治已经很久了。我听说二世皇帝是少子，本不应当继位，应当继位的是公子扶苏。扶苏因为多次劝谏的缘故而不能被立为太子，于是始皇帝派他到外地领兵。如今有人听说他本无罪，是二世谋害了他。老百姓都听说扶苏贤能，还不知道他已被害。项燕是楚国将军，多次立下战功，并且爱护士兵，楚国人都很爱戴他。有的人以为他还在世。如果现在我们假冒扶苏和项燕的名义，为天下人带个头，应该会有许多人响应。”吴广认为陈胜说得对。于是便去卜卦，卜卦人明白他们的意图，就说：“你们的事都会成功，并且会成就丰功伟绩。然而你们还要问问鬼神的意思啊！”陈胜、吴广很高兴，心里琢磨着向鬼问卜的事，便说：“这是教我们先借鬼神在众人中取得威望啊。”于是，他们在帛上用朱砂写了“陈胜王”三个字，偷偷塞进人家用罾网捕捞的鱼的肚中。戍卒买鱼烹食的时候，看到了鱼肚中的帛书，这本来就感到奇怪了。陈胜又私下让吴广到驻地树丛的神祠中，夜间点起了火堆，装作狐狸嗥叫呼喊道：“大楚兴，陈胜王。”戍卒们夜间都惊恐不安。次日早晨，戍卒们都在谈论着这事，都指指点点瞧着陈胜、吴广。

胜、广素爱人，士卒多为用。将尉醉[①]，广故数言欲亡，忿尉[②]，令辱之，以激怒其众。尉果笞广。尉剑挺[③]，广起夺而杀尉。胜佐之，并杀两尉。召令徒属曰：“公等遇雨，皆已失期，当斩。藉弟令毋斩[④]，而戍死者固什六七[⑤]。且壮士不死则已，死则举大名耳。侯王将相，宁有种乎[⑥]！”徒属皆曰：“敬受令。”乃诈称公子扶苏、项燕，从民望也。袒右，称大楚。为坛而盟，祭以尉首。胜自立为将军，广为都尉。攻大泽乡，拔之[⑦]。收兵而攻蕲，蕲下。乃令符离人葛婴将兵徇蕲以东[8]，攻铚、酂、苦、柘、谯[9]，皆下之。行收兵[10]，比至陈[11]，兵车六七百乘，骑千余，卒数万人。攻陈，陈守令皆不在[12]，独守丞与战谯门中[13]。不胜，守丞死。乃入据陈。数日，号召三老豪桀会计事[14]。皆曰："将军身被坚执锐，伐无道，诛暴秦，复立楚之社稷，功宜为王。"胜乃立为王，号张楚[15]。

注释

①将尉：率领戍卒的军官。

②忿：使……愤怒。

③挺：拔出。

④藉弟：假设。

⑤什六七：十分之六七。

⑥侯王将相，宁有种乎：侯王将相难道是祖传的吗！

⑦拔：攻取。

⑧符离：古县名。在今安徽宿县东。

⑨铚 zhì、酂 zàn、苦、柘 zhè、谯：均为秦县名。铚在今安徽宿州西，酂在今河南永城西，苦在今河南鹿邑，柘在今河南柘城西北，谯在今安徽亳州。

⑩收兵：招募士兵。

⑪比：等到。陈：古县名，淮阳郡郡治。今河南淮阳。

⑫守令：守，指淮阳郡守。令，指陈县令。

⑬谯门：有谯楼的城门。

⑭老：对公卿大夫的统称。会：会合。

⑮张楚：国号，为张大楚国之义。

译文

陈胜、吴广一向体恤别人，戍卒中很多人都乐意听他们调遣。押送戍卒的将尉喝醉了，吴广故意多次扬言要逃跑，以此激怒将尉，让他当众侮辱自己，借此激怒众人。将尉果然用鞭打了吴广。当将尉拔剑的时候，吴广奋起夺剑杀死将尉。陈胜也上前来帮忙，合力杀死两个将尉。他们召集大家，号召下属说："各位遇到大雨，都延误了报到期限，误期是要被杀头的。即使不被杀头，戍边而死的人本来就有十之六七。更何况壮士不死则已，要死就要留下举世皆知的大名声。王侯将相哪有是天生的啊！"下属们都说："我们愿意听从您的命令。"于是他们便以公子扶苏、项燕的名义举兵起义，以此顺应民意。戍卒们都裸露着右臂，号称大楚。他们修筑高坛盟誓，用将尉的头作为祭品。陈胜自立为将军，立吴广为都尉。先攻大泽乡，攻下之后，又招兵攻取了蕲县。于是派符离人葛婴带兵攻打蕲县以东的地区，进攻铚、酂、苦、柘、谯等县，全都攻占了下来。在行进中不断招兵扩充军队，等到达陈县时，已有战车六七百辆，骑兵千余人，步兵数万人。在攻打陈县城时，郡守、县令都不在，只留下守丞在谯门中抵抗，没有抵抗住起义军的进攻，守丞战死，起义军入城占领陈县。过了几天，陈胜下令将乡官三老、地方豪绅都召集起来议事。三老、乡绅们都说："将军您身披铠甲、手执锐利武器，讨伐无道昏君，铲除暴秦的统治，重建楚国，论功应该称王。"于是陈胜就被拥立为王，号称张楚。

于是诸郡县苦秦吏暴，皆杀其长吏，将以应胜，乃以广为假王[①]，监诸将以西击荥阳[②]。令陈人武臣、张耳、陈余徇赵[③]，汝阴人邓宗徇九江郡[④]。当此时，楚兵数千人为聚者不可胜数。

注释

①假王：暂时代理之王。

②荥阳：古县名，治所在今河南荥阳东北。

③赵：指战国时赵国的地盘。在今河北南部及山西东部一带。

④汝阴：古县名，治所在今安徽阜阳。九江郡：治所在寿春（今安徽寿县）。

译文

在这个时候，各郡县苦于朝廷官吏暴政的，都杀死他们的官吏以响应陈胜。陈胜于是任命吴广为代理王，督率各将领向西进攻荥阳。命令陈县人武臣、张耳、陈余攻占赵地，命令汝阴人邓宗攻占九江郡。在这个时候，楚地拥有数千人规模的义军团体多得不可胜数。

葛婴至东城[①]，立襄彊为楚王。后闻胜已立，因杀襄彊，还报。至陈，胜杀婴，令魏人周市北徇魏地[②]。广围荥阳。李由为三川守守荥阳[③]，广不能下。胜征国之豪桀与计，以上蔡人房君蔡赐为上柱国[④]。

注释

① 东城：古县名，治所在今安徽定远县东南。

② 魏地：指战国时魏迁都大梁后的疆域，在今河南开封一带。

③ 李由：李斯之子，当时为三川郡守。三川：郡名，治所在洛阳（今河南洛阳市东北）。

④ 上蔡：县名，治所在今河南上蔡西南。上柱国：官名，本为战国时楚、赵等国设置，后演变为最高武官，此时为荣誉的官衔。

译文

葛婴到达东城后，拥立襄彊为楚王。后来葛婴听到陈胜已自立为王，就杀死了襄彊，返回汇报。葛婴到了陈县，陈胜便诛杀了他，命令魏国人周市向北攻占魏地。吴广率军包围荥阳。当时李由担任三川郡守，负责防守荥阳，吴广攻不下来。于是陈胜征召国内豪杰一起商讨对策，任命上蔡人房君蔡赐为上柱国。

周文[①]，陈贤人也，尝为项燕军视日[②]，事春申君[③]，自言习兵。胜与之将军印，西击秦。行收兵至关[④]，车千乘，卒十万，至戏[⑤]，军焉[⑥]。秦令少府章邯免骊山徒、人奴产子[7]，悉发以击楚军，大败之。周文走出关，止屯曹阳[8]。二月余，章邯追败之，复走黾池[9]。十余日，章邯击，大破之。周文自刭，军遂不战。

注释

①周文：？—前208，即周章，陈县人，秦末农民起义军将领。

②视日：占候时日，以卜吉凶。

③春申君：战国时楚国令尹黄歇的封号。

④关：指函谷关，在今河南灵宝东北。

⑤戏：地名。在今陕西临潼东北。

⑥军：驻扎。

⑦骊山徒：在骊山修筑秦始皇陵墓的刑徒。人奴产子：家奴所生之子。

⑧曹阳：亭名。在今河南陕县西南。

⑨黾池：即渑池县的别名，在今河南渑池西。

译文

周文，是陈县的贤人，曾任项燕军中占卜望日官，也曾事奉过春申君，自称熟习军事。陈胜便授给他将军印，命他率军向西攻打秦国。周文沿途招募兵马直至函谷关，当时有战车千乘，士兵十万，到达戏亭后驻扎了下来。秦二世命令少府章邯赦免骊山服役的刑徒、奴婢之子，全都遣发去攻打楚军，并打败了他们。周文兵败后退出函谷关，屯驻曹阳。两个多月后，章邯带兵追击又打败了周文，周文又退走驻屯渑池。又过了十多天，章邯又来进攻，并又一次打败他们。周文自杀，整支军队丧失战斗力。

武臣至邯郸[①]，自立为赵王，陈馀为大将军，张耳、召骚为左右丞相。胜怒，捕系武臣等家室[②]，欲诛之。柱国曰："秦未亡而诛赵王将相家属，此生一秦，不如因立之。"胜乃遣使者贺赵，而徙系武臣等家属宫中。而封张耳子敖为成都君，趣赵兵亟入关。赵王将相相与谋曰："王王赵，非楚意也。楚已诛秦，必加兵于赵。计莫如毋西兵[③]，使使北徇燕地以自广，赵南据大河[④]，北有燕代[⑤]，楚虽胜秦，不敢制赵，若不胜秦，必重赵。赵承秦楚之敝，可以得志于天下。"赵王以为然，因不西兵，而遣故上谷卒史韩广将兵北徇燕[⑥]。

注释

① 邯郸：古县名，治所在今河北邯郸。
② 捕系：逮捕。
③ 西：向西。兵：用兵。
④ 大河：指黄河。
⑤ 代：郡名。治所在今河北蔚县东北。
⑥ 上谷：郡名。治所在今河北怀来东南。卒史：官署中的属吏。

译文

武臣到达邯郸后，自立为赵王，任命陈余为大将军，任命张耳、召骚为左右丞相。陈胜恼怒，派人逮捕关押了武臣等人的家眷，准备杀掉他们。上柱国蔡赐建议说："秦朝尚未被消灭就杀赵王及其将相的家属，这等于又增加了一个和秦朝一样的敌人，不如顺势封立他。"陈胜就派遣使者至赵祝贺，然后将武臣等人的家属都转移到宫中。并封张耳之子张敖为成都君，催促赵兵疾速进军函谷关。赵王的将相们商议说："大王在赵地称王，并不是楚国的本意。楚灭秦后，必然加兵于赵，最好不要向西进军，应先派遣大将向北攻取燕地以扩充我们的土地。到那时赵国南面据守黄河，北面有燕、代广大地区，楚国即使战胜秦，也不能征服赵国。如果楚国不能胜秦，必然会重视赵国。那时赵国乘秦、楚之衰，就可以得志于天下了。"赵王认为这个建议正确，因而没有向西出兵，而派原上谷郡卒史韩广率军北上攻取燕地。

燕地贵人豪桀谓韩广曰："楚赵皆已立王。燕虽小，亦万乘之国也[①]，愿将军立为王。"韩广曰："广母在赵，不可。"燕人曰："赵方西忧秦，南忧楚，其力不能禁我。且以楚之强，不敢害赵王将相之家，今赵独安敢害将军家乎？"韩广以为然，乃自立为燕王。居数月，赵奉燕王母家属归之[②]。

注释

①万乘之国：拥有一万辆战车的国家，意谓大国。

②奉：送。

译文

原燕国的豪门贵族劝韩广说："楚地立了王，赵地也立了王。燕地虽小，也是有着万辆战车的国家，希望将军能够自立为燕王。"韩广说："我的母亲还住在赵国，我不能这样做呀！"燕人说："赵国现在既担心西边的秦，又担心南面的楚，没有力量限制我们。更何况，凭楚国那样强大，都不敢加害赵王将相的家属，现在赵国岂敢加害将军的家属呢？"韩广认为他们说得对，于是自立为燕王。过了几个月，赵国护送燕王的母亲和家属回到了燕国。

是时，诸将徇地者不可胜数。周市北至狄①，狄人田儋杀狄令，自立为齐王，反击周市。市军散，还至魏地，立魏后故宁陵君咎为魏王②。咎在胜所，不得之魏。魏地已定，欲立周市为王，市不肯。使者五反③，胜乃立宁陵君为魏王，遣之国。周市为相。

注释

①狄：秦县名。治所在今山东高青东南。

②咎：魏咎，战国时魏国贵族的后代，曾被封为宁陵君。

③反：回还。

译文

在这个时候，攻城略地的各地将领，数不胜数。周市向北进军到狄县，狄县人田儋杀死了狄县令，自立为齐王，在齐地起兵，进攻周市。周市的军队溃散，回到魏地，打算立原魏王后裔宁陵君魏咎为魏王。当时魏咎在陈胜那里，不能到魏地。等魏地平定后，人们想拥立周市为魏王，周市不肯。直到使者先后五次往返于陈胜与魏之间，陈胜才答应立宁陵君魏咎为魏王，并遣送他回到魏国。周市做了魏国丞相。

将军田臧等相与谋曰："周章军已破[①]，秦兵且至，我守荥阳城不能下，秦军至，必大败。不如少遗兵，足以守荥阳，悉精兵迎秦军，今假王骄，不知兵权[②]，不可与计，非诛之，事恐败。"因相与矫陈王令以诛吴广，献其首于胜。胜使赐田臧楚令尹印[③]，使为上将。田臧乃使诸将李归等守荥阳城，自以精兵西迎秦军于敖仓[④]。与战，田臧死，军破。章邯进击李归等荥阳下，破之，李归死。

注释

①周章：即周文。

②兵权：用兵的权变。

③令尹：楚官名。相当于秦汉之丞相。

④ 敖仓：秦朝建立在荥阳东北敖山上的大粮仓。

译文

将军田臧等共同策划，说："周文的军队已经溃败，秦兵早晚要打过来，我们包围荥阳城这么久都没攻下，秦军一到，我们必定会吃大败仗。不如留下部分军队，足以包围荥阳，调动全部精兵去迎击秦军。现在代理王吴广为人骄横，又不懂得军事权谋，我们无法和他共事，如果不杀他，恐怕会坏了大事。"因而他们一起假借陈胜的命令诛杀了吴广，把吴广的头献给陈胜。陈胜派使者赐给田臧楚国令尹的大印，任命他为上将军。田臧就派部将李归等驻守在荥阳城外，自己带领精兵西进，在敖仓迎击秦军。双方交战，田臧战死，军队溃散。章邯在荥阳城下进攻李归等人，击溃了他们。李归战死。

阳城人邓说将兵居郯[①]，章邯别将击破之，邓说走陈。铚人五逢将兵居许[②]，章邯击破之，五逢亦走陈。胜诛邓说。

注释

① 邓说 yuè：陈胜的部将。郯：当为"郏"之误。郏，秦县名，在今河南郏县。

② 许：秦县名，在今河南许昌市东。

译文

阳城人邓说率军驻守在郏县，被章邯的另一支部队击败，邓说率军溃逃到陈县。铚县人五逢率军驻扎在许县，章邯击溃了他，五逢也逃到郏县。陈胜把邓说杀了。

胜初立时，淩人秦嘉[①]、铚人董绁、符离人朱鸡石、取虑人郑布[②]、徐人丁疾等皆特起[③]，将兵围东海守于郯[④]。胜闻，乃使武平君畔为将军[⑤]，监郯下军。秦嘉自立为大司马[⑥]，恶属人[⑦]，告军吏曰："武平君年少，不知兵事，勿听。"因矫以王命杀武平君畔。

注释

① 淩：古县名，在今江苏泗阳西北。
② 取虑：古县名。在今安徽灵璧北。
③ 徐：县名。在今江苏泗洪南。
④ 东海：郡名。治郯（在今山东郯城西北）。
⑤ 畔：人名。
⑥ 大司马：当时最高的军事长官。
⑦ 属人：被别人统治。

译文

陈胜最初自立为王时，淩县人秦嘉、铚县人董绁、符离人朱鸡石、取虑人郑布、徐县人丁疾等都独立起兵，率领军队把东海郡守包围在了郯县。陈胜听说后，就委派武平君畔作为将军，监督统率郯城下的各路军队。秦嘉自立为大司马，不愿隶属于武平君，他告诉军吏们说：“武平君年轻，又不懂军事，不要听他的！”后来假传陈胜命令杀了武平君畔。

章邯已破五逢，击陈，柱国房君死。章邯又进击陈西张贺军[①]，胜出临战，军破，张贺死。

注释

①张贺：陈胜的部将。

译文

章邯击溃五逢后，进攻陈县，上柱国房君蔡赐战死。章邯又进兵攻击陈县西的张贺军队。陈胜亲自上阵督战，军队仍被击溃，张贺战死。

腊月[①]，胜之汝阴[②]，还至下城父[③]，其御庄贾杀胜以降秦[④]。葬砀[⑤]，谥曰隐王。

注释

①腊月：阴历十二月。
②汝阴：秦县名。在今安徽阜阳。
③下城父：古地名。在今安徽涡阳东南。

④ 御：赶车的人。
⑤ 砀 dàng：秦县名。在今河南夏邑东南。

译文

十二月，陈胜到了汝阴，又辗转到下城父，他的车夫庄贾杀害他之后投降了秦军。陈胜被葬在了砀县，谥号为隐王。

胜故涓人将军吕臣为苍头军[①]，起新阳[②]，攻陈下之，杀庄贾，复以陈为楚。

注释

① 涓人：主管宫室内务的人。苍头军：以青巾裹头的部队。
② 新阳：秦县名。在今安徽界首北。

译文

陈胜以前的侍臣吕臣后来当了将军，建立了一支青巾裹头的“苍头军”，在新阳起兵，攻克了陈县，杀死了庄贾，又以陈县为楚都。

初，胜令铚人宋留将兵定南阳[①]，入武关[②]。留已徇南阳，闻胜死，南阳复为秦。宋留不能入武关，乃东至新蔡[③]，遇秦军，宋留以军降秦。秦传留至咸阳[4]，车裂留以徇[5]。

注释

① 南阳：秦郡名。治所在今河南南阳市。

② 武关：古关名。在今陕西商县东南。

③ 东：向东。新蔡：秦县名。今河南新蔡。

④ 咸阳：秦国都，在今陕西咸阳市东北。

⑤ 车裂：古代五马分尸的酷刑。徇：示众。

译文

当初，陈胜命令铚县人宋留率军平定南阳，进入武关。宋留攻占南阳后，听到陈胜的死讯，后来南阳又被秦军攻占。宋留无法进入武关，就往东到新蔡，遇上了秦军，宋留率军投降秦军。秦军将宋留押到咸阳，车裂示众。

秦嘉等闻胜军败，乃立景驹为楚王，引兵之方与[1]，欲击秦军济阴下[2]。使公孙庆使齐王[3]，欲与并力俱进。齐王曰："陈王战败，未知其死生，楚安得不请而立王？"公孙庆曰："齐不请楚而立王，楚何故请齐而立王？且楚首事，当令于天下。"田儋杀公孙庆。

注释

① 方与：秦县名。在今山东鱼台西。

②济阴：郡名。治所在定陶（今山东定陶西北）。

③齐王：指田儋。

译文

秦嘉等人听说陈胜兵败，就拥立景驹为楚王，率军到了方与县，准备攻打在济阴的秦军。派公孙庆到齐王那里，想联合齐国一道进兵。齐王说："陈王战败，至今生死不明，楚国怎么能不请示我就自行立王呢？"公孙庆说："齐王不请示楚国而自行立王，楚国为什么要请示齐国才能立王呢？况且楚国首先起事，理所当然要号令天下。"于是田儋诛杀了公孙庆。

秦左右校复攻陈[①]，下之。吕将军走，徼兵复聚[②]，与番盗英布相遇，攻击秦左右校，破之青波[③]，复以陈为楚。会项梁立怀王孙心为楚王。

注释

①左右校：指左右校尉，秦武官名。

②徼：通"邀"。

③青波：古水名。在今河南新蔡西南。

译文

秦军左右校尉率军再次进攻陈县，县城被攻克。吕臣率军败走，再次招兵聚集，与在鄱阳做盗贼的英布相遇，又进击秦军左右校尉，在青波击破他们，再次以陈县为楚都。恰好此时项梁立楚怀王的孙子心为楚王。

陈胜王凡六月，初为王，其故人尝与佣耕者闻之，乃之陈，叩宫门曰："吾欲见涉。"宫门令欲缚之[①]。自辩数[②]，乃置，不肯为通。胜出，遮道而呼涉[③]。乃召见，载与归。入宫，见殿屋帷帐，客曰："夥[④]，涉之为王沈沈者[⑤]！"楚人谓多为夥，故天下传之，"夥涉为王[⑥]"，由陈涉始。客出入愈益发舒[⑦]，言胜故情。或言"客愚无知，专妄言，轻威。"胜斩之。诸故人皆自引去，由是无亲胜者。以朱防为中正[⑧]，胡武为司过[⑨]，主司群臣。诸将徇地，至，令之不是者[⑩]，系而罪之。以苛察为忠[⑪]。其所不善者，不下吏，辄自治。胜信用之，诸将以故不亲附，此其所以败也。

注释

① 宫门令：守卫宫门的人。

② 辩数：一条条地分辩。

③ 遮道：挡道。

④ 夥 huǒ：惊叹词，表示多。

⑤ 沈沈：通"湛湛"，喜乐之义。一说为形容宫室深邃貌。

⑥ 夥涉：相传为陈胜的外号。

⑦ 发舒：放纵。

⑧ 中正：主管人事的官。

⑨司过：负责监察的官。
⑩令之不是者：不服从命令的人。
⑪苛察：苛刻考察。

译文

陈胜一共称王六个月。在称王之初，以前曾与他一起佣耕过的人听到此事，就赶来陈县，敲着宫门说："我要见陈涉。"宫门长官要把他捆起来。经他一再解释，才放了他，但是仍不给他通报。等陈胜出门时，他拦路高喊陈涉的名字。陈胜听到喊声，才召见了他，和他坐着同一辆车回宫。进了王宫，客人看到了殿堂房屋、帷幕帐帘，说："真'夥'啊！陈涉做了王，深宫大宅这样阔气！"楚国人叫"多"为"夥"，所以在天下流传开来的"夥涉为王"这句话，就是从陈涉开始的。这位客人进进出出越发肆无忌惮，随意谈论陈胜的往事。有人劝陈胜说："你这个客人愚昧无知，专门胡言乱语，有损您的威严。"陈胜便杀了那位客人。于是，陈胜所有的老熟人都自动离开了，从此便没有亲近陈胜的人了。陈胜任用朱防做中正官，任命胡武为司过官，主管群臣事务。将领们攻占城邑后，回到陈县复命时，办事不合命令的人，就抓起来治罪，以苛刻、严厉为忠。凡是跟这两人关系不好的，不用交给有关官吏审问，他俩就能擅自惩治。陈胜信任这两个人，诸将因此不亲附陈胜，这就是陈胜之所以失败的原因。

胜虽已死，其所置遣侯王将相竟亡秦。高祖时为胜置守冢于砀[1]，至今血食[2]。王莽败[3]，乃绝。

注释

① 高祖：指汉高祖刘邦。

② 血食：享受祭祀。

③ 王莽：新朝建立者，《汉书》卷九十九有其传。

译文

陈胜虽然死了，但他所封立、派遣的王侯将相们终于推翻秦朝。汉高祖当时在砀县为陈胜安置守坟的人家，至今仍然按时宰杀牲畜祭祀他。王莽篡权失败后，才断了祭祀。

萧何传

萧何，沛人也[①]。以文毋害为沛主吏掾[②]。高祖为布衣时，数以吏事护高祖。高祖为亭长，常佑之[③]。高祖以吏繇咸阳，吏皆送奉钱三[④]，何独以五。秦御史监郡者[⑤]，与从事辨之[⑥]。何乃给泗水卒史事[⑦]，第一[⑧]。秦御史欲入言征何，何固请[⑨]，得毋行。

注释

① 沛：县名。今江苏沛县。

② 文毋害：谓精通律令而不苛刻害人。主吏掾：县令的属吏，即功曹掾。

③ 佑：帮助、袒护。

④ 三：三百钱。

⑤ 监郡：监察郡县。

⑥ 从事：御史的属官。

⑦ 泗水：郡名。治相县（在今安徽淮北市西）。卒史：小吏。

⑧ 第一：指考核成绩最好。

⑨ 固请：坚决辞谢之意。

译文

萧何，江苏沛县人。因为他写的文书没有瑕疵，而成为沛县的主吏。高祖还是平民的时候，萧何曾多次在吏事上袒护高祖。后来高祖做了亭长，萧何又经常帮助他。高祖以吏的身份到咸阳服役时，小吏们都只拿出三百钱为高祖送行，只有萧何拿出了五百钱。秦御史监郡的人，曾和同僚们考察萧何的职事。于是萧何被授予泗水郡卒史一职，考核时是最好的。秦御史打算向朝廷上书，征用萧何，然而萧何坚定地拒绝，这才没有去成。

及高祖起为沛公，何尝为丞督事[①]。沛公至咸阳，诸将皆争走金帛财物之府，分之，何独先入收秦丞相、御史律令图书藏之[②]。沛公具知天下厄塞[③]、户口多少、强弱处、民所疾苦者，以何得秦图书也。

注释

① 丞：官名，长官的助手。

② 丞相、御史：指秦丞相与御史大夫两府。

③ 厄：险要之处。

译文

等到高祖起事做了沛公，萧何曾任丞督事一职。沛公到了咸阳后，各位将领都争先恐后地瓜分府库里储藏的金帛财物，只有萧何先进去把秦丞相、御史的律令图书收藏起来。沛公之所以能详细地了解到天下要塞、户民多少、强弱分布、人民的疾苦等事情，就是因为萧何得到了这些图书。

初，诸侯相与约，先入关破秦者王其地。沛公既先定秦，项羽后至，欲攻沛公，沛公谢之得解[①]。羽遂屠烧咸阳，与范增谋曰："巴、蜀道险，秦之迁民皆居蜀。"乃曰："蜀汉亦关中地也。"故立沛公为汉王，而三分关中地，王秦降将以距汉王。汉王怒，欲谋攻项羽。周勃、灌婴、樊哙皆劝之，何谏之曰："虽王汉中之恶，不犹愈于死乎[②]？"汉王曰："何为乃死也？"何曰："今众弗如，百战百败，不死何为？《周书》曰'天予不取，反受其咎[③]。'语曰'天汉[④]'，其称甚美。夫能诎于一人之下，而信于万乘之上者，汤、武是也。臣愿大王王汉中，养其民以致贤人，收用巴、蜀，还定三秦，天下可图也。"汉王曰："善。"乃遂就国，以何为丞相。何进韩信[⑤]，汉王以为大将军，说汉王令引兵东定三秦。语在《信传》。

注释

① 得解：谓向其认错赔罪才得以和解。

② 愈：胜过。

③ 咎：灾祸。

④ 天汉：河汉，即银河。

⑤ 进：推荐。

译文

起初诸侯们互相约定，先进入函谷关而且能打败秦国的人，可以就地称王。沛公首先击败了秦国，项羽后到，要攻打沛公，沛公向他谢罪，才得以幸免。项羽于是在咸阳城进行屠杀焚烧，他和范增盘算说："巴、蜀的道路险要，秦国的移民又都居住在蜀地。"于是说："蜀、汉也是关中的地盘。"于是立沛公为汉王，把关中的地盘分为三份，又把秦国投降的将领封为王，与汉王相抗衡。汉王很生气，想要谋划攻打项羽。周勃、灌婴、樊哙都鼓励汉王，但萧何却劝谏说："虽然在汉中为王不是很好，但不是比死要强些吗？"汉王说："这怎么就会死呢？"萧何说："现在我们的兵将不如人家多，百战百败，除了死还能怎样？《周书》上说：'上天给予我们的，如果我们不去接受，反而会遭受其害。'俗话说'天汉'，以汉配天，名称非常美好。能屈于一人之下，而在万乘诸侯之上伸展其志的人，只有商汤、周武王。我希望大王能在汉中称王，休养百姓，招贤纳才，收用巴、蜀的财力，回军平定三秦，之后就可以谋取天下了。"汉王说："好。"于是去封国即位，任命萧何为丞相。萧何又举荐了韩信，汉王便任命韩信为大将军，萧何又说服汉王让韩信领兵东进平定三秦，这件事情在《韩信传》中有记载。

何以丞相留收巴、蜀，填抚谕告，使给军食。汉二年，汉王与诸侯击楚，何守关中，侍太子，治栎阳[①]。为令约束[②]，立宗庙、社稷、宫室、县邑，辄奏，上可许以从事[③]；即不及奏，辄以便宜施行，上来以闻[4]。计户转漕给军[5]，汉王数失军遁去，何常兴关中卒[6]，辄补缺。上以此刭属任何关中事。

注释

①栎阳：县名，在今陕西西安市阎良区。

②为令：《史记》作“为法令”，文义较明。

③可许以从事：谓准许其奏请，依从其行事。

④以闻：谓将所办之事汇报。

⑤计户：按照户籍人口收取钱粮。

⑥兴：征发。

译文

萧何以丞相的身份接管并留守于巴、蜀，抚慰境内的百姓，使他们供给军粮。汉二年，汉王联合诸侯攻打楚国，而萧何留守在关中，帮助太子，治理栎阳。制定法令规约，建立了宗庙、社稷、宫室、县邑，并经常上书给皇上，皇上许可的就去做；如果来不及上奏，就以合适的方式去做，等到皇上回来后再告知皇上。他计算户口转运粮饷，以供给军队使用。汉王多次全军覆没而逃，萧何便经常征发关中兵士来补充兵源，汉王因此把关中事务专门交给萧何处理。

汉三年，与项羽相距京、索间[1]，上数使使劳苦丞相[2]。鲍生谓何曰：“今王暴衣露盖，数劳苦君者，有疑君心。为君计，莫若遣君子孙昆弟能胜兵者悉诣军所[3]，上益信君。”于是何从其计，汉王大说。

注释

①距：通“拒”。京：县名，在今河南荥阳南。索：邑名，今河南荥阳县。

②劳苦：慰劳。

③胜兵：指能够当兵。

译文

汉三年，汉王与项羽在京、索之间对峙，汉王多次派使者慰劳丞相。鲍生对萧何说：“现如今大王在外辛苦征战，却多次来慰劳你，这是对你有疑心啊。为你自己着想，不如把你的子孙兄弟中能打仗的人都送到军队去，这样汉王就更信任你了。”萧何于是听从了他的计策，汉王果然非常高兴。

汉五年，已杀项羽，即皇帝位，论功行封，群臣争功，岁余不决。上以何功最盛，先封为酂侯[1]，食邑八千户。功臣皆曰：“臣等身被坚执兵[2]，多者百余战，少者数十合，攻城略地，大小各有差。今萧何未有汗马之劳，徒持文墨议论，不战，顾居臣等上[3]，何也？”上曰：“诸君知猎乎？”曰：“知之。”“知猎狗乎？”曰：“知之。”上曰：“夫猎，追杀兽者狗也，而发纵指示兽处者人也。今诸君徒能走得兽耳，功狗也[④]；至如萧何，发纵指示，功人也[⑤]。且诸君独以身从我，多者三两人；萧何举宗数十人皆随我，功不可忘也！”群臣后皆莫敢言。

注释

① 酂：侯国名，在今湖北光化西北。
② 被坚执兵：披着铠甲，拿着武器。
③ 顾：反而。
④ 功狗：功劳如同猎狗。
⑤ 功人：功劳如同猎人。

译文

汉五年，汉王杀掉项羽，当上皇帝后依照功劳封赐将领，大臣们彼此争功，过了一年多还无法决定。皇上认为萧何功劳最大，就先封他为酂侯，食邑八千户。功臣们都说：“我们身披铠甲，手拿兵器，多的经历了百余场战事，少的也有几十回，攻城略地，大小都有功绩。现在萧何并没有立下汗马功劳，他只是舞文弄墨发表议论，又没有打仗，官位却在我们之上，这是为什么？”皇上说：“你们都知道打猎的事吧？”大臣们都说：“知道。”皇上又问：“那么你们知道猎狗吗？”大臣们回答说：“知道。”皇上说：“打猎，追杀野兽的是猎狗，而发号施令指明野兽位置的是人。现在你们所做的只是抓住野兽，功劳和猎狗类似；至于萧何，发号施令，他的功劳与猎人一样。而且你们只是自己一人跟随我，最多不过三两个人，而萧何却全族几十个人都跟随着我，他的功劳是不能忘却的！”从此以后群臣都不敢再说了。

列侯毕已受封，奏位次，皆曰：“平阳侯曹参身被七十创，攻城略地，功最多，宜第一。”上已桡功臣多封何[①]，至位次未有以复难之，然心欲何第一。关内侯鄂秋时为谒者[②]，进曰：“群臣议皆误。夫曹参虽有野战略地之功，此特一时之事。夫上与楚相距五岁，失军亡众，跳身遁者数矣[③]，然萧何常从关中遣军补其处。非上所诏令召，而数万众会上乏绝者数矣。夫汉与楚相守荥阳数年，军无见粮[④]，萧何转漕关中，给食不乏。陛下虽数亡山东，萧何常全关中待陛下，此万世功也。今虽无曹参等百数，何缺于汉？汉得之不必待以全。奈何欲以一旦之功加万世之功哉！萧何当第一，曹参次之。”上曰：“善。”于是乃令何第一，赐带剑履上殿[⑤]，入朝不趋[⑥]。上曰：“吾闻进贤受上赏，萧何功虽高，待鄂君乃得明。”于是因鄂秋故所食关内侯邑二千户，封为安平侯。是日，悉封何父母兄弟十余人，皆食邑。乃益封何二千户，“以尝繇咸阳时何送我独赢钱二也[⑦]”。

注释

① 桡：屈也，指委屈。

② 关内侯：秦爵名，第十九级。

③ 跳身：轻身走出。

④ 无见粮：谓缺粮。见，通“现”。

⑤ 带剑履上殿：古时上殿朝见皇帝，必须解剑脱鞋。此处指特殊礼遇。

⑥ 趋：俯身快行。

⑦ 赢：多。

译文

列侯们受封完毕，在上奏位次的时候，都说：“平阳侯曹参身受战伤七十处，攻城略地，他的功劳最大，应位列第一。”皇上考虑到他已经使功臣们屈从而多封了萧何，至于位次他没有办法再为难大臣们了，然而他心里仍想让萧何位居第一。当时关内侯鄂秋担任谒者一职，向皇上进言：“群臣们的意见都不对。曹参虽然有攻城略地的功劳，但这只是一时之事。皇上与楚国相持了五年，损兵折将，还多次轻身逃跑，然而萧何却经常从关中派军队来补充兵源。皇上并没有下令招募士卒，却有数万人在皇上身临困境之时赶来救援。汉与楚在荥阳相持多年，军中没有了存粮，萧何便从关中转运粮草，供给补缺。虽然陛下丢失山东数次，然而萧何却常常保全关中以忠于陛下，这是流芳万世的功绩啊。现在即使没有一百个像曹参这样的人，汉室又能损失什么呢？汉室的胜利不一定非得有他们才能保全。为什么要把一时之功加于万世之功之上呢！所以萧何应当第一，曹参应该次之。”皇上说：“好。”于是让萧何做第一，并恩赐他可以佩剑穿鞋上殿，进朝廷时不必小步急行。皇上说：“我听说举荐贤士可以获得奖赏，萧何虽然功高盖世，但却由于鄂君才得以彰显。”于是在鄂秋原来所享有的关内侯邑二千户之上，又加封他为安平侯。当天，封赏萧何的父母兄弟总共十几个人，都有食邑。后来又加封萧何二千户，皇上说：“这是用来报答我在咸阳服役的时候，唯独萧何多送了我二百钱。”

陈豨反，上自将，至邯郸。而韩信谋反关中，吕后用何计诛信。语在信传。上已闻诛信，使使拜丞相为相国，益封五千户，令卒五百人一都尉为相国卫[①]。诸君皆贺，召平独吊[②]。召平者，故秦东陵侯。秦破，为布衣，贫，种瓜长安城东，瓜美，故世谓“东陵瓜”，从召平始也。平谓何曰：“祸自此始矣。上暴露于外，而君守于内，非被矢石之难，而益君封置卫者，以今者淮阴新反于中[③]，有疑君心。夫置卫卫君，非以宠君也。愿君让封勿受，悉以家私财佐军。”何从其计，上说。

注释

① 相国：高祖十一年改丞相为相国。卫：护卫。

② 吊：吊丧，此处是表示悲伤之意。

③ 淮阴：指淮阴侯韩信。

译文

陈豨叛乱，皇上亲自率军，到了邯郸。韩信在关中谋反，吕后采纳了萧何的计策诛杀了韩信。这些在《韩信传》中都有记载。皇上听说韩信已经被杀，便派使者封丞相为相国，加封五千户，并加派五百名士兵和一个都尉作为相国的护卫。大家都来庆贺，然而只有召平表示哀悼。召平原是秦的东陵侯。秦灭亡后，他便成为平民，穷困潦倒，在长安城东种瓜，他的瓜非常甜美，所以世间所谓的“东陵瓜”就是从召平开始的。召平对萧何说：“您的灾祸要开始了。皇上露营在外，而您却留守于宫廷，没有遭受箭石之苦，却反给您添加护卫，那是因为现在淮阴侯刚在内部叛乱，皇上对您有了疑心。给您配置护卫，并不是用来恩宠您的。我希望您谢绝皇上的封赏，并且将你的财产全部资助军队。”萧何听从了召平的计策，皇上果然很高兴。

其秋，黥布反，上自将击之，数使使问相国何为。曰：“为上在军，拊循勉百姓[①]，悉所有佐军[②]，如陈豨时。”客又说何曰：“君灭族不久矣。夫君位为相国，功第一，不可复加。然君初入关，本得百姓心，十余年矣。皆附君，尚复孳孳得民和[③]。上所谓数问君，畏君倾动关中。今君胡不多买田地，贱贳贷以自污[④]？上心必安。”于是何从其计，上乃大说。

注释

① 拊循：抚慰，勉励。

② 所有：谓以全部物资。

③ 孳孳：勤勉不懈。

④ 贳贷：赊贷，乞求。自污：谓自己败坏声名。

译文

这年秋天，黥布造反，皇上亲自率军讨伐，多次派使者询问相国在做什么。萧何回答说："由于皇上在前线，所以我在安抚勉励百姓，把我所有的财产都拿来资助前线，就像陈豨造反时一样。"又有门客劝说萧何："您不久就会被灭族了。您高居相国之位，功劳第一，无以复加。您刚入关的时候，就很得民心，现在十几年过去了。民众都很亲附您，可是您仍然孜孜不倦地以求民和。之所以皇上多次询问您的情况，是怕您在关中的势力太大。现在您为什么不多买田地，用低价赊买的方式来损害自己的名声，皇上必定会放心的。"于是萧何听了他的计策，皇上果然很高兴。

上罢布军归，民道遮行①，上书言相国强贱买民田宅数千人。上至，何谒。上笑曰："今相国乃利民②！"民所上书皆以与何，曰："君自谢民③。"后何为民请曰："长安地狭，上林中多空地④，弃⑤，愿令民得入田⑥，毋收稾为兽食⑦。"上大怒曰："相国多受贾人财物，为请吾苑！"乃下何廷尉⑧，械系之。数日，王卫尉侍⑨，前问曰："相国胡大罪，陛下系之暴也？"上曰："吾闻李斯相秦皇帝⑩，有善归主，有恶自予。今相国多受贾竖金，为请吾苑，以自媚于民。故系治之。”王卫尉曰:“夫职事苟有便于民而请之,真宰相事也。陛下奈何乃疑相国受贾人钱乎!且陛下距楚数岁,陈豨、黥布反时,陛下自将往,当是时相国守关中,关中摇足则关西非陛下有也[11]。相国不以此时为利,乃利贾人之金乎!且秦以不闻其过亡天下,夫李斯之分过[12],又何足法哉!陛下何疑宰相之浅也!”上不怿[13]。是日,使使持节赦出何。何年老,素恭谨,徒跣入谢。上曰:“相国休矣!相国为民请吾苑不许,我不过为桀、纣主,而相国为贤相。吾故系相国,欲令百姓闻吾过。”

注释

①道遮行:拦路。

②利民:谓夺利于民。

③谢:指谢罪。

④上林:上林苑。

⑤弃:荒芜之意。

⑥田:谓种田。

⑦稾:禾秆。

⑧廷尉:管理刑狱的官。

⑨卫尉:官名。九卿之一,主南军。

⑩秦皇帝:指秦始皇。

⑪摇足:变动之意。

⑫分过:分担过错。

⑬怿 yì:喜悦。

译文

皇上平定黥布后，班师回朝的时候，百姓在路上拦住了皇上，上书说相国强行贱买了数千百姓的田宅。皇上回朝后，萧何去拜见皇上。皇上笑着说："现在相国竟然向百姓取利了！"把百姓的上书都给了萧何，然后说："您自己向百姓谢罪吧！"后来萧何替百姓们上书说："长安耕地少，上林苑中有很多空地，闲置不用，希望能让百姓进去耕种，不要收了秸秆做野兽的食物。"皇上大怒说："相国收了商人的贿赂，竟然替他们请求我的上林苑！"于是下令把萧何交给廷尉，给他戴上刑具拘禁起来。几天后，王卫尉侍奉皇上的时候，上前问皇上："相国究竟犯了什么大罪，陛下会这么粗暴地囚禁他？"皇上说："我听说李斯当秦皇帝丞相的时候，有好的事情就归功于皇上，有过错就归于自己。现在相国受了商人的贿赂，自己为了讨好百姓，竟为他们请求我的上林苑，所以我才拘捕他治罪。"王卫尉说："为官办事有利于民的事情就上书请愿，这才是真正的宰相的职责。陛下怎么能怀疑这是相国接受了商人的钱呢！况且陛下与楚军征战数年，陈豨、黥布叛乱的时候，陛下亲自率军前往，那个时候，相国守在关中，关中稍有举动，那么关西就不是陛下的了。相国不在那个时候图利，难道现在会贪图商人的钱吗？而且秦王是因为不愿听对自己的批评，从而丢掉了天下，李斯的与君分过，又有什么值得效法的！陛下为什么把宰相看得如此浅薄！"皇上听了之后很不高兴。这一天，皇上派使者拿着符节去赦免萧何。萧何年事已高，一向行事恭谨，光着脚入朝谢罪。皇上说："相国不要这样！相国为百姓请求我的上林苑却没有得到批准，这使得我就像是桀、纣一样的君主，而相国却是贤能的相国。我之所以治罪相国，只是想让百姓知道我的过错。"

高祖崩，何事惠帝。何病，上亲自临视何疾，因问曰："君即百岁后[①]，谁可代君？"对曰："知臣莫如主。"帝曰："曹参何如？"何顿首曰："帝得之矣，何死不恨矣[②]！"

注释

①百岁：谓死。死的避讳说法。

②恨：这里是遗憾之意。

译文

高祖驾崩，萧何辅佐惠帝。萧何病重的时候，皇上亲自去探望他，问萧何说："您百年之后，谁能代替您呢？"萧何回答说："没有比主上更了解臣下的了。"皇上说："曹参如何？"萧何点头说："皇上找到贤才了，我死而无憾了！"

何贾田宅必居穷辟处，为家不治垣屋[①]。曰："令后世贤，师吾俭；不贤，毋为势家所夺。"

注释

①垣：围墙。

译文

萧何坚持在贫穷偏僻的地方买田宅，盖房建家却不修院墙。他说："如果后代有才能，会学习我的俭朴；如果没有才能，也不会被权势之家抢夺走。"

孝惠二年，何薨，谥曰文终侯。子禄嗣，薨，无子。高后乃封何夫人同为酂侯，小子延为筑阳侯[①]。孝文元年，罢同，更封延为酂侯。薨，子遗嗣。薨，无子。文帝复以遗弟则嗣，有罪免。景帝二年，制诏御史："故相国萧何，高皇帝大功臣，所与为天下也[②]。今其祀绝，朕甚怜之。其以武阳县户二千封何孙嘉为列侯[③]。"嘉，则弟也。薨，子胜嗣，后有罪免。武帝元狩中[④]，复下诏御史："以酂户二千四百封何曾孙庆为酂侯，布告天下，令明知朕报萧相国德也。"庆，则子也。薨，子寿成嗣，坐为太常牺牲瘦免[⑤]。宣帝时，诏丞相、御史求问萧相国后在者，得玄孙建世等十二人，复下诏以酂户二千封建世为酂侯。传子至孙获，坐使奴杀人减死论。成帝时，复封何玄孙之子南䜌长喜为酂侯[⑥]。传子至曾孙，王莽败乃绝。

注释

① 小子：小儿子。筑阳：县名，在今湖北谷城。
② 为：经营之意。
③ 武阳县：在今四川彭山县东。
④ 元狩：武帝年号（前122—前117）。
⑤ 太常：官名，掌宗庙礼仪。牺牲：供祭祀用的牛羊等。
⑥ 南䜌长喜：南䜌县（在今河北巨鹿县北）县长萧喜。

译文

孝惠帝二年（前193），萧何去世，谥号文终侯。其子萧禄继承了他的爵位，萧禄死后，由于没有儿子，于是高后便封萧何夫人同为酂侯，他的小儿子萧延为筑阳侯。孝文帝元年（前179），皇上罢免了萧何的夫人同，改封萧延为酂侯。萧延死后，他的儿子萧遗继承他。萧遗死后，由于他没有儿子，文帝又让萧遗的弟弟萧则继承，萧则因为有罪而被罢免。景帝二年（前156），诏令御史："已经故去的相国萧何，曾经是高皇帝的大功臣，参与过谋取天下的大事。现在他的后代断绝了，朕很怜惜，因此把武阳县二千户赐封给萧何的孙子萧嘉为列侯。"萧嘉，是萧则的弟弟。萧嘉死后，他的儿子萧胜继承，后来因为有罪被罢免了。武帝元狩年间，又下诏御史："把酂地的两千四百户赐封给萧何的曾孙萧庆为酂侯，并且昭告天下，让臣民都知道我是在报答萧相国的恩德。"萧庆，是萧则的儿子。萧庆死后，他的儿子萧寿成继承，后来因为他献给太常的牲畜太过瘦弱，从而被治罪罢免。宣帝在位的时候，下诏让丞相、御史查询萧相国是否还有存留的后代，查到玄孙萧建世等十二人，皇上又下诏把酂二千户赐封给萧建世为酂侯。传子至孙萧获后，因为萧获指使奴仆杀人而被治罪。成帝时，又赐封萧何的玄孙之子緜南县长萧喜为酂侯。传子至于曾孙。王莽失败后就断绝了。

张良传

张良字子房，其先韩人也[①]。大父开地[②]，相韩昭侯、宣惠王、襄哀王[③]。父平，相釐王、悼惠王[④]。悼惠王二十三年，平卒。卒二十岁[⑤]，秦灭韩。良少，未宦事韩[⑥]。韩破，良家僮三百人[⑦]，弟死不葬，悉以家财求客刺秦王[⑧]，为韩报仇，以五世相韩故[⑨]。

注释

① 韩：国名，战国七雄之一。

② 大父：祖父。开地：张良祖父之名。

③ 韩昭侯：名武，在位二十六年（前358—前333）。宣惠王：在位二十一年（前332—前312）。襄哀王：名仓，在位十六年（前311—前296）。

④ 釐王：名咎，在位二十三年（前295—前273）。悼惠王：在位三十四年（前272—前239）。

⑤ 卒二十岁：即张平死后二十年，前230年。

⑥ 宦事：做官。

⑦ 家僮：奴婢。

⑧ 客：这里指刺客。

⑨ 五世相韩：指在韩国做过五位国君的丞相。

译文

张良，字子房，祖先是韩国人。他爷爷张开地，曾做过韩昭侯、宣惠王、襄哀王的丞相。父亲张平，曾经做釐王、悼惠王的丞相。悼惠王二十三年，张平去世。张平去世后二十年，秦国灭掉了韩国。当时张良还年轻，没有在韩国做过官。韩国灭亡后，张良家有三百家奴，弟弟死了都没有发丧，却用全部的财产寻求刺客刺杀秦王，替韩报仇，因为他的父、祖做过五代韩相。

良尝学礼淮阳[①]，东见仓海君[②]，得力士，为铁椎重百二十斤。秦皇帝东游[③]，至博狼沙中[④]，良与客狙击秦皇帝，误中副车[⑤]。秦皇帝大怒，大索天下[⑥]，求贼急甚。良乃更名姓，亡匿下邳[⑦]。

注释

①淮阳：郡国名，治陈（今河南淮阳县）。

②仓海君：当时一位贤人隐士之号。

③秦皇帝：指秦始皇。

④博狼沙：地名，亦作博浪沙，在今河南原阳县东南。

⑤副车：即属车，护从皇帝的车。

⑥索：搜捕。

⑦亡匿：逃避，躲藏。下邳：县名，在今江苏睢宁西北古邳镇东。

译文

张良曾在淮阳学礼，向东行时见到了仓海君，发现一个大力士，做了一百二十斤重的铁锤。秦始皇帝东游，到达博狼沙的时候，张良和刺客一起埋伏刺杀秦皇帝，误中副车。秦始皇非常生气，在天下大规模进行搜索，急于找到贼人。于是张良改换名姓，流亡躲避在下邳。

良尝闲从容步游下邳圯上[①]，有一老父，衣褐[②]，至良所，直堕其履圯下[③]，顾谓良曰："孺子[④]，下取履！"良愕然，欲欧之。为其老，乃强忍，下取履，因跪进。父以足受之，笑去，良殊大惊。父去里所[⑤]，复还，曰："孺子可教矣。后五日平明，与我期此[⑥]。"良因怪，跪曰："诺。"五日平明，良往。父已先在，怒曰："与老人期，后，何也？去，后五日蚤会。"五日，鸡鸣往。父又先在，复怒曰："后，何也？去，后五日复蚤来。"五日，良夜半往。有顷[⑦]，父亦来，喜曰："当如是。"出一编书[⑧]，曰："读是则为王者师。后十年兴。十三年，孺子见我，济北榖城山下黄石即我已[⑨]。"遂去不见。旦日视其书，乃《太公兵法》[⑩]。良因异之，常习读诵。

注释

① 圯 yí：桥。

② 衣褐：穿着粗布衣。

③ 直：特意。履：鞋子。

④ 孺子：小孩子。不客气的称呼。

⑤里所：一里多地。

⑥期：约会。

⑦有顷：过了一会儿。

⑧一编书：一册书。

⑨济北：郡名。治博阳（在今山东泰安市东南）。谷城山：在今山东东阿县东南。已：语终之辞。

⑩《太公兵法》：相传为姜太公所著兵书。

译文

张良闲暇时曾在下邳桥上悠闲地漫步，有一老者，穿着粗布衣服，走到张良面前，故意把鞋掉到桥下，转过头对张良说："小孩子，下去拾鞋！"张良很惊愕，想要打他。因为老者年纪大的缘故，张良便忍着怒气到下面去拾鞋，并且跪着献给老者。老者伸出脚穿上鞋，笑着离开了。张良非常惊诧。老者离开一里左右，又走了回来，说："年轻人值得培养。五天以后黎明时分，和我在这里相见。"张良觉得奇怪，长跪着对其说："行。"五天后的黎明时分，张良去了。老者已经先到了，生气地说道："和老人相约，还晚来，为什么？走吧，五天后要早点来见我。"五天以后，鸡叫时张良就去了。老者又早来了，再一次生气地说道："你又晚到，怎么回事？走吧，五天后一定要早来。"五天以后，张良半夜就去了。过了一会儿，老者也来了，笑道："应该这样。"他拿出一本书，说："读了它就能给帝王当老师。十年后崛起。十三年后，年轻人再来见我，济北穀城山下的黄石就是我。"老者说后便离开消失了。天亮后张良看那本书，是《太公兵法》。这让张良感到很奇怪，于是经常阅读那本书。

居下邳，为任侠[1]。项伯尝杀人[2]，从良匿。

注释

①任侠：讲义气，好打抱不平。

②项伯：项羽的叔父。

译文

张良在下邳住，爱打抱不平。项伯曾经杀人，躲避在张良那里。

后十年，陈涉等起，良亦聚少年百余人。景驹自立为楚假王[1]，在留[2]。良欲往从之，行道遇沛公。沛公将数千人略地下邳，遂属焉。沛公拜良为厩将[3]。良数以《太公兵法》说沛公，沛公喜，常用其策。良为它人言，皆不省[4]。良曰："沛公殆天授[5]。"故遂从不去。

注释

①景驹：楚国贵族后裔。假王：暂时代理之王。

②留：县名。在今江苏沛县东南。

③厩 jiù 将：管理马匹的军官。

④ 省：领会。

⑤ 殆：几乎。天授：天才之意。

译文

十年以后，陈胜等人起义，张良也聚集了一百多位年轻人。景驹在留这个地方自立为楚假王。张良想去追随他，在途中碰到了沛公。沛公正率领几千人攻占下邳，张良便追随了沛公。沛公让张良做了厩将。张良多次向沛公讲授《太公兵法》，沛公非常高兴，常常接受他的计策。张良对别人说《太公兵法》，别人都不理解。张良说："沛公可能是天才。"因此跟随沛公再也不离开。

沛公之薛[①]，见项梁，共立楚怀王。良乃说项梁曰："君已立楚后，韩诸公子横阳君成贤[②]，可立为王，益树党[③]。"项梁使良求韩成，立为韩王。以良为韩司徒[④]，与韩王将千余人西略韩地，得数城，秦辄复取之，往来为游兵颍川[⑤]。

注释

① 薛：县名。在今山东滕州南皇殿岗。

② 韩：国名。战国七雄之一。横阳君成：韩成，横阳君是封号。

③ 益树党：多建各派势力，共同反秦。这是张良当时的指导思想。

④ 司徒：官名。相当于丞相。

⑤颍川：郡名。治阳翟（今河南禹州）。

译文

沛公到达薛，见到项梁，他们一起拥立楚怀王。张良便向项梁建议："您已经立了楚的后代为王，韩公子横阳君韩成有才能，可以立为韩王，这样可以多树几个党羽。"项梁让张良去找韩成，立为韩王。任命张良为韩司徒，和韩王一起率一千多人向西攻占韩地，占领了几座城，而秦接着又收复了，张良等人在颍川打起了游击战。

沛公之从洛阳南出轘辕[①]，良引兵从沛公，下韩十余城，击杨熊军[②]。沛公乃令韩王成留守阳翟[③]，与良俱南，攻下宛[④]，西入武关[⑤]。沛公欲以二万人击秦峣关下军[⑥]，良曰："秦兵尚强，未可轻。臣闻其将屠者子，贾竖易动以利[⑦]。愿沛公且留壁[⑧]，使人先行，为五万人具食，益张旗帜诸山上，为疑兵，令郦食其持重宝啖秦将[⑨]。"秦将果欲连和俱西袭咸阳[⑩]，沛公欲听之。良曰："此独其将欲叛，士卒恐不从，不从必危，不如因其解击之[⑪]。"沛公乃引兵击秦军，大破之。逐北至蓝田[⑫]，再战，秦兵竟败。遂至咸阳，秦王子婴降沛公。

注释

①洛阳：县名。在今河南洛阳市东北。轘：山名。在

今河南偃师市东南。

② 杨熊：秦将。

③ 阳翟：县名。在今河南禹州。

④ 宛：县名。在今河南南阳市。

⑤ 武关：在今陕西商南县东南。

⑥ 峣关：在今陕西蓝田县东南。

⑦ 贾竖：犹言跑买卖的小人。对商人的蔑称。

⑧ 留壁：安营扎寨。

⑨ 郦食其 yìjī：刘邦的谋士。啖 dàn：吃，这里是引诱之意。

⑩ 咸阳：秦朝的国都，在今陕西咸阳市东北。

⑪ 解：同“懈”，松懈。

⑫ 逐北：追击败军。蓝田：在今陕西蓝田县西。

译文

沛公从洛阳向南出轘辕，张良带兵跟随沛公，攻下韩十多城，击败杨熊的军队。沛公就命令韩王韩成留守阳翟，自己和张良一起向南，攻占宛，向西攻入武关。沛公想用两万人攻打秦峣关下军，张良说：“秦兵还很强，不可轻视。臣听说那里的守将是屠户的儿子，经商的小人容易为利益所动。希望沛公暂且在壁垒中留守，派人先行，为五万人准备粮食，在各山上插旗帜，作为疑兵，派遣郦食其拿着财宝诱惑秦将。”秦将果然要和沛公联合共同往西袭击咸阳，沛公打算听从他们。张良说：“这只是将领想反叛，士兵恐怕不听从。不听从一定有危险，不如趁其松懈的时候攻打他们。”于是沛公率兵进攻秦军，大获全胜。追赶他们到达蓝田，又打了一仗，秦兵彻底失败。于是沛公到了咸阳，秦王子婴向沛公投降。

沛公入秦[①]，宫室帷帐狗马重宝妇女以千数，意欲留居之。樊哙谏[②]，沛公不听。良曰："夫秦为无道，故沛公得至此。为天下除残去贼，宜缟素为资[③]。今始入秦，即安其乐，此所谓'助桀为虐'。且'忠言逆耳利于行，毒药苦口利于病[④]'，愿沛公听樊哙言。"沛公乃还军霸上[⑤]。

注释

①入秦：《史记》作"入秦宫"，是也。

②樊哙：刘邦部将。

③缟素为资：犹言以俭朴为本。缟素，白色的衣服。这里是朴素之意。

④"忠言逆耳利于行"二句：这是当时的俗语。

⑤霸上：地名，又作"灞上"，在今陕西西安市东。

译文

沛公进入秦王室宫中，宫室有数以千计的帷帐、狗马、珍宝、妇女，他想留下住在那里。樊哙劝谏，沛公没有听他的。张良说："因为秦国无道，所以沛公能到这里。为天下除去祸害，应该以勤俭朴素来显示本色。现在刚入秦，就安于享乐，这就是人们所说的'助桀为虐’。并且‘忠言逆耳利于行，毒药苦口利于病’，希望沛公听从樊哙的话。”于是沛公又回到霸上驻扎。

项羽至鸿门[①]，欲击沛公，项伯夜驰至沛公军，私见良，欲与俱去。良曰：“臣为韩王送沛公，今事有急，亡去不义。”乃具语沛公。沛公大惊，曰：“为之奈何？”良曰：“沛公诚欲背项王邪？”沛公曰：“鲰生说我距关毋内诸侯[②]，秦地可王也，故听之。”良曰：“沛公自度能却项王乎？”沛公默然，曰：“今为奈何？”良因要项伯见沛公。沛公与伯饮，为寿[③]，结婚，令伯具言沛公不敢背项王，所以距关者，备它盗也。项羽后解，语在《羽传》。

注释

①鸿门：地名。在今陕西临潼县东，今称项王营。

②鲰 zōu 生：浅薄无知的人。骂人语。

③为寿：敬酒以祝健康长寿。

译文

项羽到达鸿门，要攻打沛公，项伯夜里跑到沛公军中，私下里见张良，想和他一起逃离。张良说：“臣为韩王护送沛公，现在事情紧急，逃跑就太不讲义气了。”便把这事都告诉了沛公。沛公很惊讶，说：“现在怎么办？”张良说：“沛公真的想要背叛项王吗？”沛公说：“有个小人对我说把持关口不让诸侯进来，并且可以在秦地称王，便听了他的建议。”张良说：“沛公自己觉得能打退项王吗？”沛公沉默，说：“现在该怎么办？”张良于是请项伯来见沛公。沛公和项伯一起喝酒，为项伯祝寿，结为亲家，让项伯向项羽详细说明沛公不敢背叛项王，把住关口的原因是防备别的强盗。这样后来项羽才作罢，此事在《项羽传》中有记载。

汉元年，沛公为汉王，王巴、蜀[①]，赐良金百溢[②]，珠二斗，良具以献项伯。汉王亦因令良厚遗项伯，使请汉中地[③]。项王许之。汉王之国，良送至褒中[④]，遣良归韩。良因说汉王烧绝栈道[⑤]，示天下无还心，以固项王意。乃使良还。行，烧绝栈道。

注释

①巴、蜀：二郡名。巴郡治江州（在今重庆市嘉陵江北岸），蜀郡治成都（今四川成都市）。

②溢：通“镒”。重量单位，二十两为一镒。有说二十四两为一镒。

③汉中：郡名。治南郑（在今陕西汉中市）。

④褒中：邑名。在今陕西汉中市西北。

⑤栈道：又称阁道，在险绝的地方傍山架木而成的道路。

译文

汉元年，沛公做了汉王，据有巴、蜀，赏赐张良百镒黄金，二斗珍珠，张良把这些都献给了项伯。汉王又接着让张良送厚礼给项伯，让他向项羽请求要汉中之地。项王同意了。汉王到封国去，张良送到褒中，汉王派遣张良回韩。张良趁机劝说汉王烧毁栈道，向天下表示没有回来的意思，以稳住项王的心。汉王便让张良回去了，一边走，一边烧毁栈道。

良归至韩，闻项羽以良从汉王故，不遣韩王成之国，与俱东，至彭城杀之①。时汉王还定三秦，良乃遗项羽书曰：“汉王失职，欲得关中，如约即止，不敢复东。”又以齐反书遗羽，曰：“齐与赵欲并灭楚。”项羽以故北击齐。良乃间行归汉②。汉王以良为成信侯，从东击楚。至彭城，汉王兵败而还。至下邑③，汉王下马踞鞍而问曰④：“吾欲捐关已东等弃之⑤，谁可与共功者⑥？”良曰：“九江王布⑦，楚枭将⑧，与项王有隙，彭越与齐王田荣反梁地⑨，此两人可急使。而汉王之将独韩信可属大事，当一面。即欲捐之，捐之此三人，楚可破也。”汉王乃遣随何说九江王布⑩，而使人连彭越。及魏王豹反，使韩信特将北击之⑪，因举燕、代、齐、赵。然卒破楚者，此三人力也。

注释

① 彭城：县名。在今江苏徐州市。

② 间行：从小路走。

③下邑：县名。在今安徽砀山县。

④踞鞍：坐在马鞍上。古时行军中休息，常解下马鞍作坐卧之用。

⑤捐：放弃，这里是分出之意。

⑥共功：谓共立破楚之功。

⑦九江王布：即黥布。

⑧枭将：勇猛之将。

⑨梁地：指战国时魏都大梁（今河南开封市）一带。

⑩随何：刘邦的谋臣。

⑪特将：独当一面之将，犹今方面军司令。

译文

张良回到韩，听说项羽因为张良曾经跟随汉王，不让韩王韩成回国，和他一起往东去，到彭城时杀了他。这时候汉王回去平定三秦，张良就写信对项羽说："汉王失职，想占领关中，按照约定停止，不敢再往东去。"又把齐国的反书送给项羽，说："齐和赵要共同灭楚。"项羽因此向北攻打齐。张良就从小路回到汉。汉王封张良为成信侯，跟随自己向东攻打楚。到达彭城，汉王失败归来。到达下邑，汉王下马靠着马鞍问道："我想把关东让给别人，谁可以和我一起建功？"张良说："九江王英布，是楚国的猛将，和项王不和，彭越和齐王田荣在梁地造反，这两个人可以在紧急时用。汉王的大将中只有韩信可交付大事，能够独当一面。如果想要让出关东之地，可以让给这三个人，楚就可以被攻破。"汉王就派遣随何游说九江王英布，又派人去联合彭越。等到魏王魏豹反叛，派遣韩信专门率兵向北攻打，接连攻下燕、代、齐、赵。最终攻破楚国靠的是这三个人的力量。

良多病，未尝特将兵，常为画策臣[①]，时时从。

注释

① 画策臣：出谋划策之臣。

译文

张良经常有病，没有专门带过兵，常作为策划之臣，时时跟从汉王。

汉三年，项羽急围汉王于荥阳[①]，汉王忧恐，与郦食其谋桡楚权[②]。郦生曰："昔汤伐桀[③]，封其后杞[④]；武王诛纣[⑤]，封其后宋[⑥]。今秦无道，伐灭六国[⑦]，无立锥之地[⑧]。陛下诚复立六国后，此皆争戴陛下德义，愿为臣妾。德义已行，南面称伯，楚必敛衽而朝[⑨]。"汉王曰："善。趣刻印，先生因行佩之[⑩]。"

注释

① 荥阳：县名。在今河南荥阳县东北。

② 桡 náo：阻止。这里是削弱之意。

③汤：商汤王。桀：夏桀王。
④杞：古国名。在今河南杞县。
⑤武王：周武王。纣：商纣王。
⑥宋：古国名。都于今河南商丘。
⑦六国：战国时的齐、楚、燕、赵、韩、魏。
⑧无立锥之地：言秦不分封六国之后裔。
⑨敛衽：整理衣襟，准备朝拜之态。
⑩佩：佩带。这里是授予佩带之意。

译文

汉三年，项羽在荥阳迅速围住汉王，汉王忧虑恐慌，和郦食其一起谋划怎样削弱楚的力量。郦食其说："从前汤讨伐桀，封其后人于杞；武王诛纣后，封其后代于宋。现在秦失去德义，灭掉六国，六国之后没有立足的地方。陛下如果再立六国的后代，他们定会非常感恩陛下的德义，愿意做您的奴仆。德义已经足够，面向南就可以称霸，楚一定会恭恭敬敬地来朝见。"汉王说："好。抓紧刻制印信，先生亲自去授予他们。"

郦生未行，良从外来谒汉王。汉王方食，曰："客有为我计桡楚权者。"具以郦生计告良，曰："于子房何如？"良曰："谁为陛下画此计者？陛下事去矣。"汉王曰："何哉？"良曰："臣请借前箸以筹之[①]。昔汤武伐桀纣封其后者，度能制其死命也。今陛下能制项籍死命乎？其不可一矣。武王入殷[②]，表商容闾[3]，式箕子门[4]，封比干墓[5]，今陛下能乎？其不可二矣。发钜桥之粟[6]，散鹿台之财[7]，以赐贫穷，今陛下能乎？其不可三矣。殷事以毕，偃革为轩[8]，倒载干戈，示不复用，今陛下能乎？其不可四矣。休马华山之阳[9]，示无所为，今陛下能乎？其不可五矣。息牛桃林之野[10]，天下不复输积，今陛下能乎？其不可六矣。且夫天下游士，离亲戚，弃坟墓，去故旧，从陛下者，但日夜望咫尺之地[11]。今乃立六国后，唯无复立者[12]，游士各归事其主，从亲戚，反故旧，陛下谁与取天下乎？其不可七矣。且楚唯毋强[13]，六国复桡而从之，陛下焉得而臣之？其不可八矣。诚用此谋，陛下事去矣。”汉王辍食吐哺[14]，骂曰："竖儒[15]，几败乃公事[16]！”令趣销印。

注释

①前箸：面前的筷子。筹：筹划。

②殷：商都。在今河南安阳小屯村。

③表商容闾：在商容的里门立表以表彰之。商容，商末贤人，因谏纣不听而退隐。闾，里门。

④式箕子门：在箕子门前伏式以示尊敬。式，古人乘车过长者或尊者之门时，伏于车前横木，以示尊敬，称为“式”。箕子，商纣王之叔，官为太师，因谏纣王而被囚禁，后武王灭商而获释。

⑤封比干墓：为比干修墓。比干，商纣王之叔，官为少师，因屡谏纣王而被挖心而死。

⑥钜桥：指巨桥仓。商在钜桥（在今河北曲周县东

北衡漳水上）附近修建的粮仓。

⑦鹿台：商纣王储存金钱之处，故址在今河南淇县。

⑧偃革为轩：谓改兵车为轩车（普通的乘用车），意谓偃武修文。革，指兵车。

⑨休马：言让战马休息。华山：在今陕西华阴县南。阳：山的南面。

⑩息牛：言让运输军事物资的牛休息。桃林：也称桃林塞，地区名，大约在今河南灵宝与陕西临潼之间。

⑪望咫尺之地：言希望分封到一片土地。

⑫无复立：言再无土地可分封。

⑬楚唯毋强：只有楚无敌于天下之意。毋强：无有强过之。

⑭辍 chuò 食：中止吃饭。吐哺：吐出口中的食物。

⑮竖儒：犹言儒生小子。

⑯乃公：你老子。

译文

郦食其还没有去，张良从外面来见汉王。汉王正在吃饭，说："有门客为我谋划怎样削弱楚的力量。"把郦食其的计谋都告诉了张良，问："你看如何？"张良说："是谁为陛下出的计谋？陛下的大事要完了。"汉王说："为什么？"张良说："臣想用面前的筷子来比划。原来汤、武讨伐桀、纣而分封他们的后代，是估计能置他们于死地。现在陛下能消灭项籍吗？这是第一个不行的原因。武王进入殷，在商容、箕子的居处表彰他们，修缮比干的墓，现在陛下可以做到吗？这是第二个不行的原因。打开钜桥的粮仓，散发鹿台的财物，赏赐给贫困者，现在陛下可以做到吗？这是第三个不行的原因。把殷灭掉后，把兵车制成轩车，倒放着干戈，表示不再用，现在陛下可以做到吗？这是第四个不行的原因。让马在华山之南休息，表示不再用它们，现在陛下可以做到吗？这是第五个不行的原因。让牛在桃林的原野上休息，普天之下不再征税，现在陛下可以做到吗？这是第六个不行的原因。况且现在天下的游士都辞别亲戚，抛弃自家的坟墓，离开自己的好友来投奔陛下，只是日夜盼望有个安身立命的地方。现在陛下却要封六国后代，天下没有可以再封的地方了，游士们各自回到原来的地方侍奉自己的主人，投奔亲戚，寻找旧友，谁来追随陛下打天下呢？这是第七个不行的原因。并且现在只有楚国强大，如果六国又去屈从它，陛下怎么能够统治它们呢？这是第八个不行的原因。如果真用了这个计谋，陛下的事业就算结束了。”汉王不再吃饭，吐出口中的食物，骂道：“混账儒生，几乎坏了老子的大事！”下令赶快销毁那些封印。

后韩信破齐欲自立为齐王，汉王怒。良说汉王，汉王使良授齐王信印。语在《信传》[①]。

注释

①《信传》：即《韩信传》。

译文

后来韩信灭掉齐后想自立为齐王，汉王很生气。张良劝说汉王，汉王就让张良授予韩信齐王印信。此事在《韩信传》中有记载。

五年冬，汉王追楚至阳夏南[①]，战不利，壁固陵[②]，诸侯期不至[③]，良说汉王，汉王用其计，诸侯皆至。语在《高纪》[④]。

注释

①阳夏 jiǎ：县名。在今河南太康县。

②壁：修筑壁垒。固陵：邑名。在今河南太康县南。

③期：言约会的日期。

④《高纪》：即《高帝纪》。

译文

汉五年冬天，汉王追击楚军到阳夏南部，战事不利，坚守固陵营垒，诸侯到约定时期没有来。张良向汉王献计，汉王就采用他的计策，诸侯就都率军前来。此事在《高帝纪》中有记载。

汉六年，封功臣。良未尝有战斗功，高帝曰："运筹策帷幄中，决胜千里外，子房功也。自择齐三万户。”良曰：“始臣起下邳，与上会留，此天以臣授陛下。陛下用臣计，幸而时中，臣愿封留足矣，不敢当三万户。”[①]乃封良为留侯，与萧何等俱封。

注释

①“良曰”等句：此是张良表示谦让，不像韩信辈恃功争封，实为明哲保身。

译文

汉六年，封有功之臣。张良没有过战功，高帝说：“子房的功劳是运筹帷幄，决定千里之外的胜利。自己在齐挑选三万户。”张良说：“开始时臣是在下邳起家，和皇上在留相会，这是上天把臣托付给陛下。陛下采纳臣的计策，幸而有时还能有成效，臣希望把留封给我就够了，不敢接受三万户。”于是封张良做了留侯，是和萧何等一起受的封。

上已封大功臣二十余人，其余日夜争功而不决，未得行封。上居洛阳南宫，从复道望见诸将往往数人偶语[①]。上曰：“此何语？”良曰：“陛下不知乎？此谋反耳。”上曰：“天下属安定[②]，何故而反？”良曰：“陛下起布衣[③]，与此属取天下，今陛下已为天子，而所封皆萧、曹故人所亲爱，而所诛者皆平生仇怨。今军吏计功，天下不足以遍封，此属畏陛下不能尽封[4]，又恐见疑过失及诛，故相聚而谋反耳。”上乃忧曰：“为将奈何？”良曰：“上平生所憎，群臣所共知，谁最甚者？”上曰：“雍齿与我有故怨[5]，数窘辱我，我欲杀之，为功多，不忍。”良曰：“今急先封雍齿，以示群臣，群臣见雍齿先封，则人人自坚矣[6]。”于是上置酒，封雍齿为什方侯[7]，而急趣丞相御史定功行封。群臣罢酒，皆喜曰：“雍齿且侯，我属无患矣。”

注释

① 复道：楼阁间上下两层通道。这里是指复道上层。偶语：两两相对私语。

② 属：适值，方才。

③ 起布衣：由平民起事。

④ 此属：此辈。

⑤ 雍齿：沛县人，曾有过叛刘降魏的行为。怨：王念孙以为是衍文。

⑥ 自坚：言内心安定。

⑦ 什方：县名。在今四川什邡县。

译文

皇上封了二十多位大功臣，其余的将领天天在争功不能决定，没有得到分封。皇上住在洛阳南宫，从天桥上常常看见将领们几个人在一起私语。皇上说：“他们在说什么？”张良说：“陛下还不知道吧？这是想谋反。”皇上说：“天下刚刚安定，为何要谋反？”张良说："陛下本来是平民，和这些人一起打天下，现在陛下做了皇上，所封的都是萧、曹等故交好友，所杀的都是平时和您有仇恨的人。现在军官都在计算自己的功劳，天下不够把所有人都封遍，这些人怕陛下不能够全部封赏，又怕被怀疑有过失而遭杀害，所以聚集起来要谋反。"于是皇上担心地说："那应该怎么办呢？"张良说："大臣们都知道皇上平时最忌恨谁？"皇上说："原来雍齿和我有仇，多次侮辱让我陷入困境，我想杀他，因为他功劳多，又不忍心。"张良说："现在马上先封雍齿，并且让群臣知道，群臣见到雍齿都先受封赏，每个人都会放心的。"于是皇上摆了酒席，封雍齿为什方侯，并马上催促丞相、御史计功封赏。群臣喝完酒以后，都高兴地说："雍齿都被封侯，我们没有什么可担心的了。"

刘敬说上都关中[①]，上疑之。左右大臣皆山东人[②]，多劝上都洛阳："洛阳东有成皋[③]，西有殽黾[④]，背河乡洛[⑤]，其固亦足恃。"良曰："洛阳虽有此固，其中小，不过数百里，田地薄，四面受敌，此非用武之国。夫关中左殽函[⑥]，右陇蜀[⑦]，沃野千里，南有巴蜀之饶，北有胡苑之利[⑧]，阻三面而固守，独以一面东制诸侯。诸侯安定，河、渭漕挽天下[⑨]，西给京师；诸侯有变，顺流而下，足以委输[⑩]。此所谓金城千里[⑪]，天府之国[⑫]。刘敬说是也。"于是上即日驾，西都关中。

注释

①刘敬：刘邦的谋臣。

②山东：指崤山或华山以东的地区。

③成皋：邑名。今河南荥阳县西北的汜水镇。

④殽：殽山，在今河南洛宁县西北。黾：黾池水，在河南省境内，源于熊耳山，经宜阳县，向东南流入洛水。

⑤河：黄河。洛：洛水，今河南省洛河。

⑥左：指东面；下文“右”，指西面。函：函谷关。

⑦陇：陇山。在今陕西陇县西北。蜀：指岷山，在今四川和甘肃两省交界处。陇山与岷山相连。

⑧胡苑之利：指关中北部与匈奴等族毗邻的牧场的畜牧业。陈直以为“胡苑”是指上林苑及其中的湖沼，“胡”即湖。

⑨河：黄河。渭：渭水。漕挽：以船水路运输。

⑩委输：输送供应。

⑪金城：言城池坚固（犹如金铸之城）。

⑫天府：言府库充实（犹如天赐之府）。

译文

刘敬劝说皇上在关中建都，皇上拿不定主意。而身边大臣都是山东人，多数人劝皇上在洛阳建都，说：“洛阳东面有成皋，西面有殽、黾，背朝黄河面对洛水，它的坚固足以作为依靠。”张良说：“洛阳虽有这样险固的地形，但面积很小，才几百里，土地不肥沃，四面容易受敌，这里不是用武的地方。关中左边有殽函，右边为陇、蜀，有千里肥沃的土地，南面有丰饶的巴、蜀，北面有胡地可以作为畜牧之地，三面险阻足以固守，只开东面来控制诸侯。诸侯安定，黄河、渭水可以漕运天下的物资，向西来供养京师；诸侯如果发难，顺流向下，就可以转运。这就是我们所说的金城千里，天府之国。刘敬想法很对。”于是皇上当天就起驾，向西在关中建都。

良从入关，性多疾[①]，即道引不食谷[②]，闭门不出岁余。

注释

① 性：这里指体质。

② 道引：古时的一种气功健身运动。不食谷：也称辟谷，即所谓不吃烟火食。道引与辟谷乃古时道家提倡的养生之术。

译文

张良也跟着到了关中，身体经常有病，不食五谷来炼气养生，闭门一年多没有外出。

上欲废太子[①]，立戚夫人子赵王如意[②]。大臣多争，未能得坚决也[③]。吕后恐，不知所为。或谓吕后曰："留侯善画计，上信用之。"吕后乃使建成侯吕泽劫良[④]，曰："君常为上谋臣，今上日欲易太子，君安得高枕而卧？"良曰："始上数在急困之中，幸用臣策；今天下安定，以爱欲易太子，骨肉之间，虽臣等百人何益！"吕泽强要曰："为我画计。"良曰："此难以口舌争也。顾上有所不能致者四人[⑤]。四人年老矣，皆以上嫚娒士，故逃匿山中，义不为汉臣。然上高此四人。今公诚能毋爱金玉璧帛，令太子为书，卑辞安车[⑥]，因使辨士固请，宜来[⑦]。来，以为客，时从入朝，令上见之，则一助也。"于是吕后令吕泽使人奉太子书，卑辞厚礼，迎此四人。四人至，客建成侯所。

注释

①太子：指吕后所生的刘盈，后为惠帝。

②戚夫人：刘邦的宠妃。赵王如意：戚夫人所生，刘邦之第三子。

③坚决：最后决定之意。

④吕泽：据《外戚恩泽侯表》，当作吕释之；此误，下文亦误。劫：强制。

⑤致：招致。四人：据《史记》所载，四人是东园公、甪里先生、绮里季、夏黄公。

⑥安车：古时一种较为安稳舒适的小车。

⑦宜来：会来之意。

译文

皇上想废掉太子，立戚夫人的儿子赵王如意。很多大臣争论不同意，皇上没有下定决心。吕后很害怕，不知道怎么办。有人对吕后说："留侯善于出谋划策，皇上很信任他。"吕后就派建成侯吕泽截住张良，说："您这么多年做皇上的谋臣，现在皇上每天都想着换太子，您怎么能够不感到忧愁呢？"张良说："以前皇上多次在危难之时，臣的计策才有幸被采纳；现在天下已经安定，皇上因为个人偏爱而更换太子，这是骨肉之间的事情，就算有我们一百个外人又有何用？"吕泽强烈地要求说："给我出个计策吧。"张良说："这很难用口舌来争辩。我想到有四个人皇上一直未能招纳到朝中。这四个人现在已经老了，都因为之前皇上怠慢士人，所以逃避山中，不愿做汉臣。但皇上对这四个人很敬重。现在您只要能够不惜金玉璧帛，让太子写一封信，言辞谦逊，用安车迎接，再让能言善辩者去请，应该能请来。他们来了以后就作为太子的贵宾，经常带着上朝，让皇上看见，会有助于太子的。"于是吕后就叫吕泽遣人带着太子的书信，谦辞厚礼，恭迎这四人。四人到了后，住在建成侯那里。

汉十一年，黥布反，上疾，欲使太子往击之。四人相谓曰："凡来者，将以存太子。太子将兵，事危矣。"乃说建成侯曰："太子将兵，有功即位不益[①]，无功则从此受祸。且太子所与俱诸将，皆与上定天下枭将也，今乃使太子将之，此无异使羊将狼，皆不肯为用，其无功必矣。臣闻‘母爱者子抱[②]’，今戚夫人日夜侍御，赵王常居前，上曰‘终不使不肖子居爱子上’明其代太子位必矣。君何不急请吕后承间为上泣言[③]：‘黥布，天下猛将，善用兵，今诸将皆陛下故等夷[④]，乃令太子将，此属莫肯为用，且布闻之，鼓行而西耳[⑤]。上虽疾，强载辎车[⑥]，卧而护之，诸将不敢不尽力，上虽苦，强为妻子计。’”于是吕泽夜见吕后。吕后承间为上泣而言，如四人意。上曰：“吾惟之，竖子固不足遣，乃公自行耳。”于是上自将而东，群臣居守，皆送至霸上。良疾，强起至曲邮[⑦]，见上曰：“臣宜从，疾甚。楚人剽疾[⑧]，愿上慎毋与楚争锋。”因说上令太子为将军监关中兵。上谓“子房虽疾，强卧傅太子”。是时叔孙通已为太傅[⑨]，良行少傅事[⑩]。

注释

① 有功即位不益：言有功对于太子之位无所增益。

② 母爱者子抱：当时的成语。言其母受宠，其子则为父所抱（喜爱）。

③ 承间：趁空闲时。

④ 故等夷：旧日平辈。

⑤ 鼓行：谓进军。古时用兵，击鼓而进，鸣金收兵。

⑥ 强：打起精神之意。辎车：古时一种有帷盖的可供坐卧休息的车子。

⑦ 曲邮：古驿站名。在今陕西临潼县南。

⑧剽疾：勇猛迅捷。

⑨叔孙通：薛县人，《汉书》有其传。太傅：太子太傅，辅佐太子之官。

⑩少傅：太子少傅，也是辅佐太子之官，位次于太傅。

译文

汉十一年，黥布造反，皇上生病了，想派太子去平叛。四人商量说："我们为了保住太子而来。太子带领军队，这事太危险了。"就劝建成侯说："太子领兵打仗，打了胜仗也不会再提高地位，而一旦打了败仗就会有灾难。并且和太子一起去平叛的将帅们，都是当年和皇上平定天下的猛将，现在让太子率领他们，就相当于让羊率领狼，都不肯被指挥，一定不会取得战功。臣听说'母亲受宠，所生的孩子也会受到抚爱'，现在戚夫人天天侍奉皇上，赵王经常在面前，皇上说'一定不能让不肖之子地位在爱子的上面'，就说明他一定会取代太子的。您为什么不抓紧让吕后找机会对皇上诉苦，说：'黥布，是天下的一员猛将，善于用兵，现在各将领都是以前和陛下同辈的人，现在让太子带领，这些人不想被指挥，并且黥布听到这些后，一定会击鼓西进。皇上虽然生病，只要能够乘坐辎车，躺着监视他们，各将领一定会尽力。皇上虽然劳累辛苦，也请为妻儿盘算一下。'"于是吕泽夜里就去见吕后。吕后找机会向皇上诉苦，就按照四人的意思说。皇上说："我想过了，本来就不能派遣那个小子，老子亲自去吧。"于是皇上亲率大兵东征，群臣留守，都送到霸上。张良生病，勉强动身到曲邮，见到皇上说："臣本应该跟着去，不过生病厉害。楚人很勇猛，希望皇上谨慎，不要和楚争雄。"接着劝皇上让太子做将军监督关中的军队。皇上说："虽然子房生病，躺着也要勉强教育一下太子。"当时叔孙通已做了太傅，张良实际负责少傅的工作。

汉十二年，上从破布归，疾益甚，愈欲易太子。良谏不听，因疾不视事。叔孙太傅称说引古[①]，以死争太子。上阳许之，犹欲易之。及晏，置酒，太子侍。四人者从太子，年皆八十有余，须眉皓白，衣冠甚伟。上怪，问曰："何为者？"四人前对，各言其姓名。上乃惊曰："吾求公，避逃我，今公何自从吾儿游乎？"四人曰："陛下轻士善骂，臣等义不辱，故恐而亡匿。今闻太子仁孝，恭敬爱士，天下莫不延颈愿为太子死者，故臣等来。"上曰："烦公幸卒调护太子[②]。"

注释

①引古：《史记》作"引古今"，是也。

②调护：调理，护持。调，有调和矛盾、纠正过失之义。

译文

汉十二年，皇上打败黥布回来，病得更加严重，愈发想要换太子。张良上书劝谏皇上不理会，张良便借病不再上朝。叔孙太傅借古讽今，宁愿死也要为太子争位。皇上表面假装答应他，但仍想换太子。等到宴会时，摆酒，太子侍奉。四贤人跟随太子，都八十多岁的年纪，雪白的头发眉毛，不凡的衣冠。皇上惊奇，问道："这些是什么人？"四贤人上前回答，每个人都说出自己的姓名。皇上很惊讶地说："我邀请你们，你们逃避离开我，现在你们为何和我儿子交游呢？"四人说："陛下轻视士人爱骂人，我们为了道义不愿受辱，所以害怕而逃避。现在听说太子仁孝，尊敬爱护士人，天下人都愿伸着脖子为太子效命，因此我们前来。"皇上说："有幸烦劳各位来调教护卫太子。"

四人为寿已毕，趋去。上目送之，召戚夫人指视曰："我欲易之，彼四人为之辅，羽翼已成①，难动矣。吕氏真乃主矣②。"戚夫人泣涕，上曰："为我楚舞，吾为若楚歌③。"歌曰："鸿鹄高飞，一举千里，羽翼以就，横绝四海④。横绝四海，又可奈何！虽有矰缴⑤，尚安所施！"歌数阕⑥，戚夫人虚欷流涕。上起去，罢酒。竟不易太子者，良本招此四人之力也。

注释

① 翼：比喻左右辅佐。

② 乃主：你的主。乃，你。

③ 若：你。

④ 横绝：横超。

⑤ 矰缴 zēngzhuó：泛指射击工具。矰，一种射鸟之箭。缴，系于箭尾的丝绳。

⑥ 阕 què：乐曲终了，称“阕”。唱了几遍，称“歌数阕”。

译文

四人祝寿结束，快步离开。皇上盯着他们，叫来戚夫人指着对她说：“我想换太子，但现在有这四人辅佐他，翅膀已经硬了，难以动摇了。吕氏真要成为你的主子了。”戚夫人哭泣，皇上说：“给我跳楚舞，我唱楚歌给你听。”唱道：“鸿鹄高飞，一冲千里。羽翼已成，横渡四海。横渡四海，又能怎样！便有弓箭，又有何用！”唱了几首，戚夫人呜咽哭泣。皇上起来离开，酒宴结束。最终没有更换掉太子，这是张良建议找来这四人的功劳。

良从上击代①，出奇计下马邑②，及立萧相国③，所与从容言天下事甚众，非天下所以存亡，故不著④。良乃称曰：“家世相韩，及韩灭，不爱万金之资，为韩报仇强秦，天下震动。今以三寸舌为帝者师，封万户，位列侯，此布衣之极，于良足矣。愿弃人间事，欲从赤松子游耳⑤。”乃学道⑥，欲轻举⑦。高帝崩，吕后德良，乃强食之，曰：“人生一世间，如白驹之过隙，何自苦如此！”良不得已，强听食。后六岁薨[⑧]，谥曰文成侯。

注释

① 击代：指汉高帝十年秋讨伐自称代王而叛汉的陈豨。

② 马邑：县名。今山西朔州。出奇计：可能是出了以金收买陈豨部将之计。

③ 立萧相国：以萧何为相国，是张良的主张。

④ 著：记述。

⑤ 赤松子：相传为古代仙人之号。

⑥ 道：谓仙道，即辟谷、导引之术。

⑦ 轻举：升化之意。

⑧ 后六岁：《史记》作“后八年”。汉高帝死于十二年（前195）。张良死于高后二年（前186），当作“后九年”。据《功臣侯表》，张良以高帝六年（前201）正月受封，十六年薨，其死当在高后二年。

译文

张良跟随皇上攻打代，出奇计攻下马邑，劝皇上立萧何为相国，和皇上很自然地谈论天下很多事，不是讲天下为什么兴亡的，因此没有记录。张良说：“家中世代做韩相，等到韩亡，不惜万金财产，替韩向强秦报仇，震惊天下。现在凭三寸舌头做皇上的军师，封邑万户，位居列侯，这是平民最大的荣誉，对我已经足够了。想放弃人间的事情，跟赤松子去云游。”于是学习道家的学说，想修炼成仙。高帝去世，吕后认为张良是有德之人，便强迫他进食，说：“人生一世，像白驹过隙，为何使自己这样受苦！”张良没有办法，勉强进食。六年以后张良去世。谥号文成侯。

良始听见下邳圯上老父与书者，后十三岁从高帝过济北，果得穀城山下黄石，取而宝祠之①。及良死，并葬黄石②。每上冢伏腊祠黄石③。

注释

① 宝祠：珍重地祭祀。

② 并葬黄石：谓将黄石并葬于张良冢。

③ 伏腊：两种祭祀之名，夏季伏天之祭曰“伏”，冬季腊月之祭曰“腊”。

译文

起初张良是在下邳桥上见到给他书的老人，十三年后他跟随高帝途经济北之时，果然在穀城山下找到了黄石，拿回去郑重祭拜。到张良死后，和黄石一起葬了。每次上坟和伏腊时都拜祭黄石。

子不疑嗣侯。孝文三年坐不敬①，国除。

注释

① 孝文三年坐不敬：《功臣侯表》作“孝文五年坐与门大夫谋杀故楚内史，赎为城旦”。《史表》略同。

译文

张良的儿子张不疑继承了侯位。孝文三年因为大不敬之罪，被废除了爵位。

东方朔传

东方朔字曼倩，平原厌次人也[①]。武帝初即位，征天下举方正贤良文学材力之士，待以不次之位[②]，四方士多上书言得失，自衒鬻者以千数[③]，其不足采者辄报闻罢[④]。朔初来，上书曰："臣朔少失父母，长养兄嫂。年十三学书，三冬文史足用[⑤]。十五学击剑。十六学《诗》、《书》，诵二十二万言[⑥]。十九学孙吴兵法，战阵之具，钲鼓之教[⑦]，亦诵二十二万言。凡臣朔固已诵四十四万言。又常服子路之言[⑧]，臣朔年二十二，长九尺三寸，目若悬珠，齿若编贝，勇若孟贲[⑨]，捷若庆忌[⑩]，廉若鲍叔[⑪]，信若尾生[⑫]。若此，可以为天子大臣矣。臣朔昧死再拜以闻。"

注释

① 平原：郡名。平原（治所在今山东平原南）。厌次：县名。在今山东惠民县东北。

② 待以不次之位：谓越级提拔。不次，指不拘于常规。

③ 自衒鬻：指卖弄炫耀自己的才能。

④ 报闻：上报天子。

⑤ 三冬：谓三年。

⑥ 言：一字为一"言"。

⑦ 钲鼓之教：言指挥军队进退的教令。

⑧ 子路：姓仲名由，一字季路，孔子弟子。

⑨孟贲：战国时著名的勇士。

⑩庆忌：春秋时吴王僚之子。传说庆忌非常敏捷，箭射不中，马追不及。

⑪鲍叔：鲍叔牙，春秋时齐大夫，管仲之至交，与管仲分财，自取其少。

⑫尾生：传说为古代最讲信用的人。他与女子约会于桥下，待之不至，遇水而死。

译文

东方朔，字曼倩，是平原郡厌次县人。汉武帝即位不久，便昭告天下推举方正、贤良、文学等有才能的士人，通过破格提拔的方式任用他们，全国各地的士人纷纷上书议论国家政事的得失，那些炫耀卖弄才能的人数以千计，其中不值得录用的就被告知：皇上已经看到了你们的上书，可以回家了。东方朔刚到长安的时候，便上书汉武帝说："臣东方朔小时候就失去了父母，由哥哥嫂子抚养成人，十三岁开始读书习字，三年学会掌握了各种字体的写法。十五岁学击剑。十六岁学《诗经》《尚书》，背诵了二十二万字。十九岁学习孙子、吴起兵法，有关作战阵形的布置、作战时军队进退的把握等内容，也背诵了二十二万字。我总共背诵了四十四万字。还经常记诵子路的言论。我今年二十二岁，身高九尺三寸，眼睛像挂起来的珍珠那样明亮，牙齿如同编起来的贝壳那样整齐洁白，像孟贲一样勇猛，像庆忌一样敏捷，像鲍叔一样廉洁，像尾生一样守信。像这样的人，可以做皇上的大臣了，臣东方朔冒死再拜向陛下上奏。"

朔文辞不逊，高自称誉，上伟之[①]，令待诏公车[②]，奉禄薄[③]，未得省见[④]。

注释

①伟之：以为大奇（颜师古说）。

②公车：汉代官署名。设公车令，掌管宫殿中司马门的警卫工作，并负责接待上书的臣民。

③奉：同“俸”。

④未得省见：未得天子召见。

译文

东方朔上书的文辞不谦逊，美化抬高自己，汉武帝却认为他是个奇人，命令他在公车署待命，但俸禄微薄，一直没有得到汉武帝的召见。

久之，朔绐驺朱儒[①]，曰：“上以若曹无益于县官[②]，耕田力作固不及人，临众处官不能治民，从军击虏不任兵事，无益于国用，徒索衣食[③]，今欲尽杀若曹。”朱儒大恐，啼泣。朔教曰：“上即过，叩头请罪。”居有顷，闻上过，朱儒皆号泣顿首。上问：“何为？”对曰：“东方朔言上欲尽诛臣等。”上知朔多端[④]，召问朔：“何恐朱儒为？”对曰：“臣朔生亦言，死亦言。朱儒长三尺余，奉一囊粟，钱二百四十。臣朔长九尺余，亦奉一囊粟，钱二百四十[⑤]。朱儒饱欲死，臣朔饥欲死。臣言可用，幸异其礼；不可用，罢之，无令但索长安米。”上大笑，因使待诏金马门[⑥]，稍得亲近。

注释

① 绐 dài：欺骗。驺：主驾车马之吏。朱儒：矮子。

② 若曹：你们。县官：汉代对天子的称呼。

③ 索：耗费。

④ 多端：点子多。

⑤ 钱二百四十：为待诏一日之俸，每月俸钱为七千二百（陈直说）。

⑥ 金马门：指未央官门，因旁有铜马，故名“金马门”。

译文

很久之后，东方朔欺骗看管御马圈的侏儒们，说：“皇上认为你们这些人对朝廷毫无用处，耕田劳作还不如平民，做官也不能治理民事，参军杀敌不能胜任作战之事，对国家没有丝毫用处，只会白白地耗费衣食，现在皇上准备把你们全都杀了。”侏儒们听后非常害怕，便哭哭啼啼起来。东方朔告诉他们说：“皇上将会经过这里，你们都要叩头请罪。”过了不久，听说皇上路过这里，侏儒们都哭着跪在地上磕头。皇上问：“你们这是做什么？”侏儒们回答说：“东方朔说皇上要把我们全都杀掉。”皇上知道东方朔鬼主意多，就召见东方朔，责问他：“你为什么恐吓那些侏儒呢？”东方朔回答说："臣东方朔活着也要说，死了也要说。侏儒身高三尺多，俸禄是一袋粟，二百四十钱。臣东方朔九尺多高，俸禄也是一袋粟，二百四十钱。侏儒饱得要死，臣东方朔却饿得要死。如果我的言论可以采纳，希望可以提高我的待遇；如果不能采纳，干脆让我回家吧，就别让我白吃长安的米了。"武帝听后大笑，因此就让东方朔在金马门待诏，他逐渐得到了汉武帝的亲近。

上尝使诸数家射覆[①]，置守宫盂下[②]，射之，皆不能中。朔自赞曰："臣尝受《易》，请射之。"乃别蓍布卦而对曰[③]："臣以为龙又无角，谓之为蛇又有足，跂跂脉脉善缘壁[④]，是非守宫即蜥蜴。"上曰："善。"赐帛十匹。复使射他物，连中，辄赐帛。

注释

① 数家：数术家。射覆：猜测覆盖之物，古代一种近于占卜的游戏。
② 守宫：壁虎。
③ 别：分开。
④ 跂跂：虫爬行的样子。脉 mò 脉：凝视的样子。

译文

武帝曾经让一些擅长占卜的术士射覆，把壁虎扣在盆子下边，让他们猜测是什么东西，这些术士都没能猜中。东方朔自我介绍说："臣曾学过《易经》，请让我猜一下这是什么。"于是他用蓍草排列出卦象进行占算，然后回答说："我认为是龙却又没有角，说它是蛇却又有足，跂跂而行脉脉而视，善于爬墙，这个东西不是壁虎就是蜥蜴。"皇上说："猜得对。"赐给他十四帛。又让他猜别的东西，东方朔连续猜对了。每次猜中，武帝都赏赐给他帛。

时有幸倡郭舍人[①]，滑稽不穷，常侍左右，曰："朔狂，幸中耳，非至数也[②]。臣愿令朔复射，朔中之，臣榜百[③]，不能中，臣赐帛。"乃覆树上寄生[④]，令朔射之。朔曰："是寠薮也[⑤]。"舍人曰："果知朔不能中也。"朔曰："生肉为脍，干肉为脯；著树为寄生，盆下为寠数。"上令倡监榜舍人[⑥]，舍人不胜痛，呼謈[⑦]。朔笑之曰："咄[⑧]！口无毛[⑨]，声謷謷[⑩]，尻益高[⑪]。"舍人恚曰："朔擅诋欺天子从官，当弃市。"上问朔："何故诋之？"对曰："臣非敢诋之，乃与为隐耳[⑫]。"上曰："隐云何？"朔曰："夫口无毛者，狗窦也[⑬]；声謷謷者，鸟哺鷇也[⑭]；尻益高者，鹤俛啄也。"舍人不服，因曰："臣愿复问朔隐语，不知，亦当榜。"即妄为谐语曰[⑮]："令壶龃，老柏涂，伊优亚，狋吽牙[⑯]。何谓也？"朔曰："令者，命也。壶者，所以盛也[⑰]。龃者，齿不正也。老者，人所敬也。柏者[⑱]，鬼之廷也。涂者，渐洳径也[⑲]。伊优亚者，辞未定也。狋吽牙音，两犬争也。"舍人所问，朔应声辄对，变诈锋出，莫能穷者，左右大惊。上以朔为常侍郎[20]，遂得爱幸。

注释

①幸倡：得到皇帝宠幸的倡优。倡，表演歌舞的人。

②至：实在。

③榜：鞭打。

④寄生：寄生于他物的生物。

⑤窭薮：放在头上用以顶物的环形草垫。

⑥倡监：谓黄门倡监，当属于黄门令（陈直说）。

⑦暑 bào：因痛而呼叫。

⑧咄 duō：呵叱声。

⑨口无毛：谓后窍（杨树达说）。

⑩謷 āo 謷：嘈杂声。

⑪尻 kāo：臀部。

⑫隐：谓隐语，即谜语。

⑬狗窦：狗洞。有说当作“狗穴窦”（刘攽说）。

⑭彀：待母哺食的雏鸟。

⑮谐语：和韵之语。

⑯狋 yí：又读 yín。犬争斗声。吽 ōu：犬争斗声。

⑰盛 chéng：装东西。

⑱柏：指坟墓间的柏树，鬼魂因幽暗藏身，故云鬼之廷。

⑲渐洳 rú：浸湿。

⑳常侍郎：官名。侍从皇帝之官。

译文

当时宫里有个受宠幸的倡优叫郭舍人，非常能言善道，经常在武帝身边侍从。他说："东方朔太狂妄了，不过是侥幸猜中罢了，并没有真正地掌握术数。我希望让东方朔再猜，他若猜中了，就打我一百鞭；猜不中，就赐给我帛。"便把树上长的寄生菌盖在盆子下面，让东方朔猜是什么东西，东方朔说："是窭薮。"郭舍人说："果真知道东方朔不可能猜中。"东方朔说："生肉叫脍，干肉叫脯，附在树上叫寄生，盖在盆子下面就叫窭薮。"皇上命令倡监鞭打郭舍人，郭舍人疼痛难忍，大声号叫。东方朔讥笑他说："咄，嘴上没毛，叫声嗷嗷，屁股越来越高。"郭舍人愤怒地说："东方朔竟敢随便诋毁欺侮天子的侍从官，应该判处他弃市的死罪。"皇上责问东方朔说："你为什么诋毁侮辱他？"东方朔回答说："我不敢诋毁他，只是跟他说个谜语罢了。"皇上问："说的是什么谜语？"东方朔说："嘴上没毛，是狗洞；叫声嗷嗷，是母鸟给雏鸟喂食时的叫声；屁股越来越高，是鹤低头啄食的样子。"郭舍人不服气，就说："我希望也问东方朔一个谜语，如果他不知道，也应该用鞭子打他。"郭舍人立即胡乱编了个谐音谜语说："令壶龃，老柏涂，伊优亚，狋吽牙。说的是什么？"东方朔说："令，就是命令。壶，是用来盛放东西的。龃，是牙齿长得不正。老，是人人尊敬的老人。柏，是鬼的廷府。涂，是浸湿的路。伊优亚，是言语含糊不清。狋吽牙，是两条狗打架。"郭舍人所问的谜语，东方朔应声对答如流，变化奇巧机锋迭出，没有哪个谜语可以难得倒他，在场的人都感到非常惊奇。于是皇上任命东方朔为常侍郎，得到了武帝的宠幸。

久之，伏日[①]，诏赐从官肉。大官丞日晏不来[②]，朔独拔剑割肉，谓其同官曰："伏日当早归，请受赐。"既怀肉去。大官奏之[③]。朔入，上曰："昨赐肉，不待诏，以剑割肉而去之，何也？"朔免冠谢。上曰："先生起自责也。"朔再拜曰："朔来！朔来！受赐不待诏，何无礼也！拔剑割肉，壹何壮也！割之不多，又何廉也！归遗细君[④]，又何仁也！"上笑曰："使先生自责，乃反自誉！"复赐酒一石，肉百斤，归遗细君。

注释

① 伏日：三伏天，即盛暑之时。
② 大官丞：少府的属官。大，即"太"字。晏：晚。
③ 之：衍字（刘攽、王念孙等说）。
④ 遗：送。细君：东方朔妻子之名。

译文

很久之后，在一个三伏天的时候，武帝下令赏肉给侍从官员。天很晚了，太官丞还不来分肉，东方朔就自己拔剑割肉，并对同僚们说："三伏天应该早点回家，请允许我接受皇上的赏赐。"随即把肉包好揣在怀里离开了。太官丞将这件事上奏了皇上。东方朔入宫，武帝说："昨天赐肉，你不等诏令，就自己用剑割肉走了，这是为什么啊？"东方朔摘下帽子下跪谢罪。皇上说："先生站起来自己责备自己吧。"东方朔再拜说："东方朔呀！东方朔呀！接受赏赐不等诏令，多么无礼呀！拔剑割肉，多么豪壮呀！割肉不多，又是多么廉洁呀！回家把肉送给妻子吃，又是多么仁爱呀！"皇上笑着说："让先生自责，你反而赞美起自己了！"武帝又赐给他一石酒、一百斤肉，让他回家送给妻子。

初，建元三年①，微行始出②，北至池阳③，西至黄山④，南猎长杨⑤，东游宜春⑥。微行常用饮酎已⑦。八九月中，与侍中常侍武骑及待诏陇西北地良家子能骑射者期诸殿门⑧，故有"期门"之号自此始⑨。微行以夜漏下十刻乃出，常称平阳侯⑩。旦明，入山下驰射鹿豕狐兔，手格熊罴，驰骛禾稼稻粳之地。民皆号呼骂詈，相聚会，自言鄠杜令⑪，令往，欲谒平阳侯，诸骑欲击鞭之。令大怒，使吏呵止，猎者数骑见留，乃示以乘舆物⑫，久之乃得去。时夜出夕还，后赍五日粮，会朝长信宫⑬，上大欢乐之。是后，南山下乃知微行数出也⑭，然尚迫于太后，未敢远出⑮。丞相御史知指⑯，乃使右辅都尉徼循长杨以东⑰，右内史发小民共待会所⑱。后乃私置更衣⑲，从宣曲以南十二所⑳，中休更衣㉑，投宿诸宫，长杨、五柞、倍阳、宣曲尤幸㉒。于是上以为道远劳苦，又为百姓所患，乃使太中大夫吾丘寿王与待诏能用算者二人，举籍阿城以南[23]，盩厔以东[24]，宜春以西，提封顷亩[25]，及其贾直，欲除以为上林苑，属之南山[26]。又诏中尉、左右内史表属县草田[27]，欲以偿鄠杜之民。吾丘寿王奏事，上大说称善。时朔在傍，进谏曰[28]：

注释

①建元三年：公元前138年。

②微行：此上脱一“上”字（王念孙说）。微行，指便装秘密出行。

③池阳：汉宫名。在今陕西泾阳县西北。

④黄山：汉宫名。在今陕西兴平县南。

⑤长杨：汉宫名。在今陕西周至县境。

⑥宜春：汉宫名。在今陕西西安市东南。

⑦用饮酎已：在酎祭完毕之时。

⑧武骑：武骑常侍之简称。陇西、北地：皆郡名。

⑨期门：汉武帝以陇西、天水等郡“良家子”组成。武帝微行，执兵器护卫，“期诸殿门”，故名。属光禄勋，平帝时改称虎贲郎。

⑩常称平阳侯：平阳侯曹寿尚帝姊，时见尊宠，故称之（如淳说）。

⑪鄠hù：县名。在今陕西户县北。杜：县名。在今陕西西安市东南。

⑫乘舆物：汉官服用器具。大部分器具上刻有乘舆或官名字样（陈直说）。

⑬长信宫：太后所居之宫。天子五日一朝长信宫。

⑭南山：终南山，横亘于关中的南面。

⑮迫于太后，未敢远出：自建元六年（前135）太后崩后，武帝常四出远游。

⑯指：同“旨”，谓天子之意。

⑰右辅都尉：指中尉（太初元年更名为执金吾）所属之左右京辅都尉（吴询说）。徼循：巡逻。

⑱右内史：官名，秦始皇置内史，掌治京畿地方。汉景帝时分左右内史。太初元年改右内史为京兆尹。

⑲更衣：指休息更衣之处。

⑳宣曲：汉宫名。在昆明池西，在今陕西长安县西南。十二所：十二个休息处。

㉑中休：午休。

㉒五柞：汉宫名。在今陕西周至县。倍阳：即萯阳，汉宫名。在今陕西户县西南。

㉓举籍：为簿籍。阿城：秦阿房宫之别名。在今陕西长安县西。

㉔盩厔 zhōuzhì：县名。今陕西周至县。

㉕提封：总计。

㉖属：连。

㉗草田：未耕垦的荒田。

㉘进谏曰：下文是《谏除上林苑》。

译文

当初，在建元三年（前138）的时候，汉武帝开始微服出行，北至池阳宫，西至黄山宫，南到长杨宫，东游宜春宫。微服出行常常在每年新酒酿成宗庙酎祭完毕的时候。八九月间，皇上与随从的侍中、常侍、武骑，以及待诏陇西郡、北地郡能骑善射的良家子弟约在殿门等候，因此从这时开始有了“期门”的称号。武帝微服出行都在夜漏下了十刻才出发，常常假称是平阳侯曹寿。次日天明，到达终南山下，或追射鹿猪狐兔，或徒手搏击熊罴，奔驰在庄稼地里，农民们都大声呼喊叫骂，相聚在一起，向鄠县、杜县县令告状。县令前往射猎的地方，要求谒见平阳侯，那些骑马的侍从想要鞭打县令。县令大怒，派属吏呵斥制止，射猎的几个骑手被扣留，他们便拿出皇帝的御用物品，纠缠了很久才得以离去。开始的时候，皇帝深夜出宫，次日傍晚返回，后来就带上五天的食品，到第五天该回长信宫谒见太后时才返回。武帝对于这种微服出游的射猎感到十分快乐。此后，终南山下的老百姓才知道是皇上经常微服出来射猎，但武帝还有些迫于太后的压力，不敢远行。丞相御史知道皇上的心意，就派右辅都尉在长杨宫以东巡逻，又命令右内史征发平民到皇帝射猎的地方听候调用。后来又私下为皇帝设置了更衣处，还配置了宫人，在宣曲宫以南设置了十二所更衣处，供皇帝白天休息更衣，夜晚则去各行宫住宿，武帝多临幸长杨、五柞、倍阳、宣曲等宫。汉武帝认为这样路远劳苦，又被百姓厌恨，于是派太中大夫吾丘寿王和两个懂算术的待诏官员，将阿房宫以南、盩厔以东、宜春宫以西地区，总计其中的农田亩数，及农田折合价值的多少，编为簿册，打算在这里建上林苑，使它和终南山相接。武帝又诏令中尉、左右内史标划出属县的荒地，想以此抵偿给鄠、杜二县的农民。吾丘寿王向皇上奏报了所做的事，皇上大喜，称赞他做得好。当时东方朔在旁边，向皇上进谏说：

臣闻谦逊静悫[①]，天表之应，应之以福；骄溢靡丽，天表之应，应之以异。今陛下累郎台[②]，恐其不高也；弋猎之处，恐其不广也。如天不为变，则三辅之地尽可以为苑[③]，何必盩厔、鄠、杜乎！奢侈越制，天为之变，上林虽小，臣尚以为大也。

注释

① 悫 què：诚笃；忠厚。

② 郎：同“廊”。

③ 三辅之地：此指中尉及左右内史所管辖的区域。

译文

臣听说，为人谦逊恬静忠厚，天就会显现征兆，用福泽来报答他；为人骄纵奢侈，天也显现征兆，用灾祸来报复他。现在陛下修建台室廊屋，唯恐它不高；射猎的地方，唯恐它不广。如果天不降灾祸，那么三辅地区都可以作为陛下的苑囿，何必局限于盩厔、鄠、杜等地呢？奢侈超越了礼制，上天为此而降灾，上林苑即便小，臣还是认为它太大了。

夫南山，天下之阻也，南有江淮，北有河渭，其地从汧陇以东[1]，商洛以西[2]，厥壤肥饶。汉兴，去三河之地[3]，止霸产以西[4]，都泾渭之南[5]，此所谓天下陆海之地[6]，秦之所以虏西戎兼山东者也。其山出玉石，金、银、铜、铁，豫章、檀、柘[7]，异类之物，不可胜原[8]，此百工所取给，万民所卬足也。又有粳稻梨栗桑麻竹箭之饶，土宜姜芋，水多蛙鱼，贫者得以人给家足，无饥寒之忧。故酆镐之间号为土膏[9]，其贾亩一金。今规以为苑，绝陂池水泽之利，而取民膏腴之地，上乏国家之用，下夺农桑之业，弃成功，就败事，损耗五谷，是其不可一也。且盛荆棘之林，而长养麋鹿，广狐兔之苑，大虎狼之虚，又坏人冢墓，发人室庐，令幼弱怀土而思，耆老泣涕而悲，是其不可二也。斥而营之[10]，垣而囿之，骑驰东西，车骛南北[11]，又有深沟大渠，夫一日之乐不足以危无堤之舆[12]，是其不可三也。故务苑囿之大，不恤农时，非所以强国富人也。

注释

①汧、陇：汧水，陇山。

②商洛：商、上洛二县。在今陕西商县。

③去三河之地：谓去洛阳而不都。

④霸、产：二水名。即灞河与浐河，皆在长安东。

⑤泾、渭：二水名。关中两大河流。

⑥陆海：言关中平原物产丰富，故谓之“陆海”。

⑦豫章：木名。即樟木。檀、柘：皆珍贵之木材。

⑧不可胜原：不可胜计。原，计。

⑨ 鄠：古地名。在今陕西户县东。镐：古都名。在今陕西西安市西南。

⑩ 斥而营之：谓量度而经营之。

⑪ 骛：乱骑曰“骛”。

⑫ 一日之乐：谓畋猎。无堤之舆：言车舆驰骋无限制。

译文

终南山这个地方，是天下险要之地，南边有长江、淮河，北边有黄河、渭水。这个地方从汧水、陇山以东，到商、洛二县以西，土地肥沃，物产富饶。汉朝建立时，离开三河郡，留居在灞水、浐水以西，定都于泾水、渭水南面的长安，这一带是被称为天下山川形胜物产丰饶的“陆海之地”，秦国之所以能够战胜西戎吞并山东六国，就是因为据有这块宝地。这里的山出产玉石、金、银、铜、铁等矿产，还出产豫章、檀香、柘树等珍贵木材，奇异的物产，不可穷尽它的本原，这里有工匠取之不尽的原料，是万民赖以富足的宝地。又有粳稻、梨、栗、桑、麻、竹箭的丰饶，土壤适宜种姜和芋头，水中盛产蛙、鱼。贫穷的人靠这些丰衣足食，没有饥寒之忧。所以丰、镐之间号称沃土膏壤，这里的地价每亩值一斤黄金。现在如果把它划为苑囿，断绝陂池水泽之利，并占取农民肥沃的土地，上使国家的财用匮乏，下夺百姓赖以生存的农桑之业。离弃成功，趋就失败，减损粮食收入，这是不可修建上林苑的第一个原因。况且，使荆棘丛林茂密繁盛，而生长养育麋鹿，拓宽狐兔栖身的园地，扩大虎狼出没的丘墟，又毁坏人家的坟茔墓地，拆除人家的居室屋庐，使幼弱的人怀土思乡，年老的人涕泣悲哀，这是不可修建上林苑的第二个原因。拓地营建，筑墙为苑，骑马驰骋于东西，驾车驱奔于南北，又有深沟大渠，尽一日田猎之乐自然不会危及天子无限的富贵，这是不可建上林苑的第三个原因。因此，一味追求苑囿广大，不体恤农时，不是强国富民的办法。

夫殷作九市之宫而诸侯畔[①]，灵王起章华之台而楚民散[②]，秦兴阿房之殿而天下乱[③]。粪土愚臣[④]，忘生触死[⑤]，逆盛意，犯隆指，罪当万死，不胜大愿，愿陈《泰阶六符》[⑥]，以观天变，不可不省。

注释

①殷作九市之宫：传说商纣王在宫中设九市。

②灵王起章华之台：楚灵王作章华台，纳亡人实之，终于发生乾溪之祸。章华台故址在今湖北潜江市一带。

③阿房之殿：即阿房宫。

④粪土：臣对君自卑之称。

⑤忘生触死：言忘其身而触死罪。

⑥《泰阶六符》：《艺文志》天文家有《泰阶六符》一卷，注引李奇曰："三台谓之泰阶，两两成体，三台故六。观色以知吉凶，故曰'符'。"周寿昌疑朔即陈此书。

译文

殷纣王修筑九市之宫，因此诸侯反叛；楚灵王修建章华台，楚民因此离散；秦始皇兴建阿房宫，因而天下大乱。臣像粪土一样的愚昧，冒着生命危险宁愿触犯死刑，违逆皇上的盛意隆旨，罪该万死，不能不了却报答皇上这一最大的心愿，希望陈奏《泰阶六符经》，以此来观察天象的变异，这不可不明察。

是日因奏《泰阶》之事，上乃拜朔为太中大夫、给事中，赐黄金百斤。然遂起上林苑[①]，如寿王所奏云。

注释

①遂：竟。

译文

当日东方朔因为上奏《泰阶六符经》这件事，被汉武帝封为太中大夫、给事中，赏赐黄金一百斤。但武帝仍然按吾丘寿王所上奏的计划，修建了上林苑。

久之，隆虑公主子昭平君尚帝女夷安公主[①]，隆虑主病困，以金千斤钱千万为昭平君豫赎死罪，上许之。隆虑主卒，昭平君日骄，醉杀主傅[②]，狱系内官[③]。以公主子，廷尉上请请论[④]，左右人人为言：

“前又入赎，陛下许之。”上曰：“吾弟老有是一子[5]，死以属我。”于是为之垂涕叹息，良久曰：“法令者，先帝所造也，用弟故而诬先帝之法，吾何面目入高庙乎！又下负万民。”乃可其奏，哀不能自止，左右尽悲。朔前上寿：曰：“臣闻圣王为政，赏不避仇雠，诛不择骨肉。《书》曰：‘不偏不党，王道荡荡[6]。’此二者，五帝所重，三王所难也。陛下行之，是以四海之内元元之民各得其所，天下幸甚！臣朔奉觞[7]，昧死再拜上万岁寿。”上乃起，入省中[8]，夕时召让朔[9]，曰：“传曰‘时然后言，人不厌其言[10]。’今先生上寿，时乎[11]？”朔免冠顿首曰：“臣闻乐太甚则阳溢，哀太甚则阴损，阴阳变则心气动，心气动则精神散，精神散而邪气及。销忧者莫若酒，臣朔所以上寿者，明陛下正而不阿[12]，因以止哀也。愚不知忌讳，当死。”先是，朔尝醉入殿中，小遗殿上[13]，劾不敬。有诏免为庶人，待诏宦者署，因此对复为中郎，赐帛百匹。

注释

①隆虑公主：景帝之女，武帝之妹。

②主傅：指隆虑公主的傅姆（保姆）。

③内官：官署名。

④请论：申请判定其罪。

⑤弟：谓妹。《景十三王传》以隆虑公主为武帝姊。

⑥“不偏不党”二句：见《尚书·周书·洪范》。荡荡，平坦貌。

⑦奉觞：敬酒。觞，古代盛酒器。

⑧省中：即宫中。

⑨夕：宋祁曰：当作“少”。让：责也。

⑩传：指古籍，这里指《论语》。引文见《论语·宪问》。谓应说话时才说话，别人不厌恶其言。

⑪时：指适时，合适。

⑫阿：本意阿其所好。这里谓喜受阿谀。

⑬小遗：小便。

译文

过了很久，隆虑公主的儿子昭平君娶了汉武帝的女儿夷安公主。隆虑公主病危时，拿黄金千斤、钱一千万替儿子昭平君预先赎免死罪，武帝答应了她的要求。隆虑公主死后，昭平君日益骄横跋扈，有一次喝醉酒时杀死了夷安公主的保姆，被捕入狱，囚禁在内官。因为他是隆虑公主的儿子，廷尉向皇上请示，请求给昭平君定罪，大臣们纷纷为昭平君说情：“以前隆虑公主拿重金为他预先赎过死罪，陛下答应过这件事。”武帝说：“我妹妹老年才生了这么个儿子，临死把他托付给我。”于是武帝为昭平君的事流泪叹息，过了好久，才说：“法令，是先帝制定的，如果是因为同情妹妹而违背先帝的法令，我还有什么脸面进高帝的宗庙呢！再说这样也对不起百姓。”于是批准了廷尉给昭平君定罪的奏请，武帝哀痛不止，左右的人都非常悲伤。东方朔却上前给武帝祝寿说：“臣听说圣明的君王执政，赏赐不避仇人，诛罚也不论是不是亲骨肉。《尚书》上说：‘不要袒护不要偏私，王道坦荡无碍无阻’，这两者为五帝所推崇，连三王也难以做到。陛下做到了，因此四海之内广大人民各得其所，天下大幸！臣东方朔举杯敬酒，冒死再拜，祝皇上万岁。”武帝竟然起身，回后宫去了，傍晚时召见东方朔，责备他说：“古书上说‘该说的时候才说，别人才不厌烦他的话。’今天先生给我祝寿，是时候吗？”东方朔脱去帽子叩头说：“臣听说快乐过分就会阳气过盛，悲伤过度就会阴气亏损，阴阳变异就会心气躁动，心气躁动就会精神散乱，精神散乱就会使邪气乘虚而入。消忧解愁没有什么能比得上酒，臣东方朔之所以给陛下祝寿，是显明陛下刚正不阿，因此才用酒为陛下止哀啊。臣愚昧不知忌讳，该死。”在此之前，东方朔曾因喝醉了酒进入殿中，在殿上小便，被弹劾犯下大不敬之罪，武帝下诏把他贬为平民，在宦者署待诏，因为这次与皇上的对话，又被任命为中郎，赐帛一百匹。

初，帝姑馆陶公主号窦太主[①]，堂邑侯陈午尚之。午死，主寡居，年五十余矣，近幸董偃。始偃与母以卖珠为事，偃年十三，随母出入主家。左右言其姣好[②]，主召见，曰：“吾为母养之。”因留第中，教书计相马御射[③]，颇读传记。至年十八而冠，出则执辔，入则侍内。为人温柔爱人，以主故，诸公接之，名称城中，号曰董君，主因推令散财交士，令中府曰[④]：“董君所发，一日金满百斤，钱满百万，帛满千匹，乃白之[⑤]。”安陵爰叔者[⑥]，爰盎兄子也；与偃善，谓偃曰：“足下私侍汉主，挟不测之罪，将欲安处乎[⑦]？”偃惧曰：“忧之久矣，不知所以[⑧]。”爰叔曰：“顾城庙远无宿宫[⑨]，又有萩竹籍田[⑩]。足下何不白主献长门园[⑪]？此上所欲也。如是，上知计出于足下也，则安枕而卧，长无惨怛之忧[⑫]。久之不然，上且请之，于足下何如？”偃顿首曰：“敬奉教。”入言之主，主立奏书献之。上大说，更名窦太主园为长门宫。主大喜，使偃以黄金百斤为爰叔寿。

注释

①馆陶公主：文帝之女，窦太后所生，武帝之姑，故又称“窦太主”。

②姣：美丽。

③计：计算。

④中府：官名。掌公主金帛之藏。

⑤白：报告。

⑥爰叔：爰种之家。爰种乃爰盎（《汉书》有其传）之侄。

⑦将欲安处：意谓怎样使得将来自安。

⑧所以：言用何计。

⑨顾城庙：即顾成庙，文帝庙。

⑩萩竹籍田：意谓荻竹丛生难以尽除，籍田于礼又不可废，实无可建宿舍之处。萩，疑当作“荻”（吴恂说）。

⑪长门园：窦太主在长门之园。此园可以为宿馆之

处，故献之。长门在汉长安城东南。

⑫惨怛：忧伤愁痛。

译文

当初，汉武帝的姑母馆陶公主，号称窦太主，堂邑侯陈午娶她为妻。陈午死后，太主寡居，五十多岁了，却亲近、宠幸一个年轻人董偃。起先董偃和母亲以卖珠为生，董偃那时十三岁，经常跟随母亲出入窦太主家。窦太主的侍从都夸董偃长相俊美，窦太主召见董偃母子，对董偃母亲说："我替你抚养这孩子吧。"于是将他留在府中，教他写字、算术、相马、驾车、射箭等技巧，还让他读了些传记类的书。董偃到十八岁时行了冠礼，太主出门他驾车侍奉，太主回府他就在身边侍奉。董偃性情温柔爱护他人。因为窦太主宠爱他的缘故，很多王公贵族都接待他，名扬长安城，都称呼他为董君。窦太主趁机推荐他，让他散财结交士人，命令掌管府中金帛的中府官说："董君所支取的财物，每天黄金满一百斤，钱满一百万，帛够一千匹，才禀告我。"安陵县人袁叔，是袁盎哥哥的儿子，和董偃关系很好，对董偃说："你私下侍奉窦太主，暗藏无法预测的大祸，你想怎样求得自保呢？"董偃害怕地说："我已经为这事担忧很久了，不知道怎么解决。"袁叔说："顾成庙离长安很远并且没有供皇上居住的宿宫，那里有萩竹林，可供皇上游玩，又有皇帝的籍田，皇上要亲自巡行禾稼却没地方可以建宿宫，你为什么不禀告太主，把长门园献给皇上呢？这正是皇上想要的地方。这样一来，皇上知道主意是你出的，那你就可以高枕无忧，再也不用恐惧担心了。如果你不这样做，到时皇上自己要长门园，你该怎么办呢？”董偃拜谢说：“敬听你的教诲。”于是，董偃回府将这个主意禀告了太主，窦太主立即上书把长门园献给了武帝。皇上大喜，把窦太主的长门园改名为长门宫。太主也很高兴，让董偃送一百斤黄金给袁叔祝寿。

叔因是为董君画求见上之策，令主称疾不朝。上往临疾，问所欲，主辞谢曰：“妾幸蒙陛下厚恩，先帝遗德，奉朝请之礼，备臣妾之仪，列为公主，赏赐邑入[①]，隆天重地，死无以塞责[②]。一日卒有不胜洒扫之职，先狗马填沟壑，窃有所恨，不胜大愿，愿陛下时忘万事，养精游神，从中掖庭回舆，枉路临妾山林[③]，得献觞上寿，娱乐左右。如是而死，何恨之有！”上曰：“主何忧？幸得愈。恐群臣从官多，大为主费。”上还。有顷，主疾愈，起谒，上以钱千万从主饮。后数日，上临山林，主自执宰敝膝[④]，道入登阶就坐。坐未定，上曰：“愿谒主人翁。”主乃下殿，去簪珥[⑤]，徒跣顿首谢曰[⑥]：“妾无状[⑦]，负陛下，身当伏诛。陛下不致之法，顿首死罪。”有诏谢。主簪履起，之东箱自引董君。董君绿帻傅韝[⑧]，随主前，伏殿下。主乃赞[⑨]：“馆陶公主胞人臣偃昧死再拜谒。”因叩头谢，上为之起。有诏赐衣冠上[⑩]。偃起，走就衣冠。主自奉食进觞。当是时，董君见尊不名，称为“主人翁”，饮大欢乐。主乃请赐将军列侯从官金钱杂缯各有数。于是董君贵宠，天下莫不闻。郡国狗马蹴鞠剑客辐凑董氏[11]。常从游戏北宫，驰逐平乐[12]，观鸡鞠之会，角狗马之足[13]，上大欢乐之。于是上为窦太主置酒宣室，使谒者引内董君。

注释

①邑入：指食邑之租赋收入。

②塞：补也。

③山林：公主园中有山，谦不敢称第，故托山林（应劭说）。

④主自执宰敝膝：谓公主自为庖人（厨师）。宰，杀牲。敝膝，当作“蔽膝”，庖人之围裙。

⑤簪：插髻的首饰。珥：珠玉耳饰。

⑥徒跣：赤脚步行。

⑦无状：犹言无脸见人。

⑧绿帻 zé：绿色的包头巾。韝 gōu：袖套。劳作时用，以便做事。

⑨赞：言进传谒辞。

⑩上：上殿。

⑪蹴鞠：古代类似今之足球运动。

⑫平乐：观名，在上林苑中。或说在未央宫北。

⑬角狗马之足：谓狗马赛跑。角，比赛。足，谓跑。

译文

袁叔因此为董偃能得到皇上的召见谋划，让窦太主假称有病不能朝见皇上。武帝亲自到窦太主府中探视病情，问太主想要什么，太主辞谢说：“我很幸运地蒙受陛下的厚恩、先帝的遗德，能让我参加奉朝大典，行君臣之礼，身居公主的尊位，赏赐封地让我享有封地的收入，恩德天高地厚，我即使死也无法弥补自己的过错。假如有一天我猝然死去而不能再尽侍奉皇上的职事，私下里感到遗憾的是，不能了却我报答陛下的心愿，希望陛下有时也能忘掉朝政，调养精神，从中掖庭返回宫中时，多走几步路光临我的寒舍，使我有机会给陛下献酒祝寿，在您身边侍奉使您快乐。如果能这样，就是死了，也没有什么遗憾的！”皇上说：“太主不必忧愁，希望你早日康复。我担心随同的群臣、侍从太多了，让你太过于破费。”武帝说完返回宫去。不久，太主病体痊愈，上朝谒见皇上，皇上拿一千万钱置办酒宴与太主畅饮。过了几天，武帝驾临太主府上，太主穿上厨子的围裙，亲自引武帝进府，登上台阶请武帝在大厅就座，还没坐定，武帝就说：“希望见见这里的主人翁。”太主就急忙下殿，除下簪子耳环，光着脚磕头请罪说：“臣妾没有脸面见人了，辜负了陛下，犯下了死罪。陛下不加罪于我，我叩头请罪。”武帝下诏免去太主的罪。太主戴上簪子穿好鞋站起身，到东厢房里领董偃出来。董偃戴着下人包头用的绿巾，戴着套袖，随着太主走到殿前，俯伏于地。太主这才介绍说：“馆陶公主的厨子董偃冒死罪拜见皇上。”董偃趁机叩头请罪，皇上让他起来。下诏赐予衣帽让他上殿。董偃起身，忙着去换衣服就座，太主亲自给皇上敬酒献食。在这个时候，董偃虽受尊重但无称号，只是被称为“主人翁”，君臣开怀畅饮，欢乐异常。于是太主敬献了许多金、钱、杂色丝帛，请武帝赐给将军、列侯、侍从官员。从此董偃更加显贵尊宠，天下没有不知道他的。各郡国那些赛狗的、跑马的、踢球的、弄剑的，纷纷聚集到董偃的周围。董偃经常侍从武帝到北宫游戏，去上林苑平乐观射猎，观看斗鸡、踢球、赛狗、跑马等比赛，皇上非常喜欢这些游乐。于是皇上在宣室设酒宴招待窦太主，并派谒者引董偃入宫。

是时，朔陛戟殿下[①]，辟戟而前曰："董偃有斩罪三，安得入乎？"上曰："何谓也？"朔曰："偃以人臣私侍公主，其罪一也。败男女之化，而乱婚姻之礼，伤王制，其罪二也。陛下富于春秋，方积思于《六经》，留神于王事，驰骛于唐虞，折节于三代，偃不遵经劝学，反以靡丽为右[②]，奢侈为务，尽狗马之乐，极耳目之欲，行邪枉之道，径淫辟之路[③]，是乃国家之大贼[④]，人主之大蜮[⑤]。偃为淫首，其罪三也。昔伯姬燔而诸侯惮[⑥]，奈何乎陛下！"上默然不应，良久曰："吾业以设饮，后而自改。"朔曰："不可。夫宣室者，先帝之正处也，非法度之政不得入焉。故淫乱之渐，其变为篡，是以竖貂为淫而易牙作患[⑦]，庆父死而鲁国全[⑧]，管蔡诛而周室安[⑨]。"上曰："善。"有诏止，更置酒北宫，引董君从东司马门[⑩]。东司马门更名东交门。赐朔黄金三十斤。董君之宠由是日衰，至年三十而终。后数岁，窦太主卒，与董君会葬于霸陵[11]。是后，公主贵人多逾礼制[12]，自董偃始。

注释

①陛戟：持战列于阶前。

②右：谓尊，上。

③径：直行。

④贼：一种专食苗节的害虫。

⑤蜮 yù：一种食禾苗的害虫。相传它能含沙射人，比喻阴险小人。

⑥伯姬燔而诸侯惮：参考《春秋》及三传（襄公三十年）。伯姬，春秋时宋恭姬，宫中失火时，她守礼等待保姆，被烧死。惮，敬惮。

⑦竖貂、易牙：皆齐桓公之内臣。竖貂自割生殖器而为宦者，易牙烹其子以奉桓公。管仲以为二人诈伪，劝齐桓公去之。管仲死，桓公又召用二人。桓公病，二人作乱，封锁宫门，不给以饮食。桓公饿死于寿宫，尸体腐烂生虫，三月不葬。

⑧庆父：春秋时鲁桓公之子，庄公之弟。庄公死，庆父杀庄公之子闵公而欲作乱，不克，奔莒。其后僖公求之于莒，莒遣庆父返，缢之于密。于是僖公乃定其位。

⑨管蔡：管叔、蔡叔，皆周武王之弟。武王去世，成王年幼，周公旦摄政，二人不服，与武庚一起叛乱，被周公旦平定而诛逐，周才得安定。

⑩东司马门：其下当有“入”字（王念孙说）。

⑪霸陵：汉文帝陵。又县名，在今陕西西安市东北。

⑫公主贵人多逾礼制：例如，盖长公主近幸丁外人，阳石公主与太仆公孙敬声私通等皆是。

译文

这时，东方朔正持戟站在殿阶下，他放下戟走上前向武帝禀告："董偃犯有三条死罪，怎么能让他进宫呢？"皇上说："董偃犯有什么罪？"东方朔说："董偃作为皇上的臣民，私下里侍奉公主，这是第一条罪。败坏男女之间的风化，扰乱婚姻礼节，破坏朝廷制度，这是第二条罪。陛下尚且年轻，正当用心研学《六经》，留心国家政事，追随唐、虞盛世，敬仰夏、商、周三代贤君。董偃不遵从经典的教义劝勉陛下学习，反而崇尚靡丽，追求奢华，极尽狗马声色之欲，走邪恶淫逸之路，这个人是国家的大贼，迷惑帝王的阴险小人。董偃是邪恶淫逸的祸首，这是他的第三条罪。春秋时，宋恭姬遇上火灾，因恪守礼制等待保姆而被烧死，从而受到诸侯敬畏，陛下看怎么办呢？"武帝默然不语，许久才说："我已经设下了酒宴，以后再改正。"东方朔说："不行。宣室是先帝的正殿，不是商讨国家大政之事不能入内。因为淫乱一旦蔓延，将变成篡逆大祸，所以春秋时竖貂行为淫乱而勾结易牙作乱，庆父死了鲁国才得以保全，诛杀管叔、蔡叔西周王室方享安宁。"武帝说："好吧。"下诏停止在宣室设席，酒宴改设在北宫，引董偃从东司马门进宫。为此东司马门改名东交门。武帝赏赐东方朔黄金三十斤。董偃的尊宠从此日益衰落，到了三十岁就死去了。几年以后，窦太主也死了，与董偃合葬在霸陵。从此以后，公主贵人多有逾礼越制的行为，就是从董偃开始的。

时天下侈靡趋末[①]，百姓多离农亩。上从容问朔："吾欲化民，岂有道乎？"朔对曰："尧舜禹汤文武成康上古之事，经历数千载，尚难言也，臣不敢陈。愿近述孝文皇帝之时，当世耆老皆闻见之。贵为天子，富有四海，身衣弋绨[②]，足履革舄[③]，以韦带剑[④]，莞蒲为席[⑤]，兵木无刃[⑥]，衣缊无文[⑦]，集上书囊以为殿帷[⑧]；以道德为丽[⑨]，以仁义为准。于是天下望风成俗，昭然化之。今陛下城中为小，图起建章，左凤阙[⑩]，右神明[⑪]，号称千门万户；木土衣绮绣，狗马被缋罽[⑫]；宫人簪瑇瑁，垂珠玑；设戏车[⑬]，教驰逐，饰文采，丛珍怪；撞万石之钟，击雷霆之鼓，作俳优，舞郑女。上为淫侈如此，而欲使民独不奢侈失农[⑭]，事之难者也。陛下诚能用臣朔之计，推甲乙之帐燔之于四通之衢[⑮]，却走马示不复用[⑯]，则尧舜之隆宜可与比治矣。《易》曰：'正其本，万事理；失之豪厘，差以千里[⑰]。'愿陛下留意察之。"

注释

①末：指工商业。

②弋：黑色。绨：厚缯。

③革：生皮。舄 xì：鞋。

④韦带：以韦皮（熟牛皮）为带。

⑤莞 guān：俗名水葱、席子草。

⑥兵木无刃：兵器如木而无刃，意谓不注重兵器。

⑦衣缊无文：衣内为乱絮，外无文采。

⑧集：收集。上书囊：汉制，上书以青皮囊素裹封书，不中式不得。

⑨丽：美也。

⑩凤阙：阙名。在建章宫内，阙上有金凤。

⑪神明：台名。在建章宫内，祭神之处。

⑫缋罽 huìjì：有彩色图案的毛织品。缋，同“绘”。

⑬戏车：供表演杂技的车。

⑭失农：谓失农业。

⑮推：去之意。

⑯却：退也。走马：赛跑之马。

⑰“正其本”等句：今《易》无此文。

译文

当时天下崇尚奢华，人民争相从事工商业。百姓大多放弃农业生产。武帝闲谈时很随便地问东方朔：“我想教化百姓，是否有什么办法？”东方朔回答说：“尧、舜、禹、汤、文王、武王、成王、康王上古之事，几乎经历了数千年，难以说清楚，臣不敢陈述。我想就近说说孝文皇帝时的事，这是当今在世老人都知道的事情。文帝贵为天子，富有四海，但他却身穿黑色粗布衣服，脚穿生皮制成的鞋，用没有饰物的牛皮带挂着剑，铺着莞蒲编的草席，兵器像木制的那样没有利刃，穿着没有文采、用乱絮制成的衣服。收集装奏章的青布袋缝成宫殿帷幕。文帝以道德崇高为美，以仁义为准绳。于是天下人民都仰望他的风范，淳厚简朴蔚然成风，显明昭著地教化了天下民众。如今陛下嫌长安城内地方小，在城外筑起建章宫，左有凤阙观，右有神明台，号称千门万户；宫内土木铺裹着锦绣丝绸，狗马披着五彩毛毯；宫人头簪玳瑁，身佩珠玑；设置玩耍车，倡导驰逐游猎之乐，追求装饰的文采绚丽，聚积奇珍异物；撞响万石重的巨钟，敲击声如雷霆的大鼓，倡优作耍，郑女起舞。皇上像这样奢侈无度，却想让老百姓不奢侈，不弃农经商，这是难以做到的事。陛下果真能采纳臣东方朔的建议，撤下众多华丽的帷帐，在四通八达的大街上焚毁，放弃那些善于奔驰的良马表示再不骑用，那么，就只有尧舜的盛世才可以和陛下的治绩相媲美了。《易经》上说：'端正事物的本源，万事才有条理；开始差之毫厘，最后就会相差千里。'希望陛下能留心鉴察上述之事。”

朔虽诙笑[①]，然时观察颜色，直言切谏，上常用之。自公卿在位，朔皆敖弄，无所为屈。

注释

① 诙笑：谓嘲谑。

译文

东方朔虽然幽默诙谐，但他却时时观察皇帝的脸色情绪，适时地直言进谏，武帝经常采纳他的建议。从公卿到在位群臣，东方朔都敢轻视嘲弄，没有什么人是他所屈从的。

上以朔口谐辞给①，好作问之②。尝问朔曰："先生视朕何如主也？"朔对曰："自唐虞之隆，成康之际，未足以谕当世，臣伏观陛下功德，陈五帝之上，在三王之右。非若此而已，诚得天下贤士，公卿在位咸得其人矣。譬若以周邵为丞相③，孔丘为御史大夫，太公为将军④，毕公高拾遗于后⑤，弁严子为卫尉⑥，皋陶为大理⑦，后稷为司农⑧，伊尹为少府⑨，子贡使外国⑩，颜闵为博士⑪，子夏为太常⑫，益为右扶风⑬，季路为执金吾⑭，契为鸿胪⑮，龙逢为宗正⑯，伯夷为京兆⑰，管仲为冯翊⑱，鲁般为将作⑲，仲山甫为光禄⑳，申伯为太仆㉑，延陵季子为水衡㉒，百里奚为典属国㉓，柳下惠为大长秋㉔，史鱼为司直㉕，蘧伯玉为太傅㉖，孔父为詹事㉗，孙叔敖为诸侯相㉘，子产为郡守㉙，王庆忌为期门㉚，夏育为鼎官㉛，羿为旄头㉜，宋万为式道侯㉝。"上乃大笑。

注释

① 给：快捷。

② 作问：发问之意。

③周邵：周公旦、邵公奭。

④太公：姜太公吕望。知战阵征伐之事，故云为将军。

⑤毕公高：周文王之子，封于毕，为周太师，故云拾遗。

⑥弁严子：即卞庄子（避明帝讳改）。春秋时鲁国卞邑大夫，有勇力，尝刺虎。以其有勇，故云为卫尉。

⑦皋陶：相传曾被舜任为掌管刑法的官。

⑧后稷：古代周族的始祖。尧舜时为农官，教民耕种，故云为司农。

⑨伊尹：商初大臣。为官公正无私，故云为少府。

⑩子贡：姓端木，名赐，孔子弟子，能辩说，故云使外国。

⑪颜、闵：颜回、闵子骞，孔子弟子，皆有德行。

⑫子夏：姓卜，名商。孔子弟子，以有文学故为太常（颜师古说）。或以子夏两字总合为夔，夔知乐，故云为太常（应劭说）。

⑬益：伯益。被舜任为虞，掌山泽之官。诸苑多在右扶风，故令为之。周寿昌曰："右扶风以下诸官，多太初元年所改，公孙弘为丞相在元朔五年，薨在元狩二年，下去太初二十余年。此文下云'上复问朔，方今公孙丞相'云云，则所司官名多不合。疑朔此等杂文，后有改易，流传转写，致多讹舛也。"

⑭季路：即子路，孔子弟子，以有勇力，故云为执金吾。

⑮契：被舜任为司徒，掌管教化。鸿胪：汉官名。掌礼赞。

⑯龙逢：关龙逢，夏桀时忠谏而死。以其直无所阿私，故云为宗正。

⑰伯夷：商末孤竹君之长子。入周后，隐居于首阳山，不食周粟而死。

⑱管仲：协助齐桓公称霸天下。故令为左冯翊。

⑲鲁般：公输班，春秋时著名的巧匠。故令为将作大匠。

⑳仲山甫：周宣王时大臣。为人柔亦不茹，刚亦不吐。故云为光禄大夫，以领导三大夫谏正之官。

㉑申伯：周宣王之舅。用亲亲以为太仆。

㉒延陵季子：即吴公子季札，春秋时吴人。水衡：水衡都尉，掌上林苑，兼保管皇室财物及铸钱。

㉓百里奚：春秋时秦大臣。秦近西戎，晓其风俗，故令为典属国。

㉔柳下惠：春秋时鲁大夫展禽，食采柳下，谥曰惠。以其贞洁，故云为大长秋（皇后之卿士）。

㉕史鱼：春秋时卫大夫史鳝，为人正直。故云为司直（丞相的属官）。

㉖蘧伯玉：春秋时卫大夫，名瑗。伯玉有德行，希望人主寡其过，故云为太傅。

㉗孔父：名嘉，春秋时宋大夫，正色而立于朝，故云为詹事。

㉘孙叔敖：春秋时楚令尹，治民以劝导为主。

㉙子产：公孙侨之号，春秋时郑国贵族，执政后实行

改革，曾铸“荆书”。

㉚王庆忌：即王子庆忌。以其劲捷，可为期门郎。

㉛夏育：春秋时卫人，力举千钧，故可为鼎官。西汉时有鼎官（陈直说）。

㉜羿：即后羿。善于射箭，故令为旄头。旄头：先驱之骑士。

㉝宋万：南宫长万，春秋时宋闵公之臣，有勇力。式道侯：有左右中侯三人，秩六百石，掌车驾之前导。

译文

皇上因为东方朔说话幽默诙谐反应敏捷，喜欢故意问东方朔一些问题。武帝曾经问东方朔说：“先生看朕是什么样的君主？”东方朔回答说：“从唐、虞盛世，到周成王、周康王时代，都不足以比喻当世。臣看陛下功绩德业，可以排在五帝三王之上。不仅如此，如果真能得到天下贤士，公卿和在位官员就都有了称职的人选。譬如以周公旦、召公奭为丞相，孔丘为御史大夫，姜太公为将军，毕公高为太师，卞庄子为卫尉，皋陶为大理，后稷为司农，伊尹为少府，子贡出使外国，颜回、闵子骞为博士，子夏为太常，伯益为右扶风，子路为执金吾，契为大鸿胪，关龙逢为宗正，伯夷为京兆尹，管仲为左冯翊，鲁般为将作大匠，仲山甫为光禄大夫，申伯为太仆，延陵季子为水衡都尉，百里奚为典属国，柳下惠为大长秋，史鱼为丞相司直，蘧伯玉为太傅，孔父为詹事，孙叔敖为诸侯相，子产为郡守，王庆忌为期门郎，夏育为鼎官，羿为旄头郎，宋万为式道候。”武帝听后大笑起来。

是时朝廷多贤材，上复问朔：“方今公孙丞相、兒大夫、董仲舒、夏侯始昌、司马相如、吾丘寿王、主父偃、朱买臣、严助、汲黯、胶仓、终军、严安、徐乐、司马迁之伦①，皆辩知闳达，溢于文辞②，先生自视，何与比哉？”朔对曰：“臣观其臿齿牙，树颊胲③，吐唇吻，擢项颐④，结股脚，连脽尻⑤，遗蛇其迹⑥，行步偊旅⑦，臣朔虽不肖，尚兼此数子者。”朔之进对澹辞⑧，皆此类也。

注释

①公孙丞相：公孙弘。兒大夫：倪宽。《汉书》卷五十八有其传。董仲舒：《汉书》有其传。夏侯始昌：本书卷七十五有其传。司马相如：本书有其传。吾丘寿王、主父偃、朱买臣、严助、终军、严安、徐乐：《汉书》卷六十四有其专传。司马迁：《汉书》有其传。

②溢：言有余。

③胲 gǎi：颊上肉。

④颐：下巴。

⑤脽尻 shuíkāo：臀部。

⑥遗蛇 wēiyí：即“逶迤”，弯弯曲曲貌。

⑦偊旅：同“伛偻”，身体弯曲的样子。

⑧ 澹辞：丰富的言辞。

译文

当时朝廷有大量有才能的人，皇上又问东方朔："如今公孙弘丞相、兒宽大夫、董仲舒、夏侯始昌、司马相如、吾丘寿王、主父偃、朱买臣、严助、汲黯、胶仓、终军、严安、徐乐、司马迁之类，都能言善辩，才智过人，文采斐然，先生你自己看看，怎么和他们相比？"东方朔回答说："臣看他们铲子牙，树皮腮，翻嘴唇，长脖子，结股脚，连脽尻，走路逶迤倾斜，弯着躬着腰，臣东方朔虽然也不出众，但还是兼有他们的长处。"东方朔的进言对答言辞，都是这个样子。

武帝既招英俊，程其器能[①]，用之如不及[②]。时方外事胡越，内兴制度，国家多事，自公孙弘以下至司马迁皆奉使方外[③]，或为郡国守相至公卿，而朔尝至太中大夫，后常为郎，与枚皋、郭舍人俱在左右[④]，诙啁而已。久之，朔上书陈农战强国之计，因自讼独不得大官，欲求试用。其言专商鞅、韩非之语也，指意放荡，颇复诙谐，辞数万言，终不见用。朔因著论，设客难己，用位卑以自慰谕。其辞曰[⑤]：

注释

① 程：计量。

② 如不及：指恐怕失去。

③方外：外国。

④枚皋：《汉书》卷五十一附其传。

⑤其辞曰：下文为《答客难》。

译文

汉武帝招揽能人贤才之后，衡量他们的才干，唯恐任用他们有不当之处。当时朝廷正对外平定匈奴、南越之乱，对内建立规章制度，国家事务繁多，从丞相公孙弘以下至司马迁都奉命出使境外，有的担任郡守，有的担任诸侯王相直至公卿。东方朔曾官至太中大夫，后来经常为郎官，与枚皋、郭舍人都侍从武帝左右，只是诙谐调笑的侍从官。很久之后，东方朔上书奏禀农战强国之计，趁机向武帝诉说自己还没做过大官，想请求皇上试用。他的奏书只用商鞅、韩非的言论，思想放荡不羁，又很幽默诙谐，有好几万字，但终究没得到重用。东方朔于是著书立说，假设有客责问自己，东方朔用地位卑下来安慰自己阐明缘由。那篇文辞说：

客难东方朔曰："苏秦、张仪一当万乘之主，而都卿相之位[①]，泽及后世。今子大夫修先王之术，慕圣人之义，讽诵《诗》、《书》百家之言，不可胜数[②]，著于竹帛，唇腐齿落，服膺而不释[③]，好学乐道之效，明白甚矣；自以智能海内无双，则可谓博闻辩智矣。然悉力尽忠以事圣帝，旷日持久，官不过侍郎，位不过执戟，意者尚有遗行邪[④]？同胞之徒无所容居[5]，其故何也？”

注释

① 都：居。

② 数：当作“记”（宋祁说）。

③ 服膺：指衷心的诚服。释：废置。

④ 遗行：谓尚有过失之行。

⑤ 同胞之徒：言亲兄弟。

译文

有客责问东方朔说：“苏秦、张仪一旦遇上有万辆兵车的大国君主，就可以位居卿相，恩惠泽被后世。如今大夫您修习古代帝王的道术，钦慕圣人的道义，背诵、朗读《诗经》《尚书》以及诸子百家的书籍，不可胜数，著书立说，写在竹简、白绢上，终身修术慕义，直至唇腐齿落仍谨记在心，不能忘怀，好学乐道的功效，十分明白；自认为才智贤能天下无双，那么可以说是博闻广见善辩聪慧的人。然而竭力尽忠以侍奉圣明的君主，时间过了这么久，最多就是个侍郎官，地位比执戟的强不到哪去，我想大概是您的品德还有问题吧？您的官位低俸禄少，无法照顾他人，连亲兄弟都没有容身之地，这是为什么？”

东方先生喟然长息，仰而应之曰：“是固非子之所能备也。彼一时也，此一时也，岂可同哉？夫苏秦、张仪之时，周室大坏，诸侯不朝，力政争权，相禽以兵，并为十二国[①]，未有雌雄，得士者强，失士者亡，故谈说行焉。身处尊位，珍宝充内，外有廪仓，泽及后世，子孙长享。今则不然。圣帝流德，天下震慑，诸侯宾服，连四海之外以为带[②]，安于覆盂[③]，动犹运之掌[④]，贤不肖何以异哉？遵天之道，顺地之理，物无不得其所；故绥之则安，动之则苦；尊之则为将，卑之则为虏；抗之则在青云之上，抑之则在深泉之下[⑤]；用之则为虎，不用则为鼠；虽欲尽节效情，安知前后？夫天地之大，士民之众，竭精谈说[⑥]，并进辐凑者不可胜数，悉力募之，困于衣食，或失门户[⑦]。使苏秦、张仪与仆并生于今之世，曾不得掌故，安敢望常侍郎乎[⑧]！故曰时异事异。

注释

①十二国：战国时，除齐、楚、燕、赵、韩、魏、秦等七雄外，尚有鲁、卫、宋、郑、中山五国。

②带：言如带之相连。

③安于覆盂：谓不可倾摇。《史记》《文选》此句下尚有“天下均平，合为一家”八字。

④动犹运之掌：《史记》《文选》作“动发举事，犹运之掌”。

⑤泉：疑作“渊”（宋祁说）。

⑥谈说：《史记》作“驰说”。

⑦或失门户：谓不得所由入。

⑧常侍郎:《文选》无“常”字。“常”字当删(宋祁说)。《史记》作“常侍、侍郎”。

译文

东方先生喟然长叹，抬头答道:“这里面的原因本来就不是您所能完全明白的。苏秦、张仪所处的是一个时代，现在是另外一个时代，怎么能相提并论呢?苏秦、张仪所处的时代，周室弱小，诸侯不朝见天子，竭力争权夺利，以武力相互吞并，兼并为十二个诸侯国，未能分出强弱，得贤才者强大起来，失贤才者逐渐消亡，所以游说之风大盛。游说之士身居尊位，家中内藏着珍宝，外有粮仓，恩泽传及后世，子孙长期享有富贵。但如今却不是这个样子了。圣明的帝王德泽流布四方，天下畏服，诸侯朝贡归附，四海统一，像腰带一样环绕包围，比翻过来扣着的盆子还安稳。天下的运行就像运转在手掌内一样，贤和不贤有什么区分呢?当今朝廷遵循天地的发展规律，万物没有不各得其所的;所以保护他就安宁，惩罚他就愁苦，尊宠他就是将军，卑视他则成俘虏，提拔他就在青云之上，压抑他就在深泉之下;任用他就是猛虎，不用他则像老鼠;即使做臣子的想贡献才能，进奉忠心，哪知道是前进还是后退呢?天地广大，士民众多，竭尽精力去游说，齐驱并进者就像车轮的辐条聚集到车轴上那样，多得数不胜数，尽力思慕天子的恩德，被衣食所困，找不到进身的门路。假使苏秦、张仪和我一起生活在现在的社会，即使想做掌故那样的小吏也办不到，怎么还敢盼望当侍郎呢？所以说时代变了，情况自然也就不同了。”

“虽然、安可以不务修身乎哉！《诗》云：‘鼓钟于宫，声闻于外[①]。’‘鹤鸣于九皋，声闻于天[②]。’苟能修身，何患不荣！太公体行仁义，七十有二乃设用于文武[③]，得信厥说，封于齐，七百岁而不绝。此士所以日夜孳孳[④]，敏行而不敢怠也[⑤]。辟若鹡鸰[⑥]，飞且鸣矣。传曰：‘天不为人之恶寒而辍其冬，地不为人之恶险而辍其广，君子不为小人之匈匈而易其行[⑦]。’‘天有常度，地有常形，君子有常行；君子道其常，小人计其功[⑧]。’《诗》云：‘礼义之不愆，何恤人之言[⑨]？’故曰：‘水至清则无鱼，人至察则无徒，冕而前旒，所以蔽明；黈纩充耳，所以塞聪[⑩]。’明有所不见，聪有所不闻，举大德，赦小过[⑪]，无求备于一人之义也[⑫]。‘枉而直之，使自得之；优而柔之，使自求之；揆而度之，使自索之[⑬]。’盖圣人教化如此，欲自得之；自得之，则敏且广矣[⑭]。

注释

①“鼓钟于宫”二句：见《诗经·小雅·白华》。意指有于心必形于外，比喻有所作为，人们便能知道。

②“鹤鸣于九皋”二句：见《诗经·小雅·鹤鸣》。此意谓处卑位者言辞意义往往高远。

③设：施。七十有二：谓七十二岁。文武：周文王、周武王。

④孳孳：同“孜孜”，努力不怠。

⑤敏行：《史记》作“修学行道不敢止”，《文选》作“修学敏行”。

⑥鹏鸰：鸟名。体小，尾长，头黑额白，常在水边捕食昆虫。

⑦“传曰”等句：引文见《荀子·天论》。匈匈，喧哗之声。

⑧“天有常度”等句：见《荀子·荣辱篇》文字略有出入。道，由。

⑨“礼义之不愆”二句：此乃逸诗。愆，过也。恤，忧。

⑩“水至清则无鱼”等句：见《大戴礼记·入官篇》。徒：众也。旒 liú，帝王冕冠前后悬垂的玉串。纩，以黄绵为丸，悬于冠两边，挡耳，不欲闻不急之言。

⑪举大德，赦小过：《论语·子路篇》云：“子曰：‘先有司，赦小过，举贤才。’”

⑫无求备于一人之义：《论语·微子篇》云：“周公谓鲁公曰：‘君子不施其亲，不使大臣怨乎不以。故旧无大故，则不弃也。无求备于一人！’”

⑬“枉而直之”等句：文见《大戴礼记·入官篇》。枉，曲。优，宽待。柔，和柔。揆、度 duó，度量，估量。索，求。

⑭敏：敏捷。

译文

“虽然情况如此，但是怎么能不致力于自身的修养呢？《诗经》上说：‘在室内敲钟，声响传到室外。’‘鹤在深泽鸣叫，叫声传到天空。’如果能修养身心，哪里会害怕不能显达！姜太公亲自践行仁义，七十二岁重用于周文王、周武王，得以施展他的志向。受封于齐，七百年而不断绝。姜太公这样的榜样，使后来的士人受到鼓舞，日夜勤学，奋勉力行而不敢懈怠。

就像鹡鸰鸟又飞又叫。古书上说：‘上天不会因为人怕冷就停止冬天，大地不会因为人厌恶险峻就停止广大，君子不会因为小人喧闹反对就改变他的品行。’‘天地有一定的运行规律，君子有恒久的德行；君子有自己坚持的道义，小人计较自己的私利。’《诗经》上说：‘礼义没有差错，为什么要害怕人们议论？’所以说：‘水清到极点就不会有鱼，人太苛刻就没有同伴，冠冕前悬垂着旒，用来遮蔽视野；以黄色丝绵塞住耳朵，用来降低听觉。眼睛明亮还有看不见的东西，耳朵聪灵也有听不到的声响，嘉奖大德，赦免小过，不要苛求一个人的仁义完备无缺。弯曲的应当使他直，但应该让他自己得到它；使他宽舒，但应该让他自己去求取；揆情度理，但应该让他自己去探索。大概圣人的教化就是这样，要自己通过探索寻求而得到它。自己探索而得到它，就会聪敏而且广博。

“今世之处士，魁然无徒，廓然独居，上观许由[1]，下察接舆[2]，计同范蠡[3]，忠合子胥[4]，天下和平，与义相扶，寡耦少徒，固其宜也，子何疑于我哉？若夫燕之用乐毅，秦之任李斯，郦食其之下齐，说行如流，曲从如环，所欲必得，功若丘山，海内定，国家安，是遇其时也，子又何怪之邪！语曰‘以筦窥天，以蠡测海，以莛撞钟[5]，’岂能通其条贯，考其文理[6]，发其音声哉！繇是观之，譬犹鼱鼩之袭狗[7]，孤豚之咋虎[8]，至则靡耳[9]，何功之有？今以下愚而非处士，虽欲勿困，固不得已，此适足以明其不知权变，而终或于大道也。”

注释

①许由：尧时的隐士，传说尧让天下给他而不受。

②接舆：春秋时楚人，佯狂，匿迹。

③范蠡：辅佐越王勾践，功成而退。

④子胥：伍子胥，忠谏，至死不易。

⑤莛 tíng：草茎。

⑥考：究也。

⑦鼱鼩 jīngqú：小鼠名。

⑧豚 tún：小猪。咋 zé：啃咬。

⑨靡：消灭。

译文

“当今世上的隐士，孤独没有同伴，寂寞的独自居住，上观尧舜时的隐士许由，下察春秋时的隐士接舆，像范蠡一样有计谋，像伍子胥一样忠诚。天下太平无事的时候，只能坚守自己的道义，无所表现，孤独寂寞没有朋友，本来是理所当然的事。您对我的个人品德又有什么可怀疑的呢？至于燕国任用乐毅，秦国任用李斯、郦食其劝说齐王田广归汉，不战而得齐地七十余城，游说像流水那样顺利，说服别人放弃自己的意见而听从说客，像环子那样自由地转动，所想的必定能得到，功高如山，海内平定，国家安宁，这是因为他们遇上了能施展才能的时机，您又有什么感到奇怪的呢！俗语说：‘用竹管看天，用瓢来量海，用草秆撞钟，这样做怎么能够通晓星象，考究海情，发出声响呢？由此看来，譬犹地鼠袭击狗，小猪咬老虎，就只有被吃掉而已，那还有什么用呢？现在凭你这样愚笨的人来责难我，要想不受窘，那是不可能的，这正好足以用来说明那些不知道随机应变的人为什么终究不能明白真理啊。”

又设非有先生之论，其辞曰[①]：

非有先生仕于吴，进不称往古以厉主意[②]，退不能扬君美以显其功，默然无言者三年矣。吴王怪而问之，曰：“寡人获先人之功，寄于众贤之上，夙兴夜寐，未尝敢怠也。今先生率然高举[③]，远集吴地，将以辅治寡人，诚窃嘉之，体不安席，食不甘味，目不视靡曼之色[④]，耳不听钟鼓之音，虚心定志欲闻流议者三年于兹矣[⑤]。今先生进无以辅治，退不扬主誉，窃不为先生取之也。盖怀能而不见，是不忠也；见而不行，主不明也。意者寡人殆不明乎？”非有先生伏而唯唯。吴王曰：“可以谈矣，寡人将竦意而览焉⑥。”先生曰：“於戏！可乎哉？可乎哉⑦？谈何容易⑧！夫谈有悖于目拂于耳谬于心而便于身者⑨，或有说于目顺于耳快于心而毁于行者，非有明王圣主，孰能听之？”吴王曰：“何为其然也？‘中人已上可以语上也⑩。’先生试言，寡人将听焉。”

注释

①其辞曰：下文为《非有先生论》。

②厉：《文选》作“广”。

③率然：轻举的样子。

④靡曼：华丽美好。

⑤流议：犹余论。

⑥竦 sǒng：期待。

⑦可乎哉：意谓不可。

⑧谈何容易：谓谈说论议并非易事。

⑨悖：逆也。拂：违戾。

⑩“中人已上可以语上”：见《论语·雍也篇》。此谓中品以上的人，可与谈高深的学问。

译文

又假设非有先生的议论，那篇文辞说：

非有先生在吴国做官，进不能歌颂遥远的古代来勉励君王的意志，退不能赞扬君王的美德来彰显他的功绩，默默不语地过了三年。吴王对此感到很奇怪，就问他说：“我继承先人的功业，寄身在众位贤士之上，早起晚睡，从不敢懈怠。如今先生神采清爽，从远处来到吴国，应当尽职尽责辅助寡人，我私下里认为你是真正的贤才，三年来我坐卧不安，食不甘味，目不视华美之色，耳不听钟鼓之音，虚心静气想听先生高明言论，到现在已经有三年了。如今先生进未能辅助吴国治理，退不能颂扬君主的声誉，我私下认为先生不应该这么做。身怀才能却不进献君主，是不忠；如果进献了却不能施行，是君主不够圣明。你大概是认为我不够圣明吧？”非有先生伏在地上，恭敬地发出“好好好”的应答声。吴王说：“可以说了，我期盼着洗耳恭听呢。”非有先生说：“呜呼！可以了吗？可以了吗？谈何容易！我的言谈有看着不顺眼、听着逆耳、心里不舒服却有利于身体的，也有看着顺眼、听着悦耳、心里高兴却毁坏德行的，没有圣明的君主，又有谁能倾听呢？”吴王说：“为什么这样说呢？孔子说‘中等以上的人就可以跟他谈高深的道理’。先生不妨说说吧，我会认真听你说的。”

先生对曰：“昔者关龙逢深谏于桀，而王子比干直言于纣。此二臣者，皆极虑尽忠，闵王泽不下流，而万民骚动，故直言其失，切谏其邪者，将以为君之荣，除主之祸也。今则不然，反以为诽谤君之行，无人臣之礼，果纷然伤于身，蒙不辜之名，戮及先人，为天下笑，故曰谈何容易！是以辅弼之臣瓦解，而邪谄之人并进，遂及蜚廉、恶来革等[①]。二人皆诈伪，巧言利口以进其身，阴奉琱瑑刻镂之好以纳其心[②]。务快耳目之欲，以苟容为度。遂往不戒[③]，身没被戮，宗庙崩阤[④]，国家为虚，放戮圣贤，亲近谗夫。《诗》不云乎？'谗人罔极，交乱四国[⑤]，'此之谓也。故卑身贱体，说色微辞[⑥]，愉愉呴呴[⑦]，终无益于主上之治，则志士仁人不忍为也。将俨然作矜严之色，深言直谏，上以拂主之邪[⑧]，下以损百姓之害[⑨]，则忤于邪主之心[⑩]，历于衰世之法[⑪]。故养寿命之士莫肯进也，遂居深山之间，积土为室，编蓬为户，弹琴其中，以咏先王之风，亦可以乐而忘死矣。是以伯夷叔齐避周，饿于首阳之下，后世称其仁。如是，邪主之行固足畏也，故曰谈何容易！"

注释

① 飞廉、恶来革：皆商纣王之臣，皆邪佞之徒。

② 琱瑑 zhuàn：雕刻为瑑纹。

③ 遂往不戒：谓不以过往之事为戒。

④ 阤 zhí：崩颓。

⑤ "谗人罔极"二句：见《诗经·小雅·青蝇》。此谓谗人挑起矛盾，扰乱四方。

⑥ 微：疑当作"媺"（吴恂说）。媺 měi，美。

⑦ 愉愉：和悦貌。呴 xǔ 呴：语言温和貌。

⑧ 拂：与"弼"同。

⑨ 损：当作"捐"，形近而误。捐，除。

⑩ 忤：逆。

⑪ 历：犹经。

译文

非有先生回答说："从前关龙逢对夏桀极力进谏，王子比干对商纣直言规劝，这两位大臣都极尽自己的思虑竭力效忠，担忧君王的德泽不能流布到百姓当中，而使万民骚动不安，所以直接说明夏桀商纣的过失，极力规劝他们改正邪恶的言行，想以此给君王带来荣耀，消除他们的祸患。现在却不是这样，反而认为直言规劝是诽谤君王的行为，没有人臣的礼节。果然，直言规劝的人纷纷受到伤害，蒙受无辜的罪名，杀戮竟牵连到先人，被天下人所讥笑，所以说谈何容易！因此，忠心正直的辅政大臣纷纷瓦解，而奸邪谄媚的小人却一起得到重用，最后发展到比得上商纣王时的邪佞臣子蜚廉、恶来革等。这两人都是奸诈虚伪之徒，巧言利口得以爬居高位，暗中奉献雕琢刻镂之好以骗取君王的信任。致力于满足耳目的享乐欲望，以苟且容身于世为生活准则。致使其君王往邪恶的道路上滑下去而不加防备，身死遭戮，宗庙崩坏，国家成为废墟，这都是由于流放、杀戮贤臣，亲近谗臣的结果。《诗经》上不是说吗？'谗言害人没有止境，导致四方国家与华夏的战乱'，说的就是这种情况啊。所以，卑躬屈膝，和颜悦色，言语柔顺，终究无益于主上的治理，而且也是志士仁人不愿做的。神色俨然，矜持严肃，深言直谏，上面辅佐君主改正奸邪，下面减少百姓的灾害，就会忤犯邪恶君主的思想，经受衰败时代的严刑酷法。所以益寿保命之士没有肯进言规劝的，就居住在深山之间，垒土为屋，用蓬草编成门户，坐在里面弹琴，歌咏先代圣王的遗风，这样也可以快乐得忘掉死亡啊。所以伯夷、叔齐逃避周武王，饿死在首阳山下，后世称赞他们是仁人。诸如此类，暴君的行为本来足以令人生畏，所以说谈何容易！”

于是吴王惧然易容[1]，捐荐去几[2]，危坐而听。先生曰："接舆避世，箕子被发阳狂，此二人者，皆避浊世以全其身者也。使遇明王圣主，得清燕之闲，宽和之色，发愤毕诚[3]，图画安危[4]，揆度得失，上以安主体，下以便万民，则五帝三王之道可几而见也[5]。故伊尹蒙耻辱负鼎俎和五味以干汤[6]，太公钓于渭之阳以见文王。心合意同，谋无不成，计无不从，诚得其君也。深念远虑，引义以正其身，推恩以广其下，本仁祖义[7]，褒有德，禄贤能，诛恶乱，总远方，一统类，美风俗，此帝王所由昌也。上不变天性，下不夺人伦，则天地和洽，远方怀之，故号圣王。臣子之职既加矣，于是裂地定封，爵为公侯，传国子孙，名显后世，民到于今称之，以遇汤与文王也。太公、伊尹以如此，龙逢、比干独如彼，岂不哀哉！故曰谈何容易！”

注释

①惧然：害怕的样子。

②捐荐去几：以示贬损。荐，坐席。

③毕：尽。

④图画：谋划。
⑤几：庶几，差不多。
⑥蒙：冒犯。
⑦本仁祖义：以仁为本，以义为始。

译文

于是，吴王怅然若失，变了脸色，命人撤除荐席和几案，正襟危坐而听。非有先生说："春秋时楚国隐士接舆佯狂避世，商纣时箕子披发装疯，这两个人都是躲避乱世来保全自己的生命。假使遇上明王圣主，得到清静安宁的闲暇，待以宽厚温和的辞色，使他们能抒发自己的愤懑，献出自己的全部忠诚，谋划国家的安危，揆度政事的得失，上可以为君主分忧，下可以便利万民，那么，五帝三王的道义就差不多可以再现了。所以，伊尹甘愿蒙受耻辱背着烹调用的鼎、俎，调和五味以求见商汤，姜太公垂钓于渭水之滨以拜会周文王。君臣心合意同，谋无不成，计无不从，真是贤臣遇到了明君。深谋远虑，引义以端正自己的身心，推恩以广揽下属，以仁为本，以义为始，褒奖有德，禄厚贤能，诛除邪恶混乱，聚合远方异族，一统华夏同类，美化风俗，这是帝王昌盛的必由之路。上不改变天性，下不废弃人伦，就会天地和谐融洽，远方的人前来归附，所以商汤、周文王号称'圣王'。臣子的官职不断提升，于是割地分封，爵为公侯，封国传到子孙后裔，名声传扬到后世，老百姓直到现在还称颂他们，这是因为伊尹、姜子牙遇上了商汤和周文王啊。姜太公、伊尹的结局是如此辉煌，而关龙逢、比干的下场却是那样悲惨，难道不令人悲哀吗！所以说谈何容易！”

于是吴王穆然[1]，俛而深惟，仰而泣下交颐[2]，曰：“嗟乎！余国之不亡也，绵绵连连[3]，殆哉[4]，世之不绝也！”于是正明堂之朝，齐君臣之位，举贤材，布德惠，施仁义，赏有功；躬节俭，减后宫之费，损车马之用；放郑声，远佞人，省庖厨，去侈靡；卑宫馆，坏苑囿，填池堑，以予贫民无产业者；开内藏，振贫穷，存耆老，恤孤独；薄赋敛，省刑辟。行此三年，海内晏然，天下大洽，阴阳和调，万物咸得其宜；国无灾害之变，民无饥寒之色，家给人足，畜积有余，囹圄空虚；凤凰来集，麒麟在郊，甘露既降，朱草萌牙；远方异俗之人乡风慕义，各奉其职而来朝贺。故治乱之道，存亡之端，若此易见，而君人者莫肯为也，臣愚窃以为过。故《诗》云：“王国克生，惟周之桢，济济多士，文王以宁[5]。”此之谓也。

注释

① 穆然：犹默然。静思貌。

② 颐：下巴。

③ 绵绵连连：延续不绝。

④ 殆：几乎。

⑤“王国克生”等句：见《诗经·大雅·文王》。此谓

王国能出人才，为周之骨干，使国家安宁。克，能也。桢，骨干。济济，多而整齐貌。

译文

于是吴王默然不语，低头沉思，抬起头时泪水一直流到了下巴，沉痛地说：“唉！我的国家不会灭亡，连绵不绝，危险呀，世系不会断绝！”于是吴王整治明堂的朝会，明确君臣间的位置，征举贤才，散布德惠，施行仁义，奖赏有功的将士；亲自厉行节俭，减少后宫的开支和车马的费用；抛弃靡丽的郑国音乐，远离谄媚逢迎的小人，节省庖厨的开支，放弃奢侈淫靡；缩小宫馆，毁坏苑囿，填平池塘沟堑，分给没有产业的贫民耕种；开放内宫库藏，赈济贫穷。慰问老人，救助孤独；减轻赋敛，省减刑法。这些措施实行了三年，海内安然无事，天下洽和，阴阳和顺协调，万物各得其宜；国家没有灾害之变，百姓没有饥寒之色，家给人足，蓄积有余，监狱空虚；凤凰飞来，麒麟出现，甘露降临，朱草萌芽；远方不同风俗的人向往中原的风化，钦慕内地的礼义，各自奉献他们的职贡前来朝贺。所以，治和乱的道理，存或亡的先机，就像这样显而易见，可是为人君者却不肯去做，臣私下愚昧地认为这是不对的。所以《诗经》上说：“王国得以成长发展，因为他们是周朝的栋梁之臣。众多人才济济一堂，文王可以放心安宁。”说的就是这种情况啊。

朔之文辞，此二篇最善。其余有《封泰山》《责和氏璧》及《皇太子生禖》[①]，《屏风》。《殿上柏柱》，《平乐观赋猎》，八言、七言上下[②]，《从公孙弘借车》[③]，凡刘向所录朔书具是矣[④]。世所传他事皆非也。

注释

①《皇太子生禖》：东方朔作《禖祝》，见《汉书·武五子传》。

② 八言、七言上下：八言、七言诗，各有上下篇（晋灼说）。沈钦韩曰："《楚辞章句》有东方朔《七谏》，疑即'八言、七言'；不然，不应遗于刘向也。又，《御览》三百五十有东方朔《对骠骑难》。"

③《从公孙弘借车》：陈直曰："《艺文类聚》卷九十六，有公孙弘《答东方朔书》，文已不全，疑即答借车书者。"

④ 刘向所录：谓刘向《别录》所载。

译文

东方朔的文章，以《答客难》和《非有先生论》这两篇最好。其余还有《封泰山》《责和氏璧》和《皇太子生禖》《屏风》《殿上柏柱》《平乐观赋猎》，八言、七言诗，各有上下篇，以及《从公孙弘借车》，刘向所录东方朔之书总共就是这些。世上所传说的东方朔其他文章都是假的。

赞曰：刘向言少时数问长老贤人通于事及朔时者[①]，皆曰朔口谐倡辩，不能持论，喜为庸人诵说，故令后世多传闻者。而扬雄亦以为朔言不纯师，行不纯德，其流风遗书蔑如也[②]。然朔名过实者，以其诙达多端，不名一行，应谐似优，不穷似智，正谏似直，秽德似隐。[③]非夷齐而是柳下惠，戒其子以上容[④]："首阳为拙[⑤]，柱下为工[⑥]；饱食安步，以仕易农；依隐玩世[⑦]，诡时不逢[⑧]"。其滑稽之雄乎！朔之诙谐，逢占射覆[⑨]，其事浮浅，行于众庶，童儿牧竖莫不眩耀。而后世好事者因取奇言怪语附著之朔，故详录焉[⑩]。

注释

① 朔时：与东方朔同时。

② 蔑如：谓浅薄不足称。

③"然朔名过实者"等句：见《法言·测骞篇》。

④ 上容：容身避害之上策。

⑤ 首阳为拙：伯夷、叔齐饿死于首阳山，为笨拙。

⑥ 柱下为工：老子为周柱下吏，隐于朝，而终身无患，为工巧。

⑦ 依隐玩世：依违朝隐，玩身于世。

⑧ 诡时不逢：行与时诡而不逢祸害。周寿昌曰："朔本集载其《诫子诗》全篇云：'明者处世，莫尚于中；优哉游哉，于道相从。首阳为拙，柳下为工；饱食安步，以仕代农；依隐玩世，诡时不逢。才

尽身危，好名得华。有群累生，孤贵失和。遗余不迁，自尽无多。圣人之道，一龙一蛇；形现神藏，与物变化；随时之宜，无有常家。'赞止节录首阳以下六语。"

⑨ 逢占：预测。

⑩ 而后世好事者……故详录焉：意谓本传之所以详录东方朔之言语，是因后世好事者往往取奇言怪语妄附于他之故。颜师古曰："欲明传所不记，皆非其实也。而今之为《汉书》学者，犹更取他书杂说，假合东方朔之事以博异闻，良可叹矣。"杨树达曰："《文选》四十七《东方朔画赞注》引《风俗通》云：东方朔是太白星精，黄帝时为风后，尧时为务成子，周时为老聃，在越为范蠡，齐为鸱夷子，言其变化无常也。按此盖即班氏所谓奇言怪语者也。"

译文

赞曰：刘向说他在年轻的时候，多次拜访贤明的老人中通晓典故的人以及与东方朔生活在同时代的人，都说东方朔言辞敏捷，幽默善辩，不能鸿篇大论，喜爱与平常人闲聊，所以使得后世流传着很多关于他的奇闻轶事。但是扬雄却认为东方朔的言论并非全部值得学习，行为也并非都值得表彰，言行举止没有什么值得称道的。东方朔之所以名过其实，是因为他诙谐机敏善于变通，没有一种固定的行为为人称道，临场诙谐调笑而近似倡优，变化多端像是有智慧，直言进谏像是忠正，自己抹黑自身的行为像是隐士。贬低伯夷、叔齐而肯定柳下惠，告诫他的儿子全身避害："伯夷、叔齐不食周粟，饿死首阳山是愚蠢的行为；老子担任周朝柱下史，终身没有祸患，这是智慧；吃饱了饭就散散步，用做官得来的俸禄换取农民生产的东西；隐藏在朝廷玩乐终身，做事识时务就不会遭遇祸害。"东方朔是滑稽之王啊！东方朔的诙谐表现在逆违讥刺、射覆等，这些事情浮浅，流传在百姓当中，儿童、放牧的小孩无不炫耀。而后世喜欢多事的人就把一些奇谈怪论附会在东方朔身上，所以本文详细收集了东方朔的言辞（防止别人附会）。

霍光传

霍光字子孟，票骑将军去病弟也[1]。父中孺[2]，河东平阳人也[3]，以县吏给事平阳侯家[4]，与侍者卫少儿私通而生去病。中孺吏毕归家，娶妇生光，因绝不相闻。久之，少儿女弟子夫得幸于武帝，立为皇后，去病以皇后姊子贵幸。既壮大，乃自知父为霍中孺，未及求问。会为票骑将军击匈奴，道出河东，河东太守郊迎，负弩矢先驱[5]，至平阳传舍[6]，遣吏迎霍中孺。中孺趋入拜谒，将军迎拜，因跪曰："去病不早自知为大人遗体也[7]。"中孺扶服叩头[8]，曰："老臣得托命将军，此天力也。"去病大为中孺买田宅奴婢而去。还，复过焉，乃将光西至长安，时年十余岁，任光为郎，稍迁诸曹侍中[9]。去病死后，光为奉车都尉、光禄大夫[10]，出则奉车，入侍左右，出入禁闼二十余年[11]，小心谨慎，未尝有过，甚见亲信。

注释

①票骑将军：官名，地位仅次于大将军。票骑，通"骠骑"。去病：即霍去病。

②中 zhòng 孺：即霍仲孺。中，通"仲"。

③河东：郡名。在今山西境内黄河以东之地。平阳：县名。在今山西临汾南。

④给 jǐ 事：供职，服役。

⑤先驱：在前面领路。

⑥传 zhuàn 舍：古代供来往行人休息住宿的处所。

⑦遗体：留下来的身体，这是说子女的身体是父母留下来的。

⑧扶服：通“匍匐”。

⑨诸曹侍中：负责掌管尚书各部门的侍中。诸曹，即左右曹。诸曹、侍中都是加官名。

⑩奉车都尉：官名，汉武帝始置，掌管皇帝出行时的车驾。光禄大夫：汉武帝太初元年，郎中令改为光禄勋，郎中令属下的中大夫改为光禄大夫，掌顾问应对，实为皇帝高级参谋，在诸大夫中位置最尊。

⑪禁闼 tà：皇宫中的门，此指皇帝居住的地方。

译文

霍光，字子孟，是骠骑将军霍去病的弟弟。他的父亲霍仲孺，是河东郡平阳县人，曾经以县吏的身份在平阳侯家服役，与平阳侯家的侍女卫少儿私通，生下了霍去病。霍仲孺服役期满回到家中，又娶妻生了霍光，于是同卫少儿断绝了音信往来。很久以后，卫少儿的妹妹卫子夫得到了汉武帝的宠爱，被立为皇后，霍去病因为是皇后姐姐的儿子也得以显贵并得到武帝的宠爱。等到霍去病长大以后，才知道自己的生父是霍仲孺，只是一直未来得及寻访探问。恰逢霍去病被任命为骠骑将军出击匈奴，路过河东郡，河东郡太守到城郊去迎接，亲自替霍去病背着弓和箭，在前面带路，到了平阳县馆舍，霍去病便派遣小吏去接霍仲孺来相见。霍仲孺小跑着进去拜见，霍去病赶紧迎上去回拜，跪下说："去病早先不知道自己是大人的骨肉。"霍仲孺伏地叩头，说："我这个老头子能把命运托付给将军，这是老天爷在帮忙啊。"霍去病为父亲买了大量的田地、房宅和奴婢，然后才离开。霍去病出征匈奴回来，又经过平阳，就把霍光向西带到了长安，当时霍光才十几岁，就被任为郎官，不久以后便升为诸曹、侍中。霍去病去世后，霍光被封为奉车都尉、光禄大夫，武帝出行则侍奉车驾，回宫就侍奉在身边。出入宫廷二十多年，一直小心谨慎，从未有什么过失，深受皇上信赖。

征和二年[①]，卫太子为江充所败[②]，而燕王旦、广陵王胥皆多过失[③]。是时上年老，宠姬钩弋赵倢伃有男[④]，上心欲以为嗣，命大臣辅之。察群臣唯光任大重，可属社稷[⑤]。上乃使黄门画者画周公负成王朝诸侯以赐光[⑥]。后元二年春[⑦]，上游五柞宫[⑧]，病笃，光涕泣问曰："如有不讳[⑨]，谁当嗣者？"上曰："君未谕前画意邪？立少子，君行周公之事。"光顿首让曰："臣不如金日磾[⑩]。"日磾亦曰："臣外国人，不如光。"上以光为大司马大将军[⑪]，日磾为车骑将军，及太仆上官桀为左将军[⑫]，搜粟都尉桑弘羊为御史大夫[⑬]，皆拜卧内床下，受遗诏辅少主。明日，武帝崩，太子袭尊号，是为孝昭皇帝。帝年八岁，政事壹决于光。

注释

①征和二年：公元前 91 年。

②卫太子为江充所败：此指武帝征和二年的巫蛊事件。卫太子，刘据，卫皇后所生，故称卫太子。江充与卫太子有仇，遂诬告卫太子用邪术巫蛊（巫用诅咒之术为蛊来害人）使武帝致病。卫太子遂发兵讨伐江充，兵败被迫自杀。

③燕王旦：武帝第三子。广陵王胥：武帝第四子。

④钩弋赵倢伃 jiéyú：昭帝的母亲。钩弋，官名。倢伃，通"婕妤"，女官名，位同上卿，爵比列侯。

⑤属 zhǔ：托付，委托。

⑥黄门：官署名，有黄门侍郎等官，专门在宫内服务，侍奉皇帝。

⑦后元二年：公元前 87 年。

⑧五柞 zuò 宫：汉时的行宫，故址在今陕西周至东南。

⑨不讳：死的婉词。

⑩金日磾：西汉大将。本为匈奴休屠王的太子，休屠王不降被杀，金日磾母子沦落汉宫养马，后被武帝重用，赐姓金。

⑪大司马：冠于将军之上的加衔，与大将军联称，掌握军政大权，实际权力高于丞相，有了这个加衔，就可以辅佐朝政。

⑫左将军：官名，位次上卿，主征伐。

⑬御史大夫：官名，主管监察、执法，兼管重要文书图籍。

译文

征和二年（前 91），卫太子被江充诬陷，于是发兵攻讨，兵败被迫自杀，而燕王刘旦、广陵王刘胥两人又都有很多过失。当时武帝已经年老，宠姬钩弋夫人赵倢伃生了一个男孩，武帝想立这个幼子为皇位继承人，让大臣辅佐他。武帝细察群臣中只有霍光可担此重任，可以把国家托付给他。于是武帝便命令宫廷画师画了一幅周公背着成王受诸侯朝见的画赐给霍光。后元二年（前 87）春天，武帝到五柞宫游玩，病得厉害，霍光流着泪问道："陛下如有不测，当由谁继承皇位呢？"武帝说："你没明白先前我赐你那幅画的意思吗？立我的小儿子为帝，先生你像周公那样辅佐幼主。"霍光叩头辞让说："我不如金日磾合适。"金日磾也说："我是外国人，没有霍光合适。"于是，武帝任命霍光为大司马大将军，金日磾为车骑将军，太仆上官桀为左将军，搜粟都尉桑弘羊为御史大夫，他们都在武帝卧室床前下拜受封，接受遗诏辅佐少主。第二天，汉武帝去世，太子刘弗陵承袭皇帝尊号，他就是孝昭皇帝。昭帝年仅八岁，国家大事全由霍光代为决断。

先是，后元年[①]，侍中仆射莽何罗与弟重合侯通谋为逆[②]，时光与金日磾、上官桀等共诛之，功未录[③]。武帝病，封玺书曰[④]："帝崩发书以从事。"遗诏封金日磾为秺侯[⑤]，上官桀为安阳侯，光为博陆侯，皆以前捕反者功封。时卫尉王莽子男忽侍中[⑥]，扬语曰："帝崩，忽常在左右，安得遗诏封三子事！群儿自相贵耳。"光闻之，切让王莽[⑦]，莽鸩杀忽[⑧]。

注释

① 后元年：即后元元年，公元前 88 年。

② 侍中仆射 yè：官名，侍中的首领。莽何罗：本姓马，东汉明帝马皇后乃其后人，不愿姓马，改其姓莽。重合：县名，故城在今山东乐陵东，马通封在这里。

③ 录：登记，此指论功行赏。

④ 玺书：皇帝的诏书。

⑤ 秺 dù：县名，故城在今山东成武西北。

⑥ 卫尉：官名，掌管宫门警卫。王莽：字稚叔，右将军，天水人，与西汉末年的王莽不是一个人。

⑦ 切让：严厉责备。

⑧ 鸩 zhèn：传说中的一种毒鸟。把它的羽毛放在酒里，可以毒杀人。

译文

当初在后元元年（前 88）的时候，侍中仆射莽何罗与他的弟弟重合侯马通合谋反叛，当时霍光、金日磾、上官桀等人共同诛杀了他们，这些功劳没有被记录颁赏。汉武帝病重时，写下诏书封好说："我死后再打开诏书，遵照上面的指示行事。"这封遗诏封金日磾为秺侯，上官桀为安阳侯，霍光为博陆侯，都是根据以前捕杀反叛者有功而加封的。当时卫尉王莽的儿子王忽在宫中当侍从，他扬言说："皇上临终前后，我一直在旁边，哪里有遗诏封这三个人的事情啊！不过是这三个人自己抬高自己罢了。"霍光听到这话后，严厉地责备了王莽，于是王莽用毒酒杀死了儿子王忽。

光为人沉静详审，长财七尺三寸①，白皙，疏眉目②，美须髯③。每出入下殿门，止进有常处，郎仆射窃识视之④，不失尺寸，其资性端正如此。初辅幼主，政自己出，天下想闻其风采。殿中尝有怪，一夜群臣相惊，光召尚符玺郎⑤，郎不肯授光。光欲夺之，郎按剑曰："臣头可得，玺不可得也！"光甚谊之⑥。明日，诏增此郎秩二等。众庶莫不多光⑦。

注释

① 财：通"才"。七尺三寸：汉制，约合今 1.68 米。

② 疏：疏朗。

③ 须：嘴下边的胡子。髯 rán：两颊上的胡子。

④ 识 zhì：标记。

⑤ 尚符玺郎：官名，掌管皇帝的印玺符节。

⑥ 谊：通"义"，意动用法。

⑦ 多：称赞。

译文

霍光为人性格稳重，处事周密，身高只有七尺三寸，皮肤白皙，眉清目秀，胡须很美。他每次出入宫门，上下殿阶，前进停止都有固定的位置，郎仆射暗中做记号仔细察看，发现每次都不差分毫，他的禀性就是这样严谨，一丝不苟。霍光开始辅佐昭帝时，政令都由他亲自颁布，天下臣民都想了解他的风采。宫中曾经闹起了鬼怪，一夜之间，大臣们都惊恐不安，霍光召见尚符玺郎，要收回玉玺，尚符玺郎不肯交给霍光。霍光想要夺取玉玺，尚符玺郎手按着剑说："你可以杀我的头，玉玺你绝对得不到！"霍光很敬佩他的行为。第二天，下令把这个郎官的俸禄提升了两级。众人无不夸赞霍光。

光与左将军桀结婚相亲[①]，光长女为桀子安妻。有女年与帝相配，桀因帝姊鄂邑盖主内安女后宫为倢伃[②]，数月立为皇后。父安为票骑将军，封桑乐侯。光时休沐出[③]，桀辄入代光决事。桀父子既尊盛，而德长公主[④]。公主内行不修[⑤]，近幸河间丁外人。桀、安欲为外人求封，幸依国家故事以列侯尚公主者[⑥]，光不许。又为外人求光禄大夫，欲令得召见，又不许。长主大以是怨光。而桀、安数为外人求官爵弗能得，亦惭。自先帝时，桀已为九卿，位在光右[⑦]。及父子并为将军，有椒房中宫之重[⑧]，皇后亲安女，光乃其外祖，而顾专制朝事[⑨]，繇是与光争权[⑩]。

注释

①结婚：结为儿女亲家。古时妇之父母与夫之父母相称为婚姻。

②内 nà：送进去，后来写作“纳”。

③休沐：指休假。汉制：中朝官（大司马、左右前后将军、侍中、左右曹、诸吏、散骑、中常侍）每五天可回私宅休沐一次。

④德：用作动词，感激。

⑤内行不修：私生活不检点。

⑥幸：希望。故事：旧例。

⑦右：上，当时以右为尊。

⑧椒 jiāo 房：皇后所居之处。中宫：皇后的宫室，这里都代指皇后。

⑨顾：反而。

⑩繇 yóu：通“由”。

译文

霍光与左将军上官桀是儿女亲家，关系亲密，霍光的长女嫁给了上官桀儿子上官安为妻。上官安有一个女儿，年龄与昭帝相当，上官桀通过昭帝姐姐鄂邑盖主的关系，把孙女送入后宫做了倢伃，过了几个月就被立为皇后。上官安因此做了骠骑将军，并被封为桑乐侯。有时候霍光出宫休假，上官桀便入宫代替霍光处理朝政。上官桀父子既已得到显贵的地位，因此很感激盖主。盖主的私生活不检点，与河间人丁外人私通。上官桀父子想替丁外人求取爵位，希望按照国家以前列侯与公主婚配的旧例，也封丁外人为列侯，但霍光不允许。他们又请求封丁外人为光禄大夫，想让他有机会被皇帝召见，霍光又没有同意。盖主因为此事很怨恨霍光。上官桀父子多次为丁外人求取官爵都未能如愿，也感到惭愧。在武帝时，上官桀就已跻身九卿之列，官位在霍光之上。现在父子二人同为将军，又有皇后在宫中的显贵地位，皇后是上官安的亲女儿，霍光只不过是其外祖父，反倒独揽了朝政大权，从此上官父子开始与霍光争权。

燕王旦自以昭帝兄，常怀怨望。及御史大夫桑弘羊建造酒榷盐铁[①]，为国兴利，伐其功，欲为子弟得官，亦怨恨光。于是盖主、上官桀、安及弘羊皆与燕王旦通谋，诈令人为燕王上书，言："光出都肄郎羽林[②]，道上称跸[③]，太官先置[④]。"又引："苏武前使匈奴，拘留二十年不降，还乃为典属国，而大将军长史敞亡功为搜粟都尉[⑤]。又擅调益莫府校尉[⑥]。光专权自恣，疑有非常。臣旦愿归符玺，入宿卫，察奸臣变。"候司光出沐日奏之[⑦]。桀欲从中下其事，桑弘羊当与诸大臣共执退光[⑧]。书奏，帝不肯下。

注释

① 酒榷 què 盐铁：指酒类专卖和盐铁官营。榷，专利。

② 都：总，集合。肄：习，操练。郎：指郎官。羽林：护卫皇帝的羽林军。

③ 跸 bì：古代帝王出行时，禁止行人往来，叫作跸。
④ 太官：官名，掌管皇帝饮食。先置：先准备饮食。按："称跸"和"太官先置"都不是人臣应有的礼制，所以把这作为霍光的罪状。
⑤ 长史敞：指霍光府中长史杨敞。
⑥ 益：增加。莫府：通"幕府"，指大将军府。
⑦ 司：通"伺"。
⑧ 执：持，这里有胁迫之意。

译文

燕王刘旦自以为是皇上的哥哥，却不能继承皇位，心中一直很怨恨。还有御史大夫桑弘羊因为制定了酒类专卖、盐铁官营的制度，为国家增加了财政收入，居功自傲，想为自己的子弟求官，未能如愿，也怨恨霍光。于是，鄂邑盖主、上官桀父子及桑弘羊等人都和燕王刘旦暗中勾结谋划，派人假冒燕王刘旦的使臣给皇帝上书，奏书上说："霍光出宫总领郎官、羽林军操练演习时，途中设置了像皇上出行时的威仪，还派皇上的膳食官先行为其准备饮食。另外，以前苏武出使匈奴，被扣留了二十年而不投降，回国后却仅仅做了典属国，但大将军的长史杨敞却无功而升为搜粟都尉。霍光还擅自选调增加大将军府的校尉。霍光独揽大权为所欲为，我怀疑他图谋不轨。臣刘旦愿意把信符玺印交还给朝廷，回京进宫护卫皇上，督察奸臣反叛的行迹。"他们等霍光出宫休假时趁机将这份奏书呈报给皇上。上官桀打算乘机把这事交给下面部门处理，桑弘羊则与其他大臣一起拘捕霍光并解除霍光的职务。奏章呈上后，昭帝却不肯批复下发。

明旦，光闻之，止画室中不入[①]。上问："大将军安在？"左将军桀对曰："以燕王告其罪，故不敢入。"有诏召大将军。光入，免冠顿首谢，上曰："将军冠。朕知是书诈也，将军亡罪[②]。"光曰："陛下何以知之？"上曰："将军之广明[③]，都郎属耳[④]。调校尉以来未能十日，燕王何以得知之？且将军为非，不须校尉。"是时帝年十四，尚书左右皆惊，而上书者果亡，捕之甚急。桀等惧，白上小事不足遂[⑤]，上不听。

注释

①画室：指殿前西阁之室，西阁画古帝王像，所以称画室。

②亡 wú：通"无"。

③之：往。广明：亭驿名，在长安城东，东都门外。

④属 zhǔ：近，近日。

⑤遂：竟，指追究到底。

译文

第二天早晨，霍光听说了这件事，就在西阁画室里而没有上殿朝拜。昭帝问："大将军在哪？"左将军上官桀回答说："因为燕王告发了他的罪行，所以他不敢进殿。"昭帝下诏令大将军霍光见驾。霍光进殿后，摘下官帽叩头谢罪，昭帝说："将军把帽子戴上。朕知道这封奏书是假的，将军没有罪。"霍光说："陛下是怎么知道奏书有假的？"昭帝说："你去广明亭总领郎官羽林军操练演习，是最近的事。你选调校尉以来也还不到十天，燕王怎么可能知道这事？况且你要作乱，并不需要校尉。"当时昭帝仅十四岁，尚书和左右大臣都非常惊讶，而那个上书的人果然逃跑了，皇上急令追捕逃犯。上官桀等人害怕了，上奏皇上说这种小事不值得追究，皇上不听他们的话。

后桀党与有谮光者[①]，上辄怒曰："大将军忠臣，先帝所属以辅朕身，敢有毁者坐之[②]。"自是桀等不敢复言，乃谋令长公主置酒请光，伏兵格杀之[③]，因废帝，迎立燕王为天子。事发觉，光尽诛桀、安、弘羊、外人宗族。燕王、盖主皆自杀。光威震海内。昭帝既冠[④]，遂委任光[⑤]，讫十三年，百姓充实，四夷宾服。

注释

① 党与：同党的人。谮 zèn：谗毁，诬陷。

② 毁：诽谤。坐：治罪。

③ 格：击。

④ 冠：冠礼。古代男子二十岁行成人礼，结发戴冠，表示成年。昭帝行冠礼在元凤四年（前 77），十八岁。

⑤遂：竟，始终。

译文

之后上官桀的同党中凡是有诋毁霍光的，昭帝便发怒说："大将军是忠臣，是先帝嘱托辅佐我的人，有人再敢诋毁大将军定要治罪。"从此上官桀等人就不敢再说什么了。他们又密谋让盖主设酒席宴请霍光，埋伏下兵士谋杀他，并乘机废掉昭帝，迎燕王刘旦回京做皇帝。这个阴谋败露，霍光把上官桀、上官安、桑弘羊、丁外人及他们的宗族全部诛杀。燕王刘旦、盖主也都自杀。从此霍光威震天下。昭帝行冠礼成年以后，仍把政事委托给霍光，直到昭帝去世共十三年，百姓富裕，四方各国都臣服归顺。

元平元年①，昭帝崩，亡嗣。武帝六男独有广陵王胥在，群臣议所立，咸持广陵王②。王本以行失道，先帝所不用。光内不自安。郎有上书言："周太王废太伯立王季③，文王舍伯邑考立武王④，唯在所宜，虽废长立少可也。广陵王不可以承宗庙。"言合光意。光以其书视丞相敞等⑤，擢郎为九江太守⑥，即日承皇太后诏⑦，遣行大鸿胪事少府乐成、宗正德、光禄大夫吉、中郎将利汉迎昌邑王贺⑧。

注释

①元平元年：公元前 74 年。

②咸：都。持：主张。

③周太王：周文王的祖父。太伯：周太王的长子。王季：周太王的少子，文王的父亲。

④伯邑考：周文王的长子。武王：周文王的次子。

⑤视：通"示"。敞：指杨敞，此时为丞相。

⑥擢 zhuó：提拔。九江：郡名，包括今江西全省及江苏、安徽的长江北岸一带，郡治在今安徽寿县。

⑦皇太后：指昭帝的上官皇后，霍光的外孙女。

⑧大鸿胪：官名，掌管朝贺庆吊的赞礼司仪。少府：官名，掌管山海池泽的税收。宗正：官名，掌管皇族亲属的事务。

译文

元平元年（前 74），昭帝去世，没有儿子继承皇位。武帝的六个儿子中只有广陵王刘胥还在世，大臣们讨论立谁当皇帝，都主张立广陵王。广陵王起初是因为品行不端正，武帝不立他为皇位继承人。因此霍光忧心忡忡。有位郎官上书说："古时候，周太王废掉长子太伯而立少子王季，周文王舍弃伯邑考而立武王，只要是适合做皇帝，即使废长立幼也是可以的。广陵王胜任不了帝位。"这番话正合霍光的心意。霍光把这封奏章给丞相杨敞等人看，并提拔这位上书的郎官为九江郡太守。当天霍光奉了皇太后的命令，派遣代理大鸿胪的少府史乐成、宗正刘德、光禄大夫丙吉和中郎将利汉等人，迎接昌邑王刘贺进京。

贺者，武帝孙，昌邑哀王子也[①]。既至，即位，行淫乱。光忧懑[②]，独以问所亲故吏大司农田延年[③]。延年曰："将军为国柱石，审此人不可，何不建白太后，更选贤而立之？"光曰："今欲如是，于古尝有此否？"延年曰："伊尹相殷[④]，废太甲以安宗庙[⑤]，后世称其忠。将军若能行此，亦汉之伊尹也。"光乃引延年给事中[⑥]，阴与车骑将军张安世图计，遂召丞相、御史、将军、列侯、中二千石、大夫、博士会议未央宫[⑦]。光曰："昌邑王行昏乱，恐危社稷，如何？"群臣皆惊鄂失色[⑧]，莫敢发言，但唯唯而已[⑨]。田延年前，离席按剑，曰："先帝属将军以幼孤，寄将军以天下，以将军忠贤能安刘氏也。今群下鼎沸，社稷将倾，且汉之传谥常为孝者[⑩]，以长有天下，令宗庙血食也[⑪]。如今汉家绝祀，将军虽死，何面目见先帝于地下乎？今日之议，不得旋踵[⑫]。群臣后应者，臣请剑斩之。"光谢曰："九卿责光是也[⑬]。天下匈匈不安[⑭]，光当受难。"于是议者皆叩头，曰："万姓之命在于将军，唯大将军令。"

注释

① 昌邑哀王：指昭帝的哥哥刘髆 bì，武帝第五子。

② 懑 mèn：烦闷。

③ 故吏：旧日的僚属。田延年：字子宾，曾供职于霍光幕府，很受霍光器重。

④ 伊尹：商汤的贤相。

⑤太甲：商汤的长孙，继位后纵欲无道，伊尹把他流放到桐宫。过了三年，太甲改过自新，伊尹把他接回，让他执政。

⑥引：推荐。给事中：加官名，供职于宫中，掌顾问应对。

⑦大夫：官名，参与议政，属光禄勋。博士：官名，掌通晓古今事物，国有疑事，备顾问，太常的属官。

⑧鄂 è：通“愕”，惊讶。

⑨唯唯：应答声，表示顺应别人的意见。

⑩谥常为孝：汉代自惠帝起，每个皇帝的谥号前都加一个“孝”，如武帝称“孝武皇帝”。

⑪血食：指得到享祭，享祭鬼神要杀牲，所以称“血食”。

⑫不得旋踵 zhǒng：意为不得踌躇犹豫。旋踵，转动脚跟向后退。

⑬九卿：这里指田延年，因田延年任大司农，为九卿之一。

⑭匈匈：通“汹汹”，纷扰不安的样子。

译文

刘贺，是武帝的孙子，昌邑哀王之子。他到了长安继承皇位之后，荒淫无道。霍光心里忧愁气愤，这日独自与亲信的旧部下大司农田延年商量。田延年说：“将军您作为国家的柱石，既然察觉此人不可委以重任，为什么不向太后建议，另选贤明的人立为皇帝呢？”霍光说：“如今我打算这样做，但在古代曾有过这样的先例吗？”田延年说：“伊尹为殷朝宰相时，为了国家的安定废掉了太甲，后代都称赞他的忠诚。将军如能这样做，也就是汉朝的伊尹了。”霍光于是推荐田延年做了给事中，又私下里与车骑将军张安世进行筹划安排，然后就召集丞相、御史、将军、列侯、中二千石、大夫、博士等在未央宫共同商议大事。霍光说：“昌邑王行为昏庸无道，恐怕会危害国家，大家看该怎么办？”众大臣都很吃惊，害怕得变了脸色，谁也不敢说话，只是唯唯诺诺答应着罢了。田延年站了起来，离席前行一步，手按着剑说：“当年先帝把幼主托付给将军，把国家重任交付给将军，是因为将军忠诚贤明能安定刘氏江山。如今天下臣民人心动荡不安，国家将有倾覆的危险，况且汉朝世代相传，帝王谥号都用一个‘孝’字为先，就是为了能长久保有天下，使宗庙永享祭祀。如果汉朝灭亡了，将军即使是死了，九泉之下又有什么面目去见先帝呢？今天商议的事情，要迅速决断不能再拖了。大臣们有迟疑不表态的，请允许我用剑斩了他。”霍光谢罪说：“大司农对我的责备很对。如今国内纷扰不安，我理当受到责难。”于是，参加议事的人都叩头说道：“天下百姓的生死安危全取决于将军了，我们愿听将军的命令。”

光即与群臣俱见白太后[①]，具陈昌邑王不可以承宗庙状。皇太后乃车驾幸未央承明殿[②]，诏诸禁门毋内昌邑群臣[③]。王入朝太后还，乘辇欲归温室[④]，中黄门宦者各持门扇[⑤]，王入，门闭，昌邑群臣不得入。王曰："何为？" 大将军跪曰："有皇太后诏，毋内昌邑群臣。" 王曰："徐之，何乃惊人如是！" 光使尽驱出昌邑群臣，置金马门外。车骑将军安世将羽林骑收缚二百余人，皆送廷尉诏狱⑥。令故昭帝侍中中臣侍守王⑦。光敕左右⑧："谨宿卫，卒有物故自裁⑨，令我负天下，有杀主名。" 王尚未自知当废，谓左右："我故群臣从官安得罪，而大将军尽系之乎？" 顷之，有太后诏召王，王闻召，意恐，乃曰："我安得罪而召我哉！" 太后被珠襦⑩，盛服坐武帐中⑪，侍御数百人皆持兵，期门武士陛戟⑫，陈列殿下。群臣以次上殿，召昌邑王伏前听诏。光与群臣连名奏王，尚书令读奏。

注释

①见白太后：谒见太后并向太后禀白。

②幸：太后所去之处也叫作幸。承明殿：殿名，在未央宫内。

③禁门：宫门。内：放进来，后来写作"纳"。

④温室：殿名，冬日取暖之处，这里指未央宫之温室殿。

⑤中黄门宦者：住在宫禁里在后宫当差的宦官。

⑥廷尉：官名，掌司法。诏狱：监狱的一种，专门处置皇帝特旨交审的案犯。

⑦中臣侍：应作"中常侍"，侍从皇帝的加官。

⑧敕 chì：告诫。

⑨卒 cù：通"猝"，突然。物故：死亡。自裁：自杀。

⑩ 珠襦 rú：用珍珠串缀成的短上衣。

⑪ 武帐：设置有兵器和卫士的帷帐。

⑫ 期门：官名，掌执兵器随从皇帝。陛戟 jǐ：在殿阶下拿着戟来护卫。

译文

霍光随即与众大臣一同谒见禀告太后，向太后详细地陈述了昌邑王刘贺不能胜任皇位的情况。于是皇太后乘车来到未央宫承明殿，传令各宫门不准放昌邑王的群臣进宫。昌邑王进宫朝见太后回来，打算乘车回温室殿，中黄门宦官在宫门两边把持着门扇，昌邑王刚进宫门就立刻把宫门关上了，使昌邑王的群臣无法进宫。昌邑王说："为什么关宫门？"霍光跪下说："有皇太后的命令，不准昌邑王的群臣进宫。"昌邑王说："慢点来嘛，为什么弄得这样惊人！"霍光派人把昌邑王的群臣全部驱逐出宫，赶到了金马门外。车骑将军张安世率领羽林骑兵逮捕了昌邑王属下二百多人，都送交廷尉关进了诏狱。霍光派原先侍奉汉昭帝的侍中、中常侍看守昌邑王。霍光告诫他们说："要小心看守，如果他突然死亡或自杀了，那样就使我对不起天下人，背上弑君的恶名了。"昌邑王这时还不知道自己将被废掉，问看守他的人："我带来的那些大臣、侍从犯了什么罪，大将军竟把他们都逮捕了？"过了一会儿，传来太后召见昌邑王的命令。昌邑王听说太后召见，内心开始有些惶恐，这才说："我犯了什么罪，太后召见我？"太后穿着珍珠缀饰的短袄，身穿华贵的礼服端坐在武帐中，守卫在左右的数百名侍从都手持兵器，期门武士执戟，排列在殿阶之下守卫。众大臣按品级依次进入大殿，太后让昌邑王伏在面前听候诏令。霍光与众大臣联名参奏昌邑王，尚书令宣读奏章。

皇太后诏曰："可。"光令王起拜受诏，王曰："闻天子有争臣七人，虽无道不失天下。"[1]光曰："皇太后诏废，安得天子！"乃即持其手[2]，解脱其玺组[3]，奉上太后，扶王下殿，出金马门，群臣随送。王西面拜，曰："愚戆不任汉事[4]。"起就乘舆副车[5]。大将军光送至昌邑邸[6]，光谢曰："王行自绝于天，臣等驽怯，不能杀身报德。臣宁负王，不敢负社稷。愿王自爱，臣长不复见左右。"光涕泣而去。群臣奏言："古者废放之人屏于远方[7]，不及以政，请徙王贺汉中房陵县[8]。"太后诏归贺昌邑，赐汤沐邑二千户[9]。昌邑群臣坐亡辅导之谊，陷王于恶，光悉诛杀二百余人。出死，号呼市中曰："当断不断，反受其乱。"

注释

①争 zhēng：通"诤"，谏诤，直言规劝。此两句出自《孝经·谏诤章》，原文为："昔者天子有争臣七人，虽无道，不失其天下。"

②即：走近。

③玺组：即玺绶。皇帝印玺上配有四彩组绶，称为玺绶。

④ 戆 zhuàng：刚直而愚。

⑤ 乘舆副车：皇帝的副车。因昌邑王已被废，只能乘副车。

⑥ 邸：诸侯王到京师朝见皇帝时所住的房舍。

⑦ 屏 bǐng：弃，放逐。

⑧ 房陵县：今湖北房县。

⑨ 汤沐邑：古代帝王赐给诸侯来朝时斋戒自洁的地方。战国以后国君赐给大臣的封邑也叫汤沐邑。

译文

皇太后下诏说："准奏。"霍光让昌邑王起来跪拜接受诏令，昌邑王说："我听说，天子只要有谏臣七人，即使无道也不会失去天下。"霍光说："皇太后已下令废掉了你，哪还是什么天子！"于是走上前抓住昌邑王的手，解下玺印，呈献给太后，然后扶着昌邑王下殿，走出金马门，群臣跟随着送行。昌邑王面朝西而拜，说："我愚昧不能胜任朝廷大事！"起身坐上皇帝的副车。大将军霍光将其送到昌邑邸，谢罪说："大王的行为自绝于上天，臣等怯懦无能，不能用死报答您！我宁可对不起您，不敢对不起国家社稷。希望您多多珍重，今后我再也不能侍奉在您左右了。"说完，霍光哭着离开了昌邑王。众大臣上奏说："古时候把被废之人都流放到很远的地方，使他不干扰国家的政事，我们请求把昌邑王流放到汉中房陵县。"太后命令刘贺依旧回到昌邑旧封地，又赐给他汤沐邑二千户。昌邑王旧臣因未尽到辅佐君王的职责，使昌邑王误入歧途，霍光把这二百多旧臣全杀了。这些人被拉出去处死之时，在街上哭喊着说："应当杀霍光时不当机立断，反而遭到他的残杀。"

光坐庭中，会丞相以下议定所立。广陵王已前不用，及燕刺王反诛，其子不在议中。近亲唯有卫太子孙号皇曾孙在民间①，咸称述焉。光遂复与丞相敞等上奏曰："《礼》曰'人道亲亲故尊祖，尊祖故敬宗'②。大宗亡嗣③，择支子孙贤者为嗣。孝武皇帝曾孙病已，武帝时有诏掖庭养视④，至今年十八，师受《诗》、《论语》、《孝经》⑤，躬行节俭，慈仁爱人，可以嗣孝昭皇帝后，奉承祖宗庙，子万姓。臣昧死以闻。"皇太后诏曰："可。"光遣宗正刘德至曾孙家尚冠里⑥，洗沐赐御衣，太仆以軨猎车迎曾孙就斋宗正府⑦，入未央宫见皇太后，封为阳武侯⑧。已而光奉上皇帝玺绶，谒于高庙，是为孝宣皇帝。明年，下诏曰："夫褒有德，赏元功，古今通谊也。大司马大将军光宿卫忠正，宣德明恩，守节秉谊，以安宗庙。其以河北、东武阳益封光万七千户⑨。"与故所食凡二万户。赏赐前后黄金七千斤，钱六千万，杂缯三万匹，奴婢百七十人，马二千疋，甲第一区⑩。

注释

①皇曾孙：名病已（即宣帝，后改名询），是武帝的曾孙，故称皇曾孙。

②《礼》：指《礼记·大传》。

③大宗：宗法社会以嫡系长房为“大宗”，余子为“小宗”。

④掖庭：官署名。

⑤师受：从师传授。

⑥尚冠里：地名，在长安城南。

⑦猎车：射猎时使用的一种轻便小车。斋：斋戒。古时参加大典前的一种仪式。整洁身心，表示虔诚。

⑧阳武侯：古代不立庶民为皇帝，因此先封皇曾孙为阳武侯。阳武，县名。故城在今河南原阳东南二十八里。

⑨河北：县名。在今山西芮城东北。东武阳：县名。在今山东莘县西。

⑩甲第：上等住宅。一区：一所。

译文

霍光坐在朝廷中，召集丞相以下官员商议立谁为新的皇帝。广陵王在此之前就未被选用，还有燕剌王刘旦因谋反自杀，他的儿子不在考虑之中。皇族中就只剩下号称皇曾孙的卫太子之孙了，现生活在民间，老百姓都称赞他。于是霍光又与丞相杨敞等上书给皇太后，说：“《礼记》上说：‘为人之道能够敬爱自己的父母，就能尊敬自己的祖先；能够尊敬自己的祖先，所以能够敬重宗庙。’如今大宗没有继承人，可以选择同族旁支子孙中贤能的人做继承人。孝武皇帝的曾孙病已，武帝在世时命令掖庭抚养照顾，至今已经十八岁了，拜师学习《诗经》《论语》《孝经》，为人俭朴，仁慈爱人，可以作为孝昭皇帝的继承人，继承祖宗的社稷，统治万民。臣等冒死罪禀告太后。”皇太后下令说：“准奏。”霍光派宗正刘德到尚冠里的皇曾孙家，帮他梳洗沐浴，又赐给他御衣，再由太仆用轻便的猎车把皇曾孙接到宗正府斋戒，然后进未央宫拜见皇太后，被封为阳武侯。不久霍光就向皇曾孙献上皇帝的玺绶，带他拜谒了汉高祖陵庙，这就是汉宣帝。第二年，宣帝下诏说：“褒奖有德的人，赏赐立大功的人，这是古今的惯例。大司马大将军霍光多年来守卫朝廷，忠心耿耿，正直无私，宣扬道德章明恩泽，谨守节操，主持正义，使大汉江山得以稳固。把河北、东武阳两县的一万七千户加封给霍光。”连同先前所封的一共二万户。前后赏赐于他的黄金多达七千斤，钱六千万，各色丝绸三万匹，奴婢一百七十人，马两千匹，上等住宅一所。

自昭帝时，光子禹及兄孙云皆中郎将①，云弟山奉车都尉侍中，领胡越兵②。光两女婿为东西宫卫尉③，昆弟诸婿外孙皆奉朝请④，为诸曹大夫，骑都尉，给事中。党亲连体，根据于朝廷⑤。光自后元秉持万机，及上即位，乃归政。上谦让不受，诸事皆先关白光⑥，然后奏御天子。光每朝见，上虚己敛容，礼下之已甚。

注释

①兄：指霍去病。中郎将：官名，统率羽林军，属光禄勋。

②胡越兵：指外族归附的军队。

③光两女婿为东西宫卫尉：指霍光的女婿范明友为未央宫（西宫，皇帝所居）卫尉、邓广汉为长乐宫（东宫，皇太后所居）卫尉，负责两宫守卫。

④奉朝请：朝廷有事时即参加朝会。这不是官职，只是一种优遇。

⑤根据：像树根一样盘踞着。

⑥关白：请示报告。

译文

在汉昭帝的时候，霍光的儿子霍禹及霍光哥哥的孙子霍云都已官至中郎将，霍云的弟弟霍山任奉车都尉侍中，统领南北各民族归附的军队。霍光的两个女婿分别担任东、西两宫的卫尉，兄弟辈的女婿、外孙都享有参与朝会的资格，分别做了各部门的大夫、骑都尉、给事中等官。霍光的族党亲戚在朝中连成一体，根深蒂固地占据朝廷。霍光从后元元年把持朝政直到宣帝继位，才把政权交给宣帝。宣帝谦让不肯接受，所有的政事都要先请示霍光，然后呈奏皇上。霍光每次朝见宣帝，宣帝虚心庄重，对霍光十分谦恭有礼。

光秉政前后二十年，地节二年春病笃[①]，车驾自临问光病[②]，上为之涕泣。光上书谢恩曰："愿分国邑三千户，以封兄孙奉车都尉山为列侯，奉兄票骑将军去病祀。"事下丞相御史，即日拜光子禹为右将军。

注释

① 地节二年：公元前68年，为宣帝即位后的第六年。地节，宣帝的第二个年号。

② 车驾：此处代指皇帝。

译文

霍光执政前后共二十年，地节二年（前68）春天霍光病重，皇上亲自登门探视霍光病情，宣帝难过得流泪。霍光上书谢恩，说："希望从我的封邑中分出三千户，用来封我哥哥的孙子车骑都尉霍山为列侯，以供奉哥哥骠骑将军霍去病的享祀。"皇帝把这事交丞相、御史办理，当天就封霍光的儿子霍禹为右将军。

光薨[①]，上及皇太后亲临光丧。太中大夫任宣与侍御史五人持节护丧事[②]。中二千石治莫府冢上[③]。赐金钱、缯絮，绣被百领[④]，衣五十箧，璧珠玑玉衣[⑤]，梓宫、便房、黄肠题凑各一具[⑥]，枞木外臧椁十五具[⑦]。东园温明[⑧]，皆如乘舆制度[⑨]。载光尸柩以辒辌车[⑩]，黄屋左纛[⑪]，发材官轻车北军五校士军陈至茂陵[12]，以送其葬。谥曰宣成侯。发三河卒穿复土[13]，起冢祠堂。置园邑三百家，长丞奉守如旧法[14]。

注释

① 薨 hōng：周代诸侯死亡称薨，秦汉以后也用于高级官员的死亡。

② 侍御史：官名，御史大夫下的属官，行监察等职，或奉使出外执行特定任务。

③ 治莫府冢上：此指在坟边设置临时办事处。莫府，即幕府。

④ 绣被：锦绣被子。领：量词。

⑤ 玉衣：衣以金丝连缀玉片而成，用以包裹尸体，又称玉匣。

⑥ 梓宫：用梓木做成的棺材。便 piān 房：用楩木做成的椁（套在棺材外面的大棺材）。便，通“楩”。黄肠题凑：用木垒在棺上，好像四面有檐的屋子，木的头都向内，所以叫题凑，因用黄心柏木，所以叫黄肠题凑。

⑦ 枞 cōng：松杉科常绿乔木。外臧椁：厨厩之属。臧，通“藏”。

⑧ 东园：官署名，掌置办丧葬器物。温明：“温明”下脱“秘器”二字（依王念孙说）。这种温明秘器，形如方漆桶，一面开着，把镜子放在里面，悬在尸上，大敛时封入棺内。因藏棺内，故称秘器。

⑨ 乘舆制度：指皇帝的丧葬制度。

⑩ 辒辌 wēnliáng 车：一种供人卧息的车，旁有窗，可

供开闭以调节温凉，故称辒辌车，后用作葬车。

⑪黄屋：帝王专用的黄缯车盖。左纛 dào：古代皇帝乘舆上的饰物，以牦牛尾或雉尾制成，设在车衡左边或左上。

⑫材官：高级武官手下的武士。轻车：汉代兵种之一。北军：汉代禁卫军之一，共五营。五校：即五营。北军五校的军士只有在皇帝出殡时才充任仪仗队，现在为霍光送殡，也是用皇帝丧葬的制度。

⑬三河：汉时指河内、河东、河南三郡。穿：穿圹，即挖掘墓穴。复土：下棺后把土填上。

⑭长丞：守护陵园的官吏。

译文

霍光去世后，皇上和皇太后亲临吊丧。太中大夫任宣和五名侍御史持节符操持丧事。中二千石的官在墓地设置临时办事机构。皇上赏赐了金钱、丝绸、缯帛丝绵，还有一百条绣花被子，衣服五十箱，还赐有玉衣，梓木棺材、楩木外椁、黄肠题凑各一具，随葬的枞木外藏椁十五具。东园温明秘器等随葬物品，都与皇帝的规格一样。出葬时用辒辌车装载霍光的灵柩，车上有黄缯做的车盖，左边车衡插上了装饰有羽毛的大旗，调遣材官、轻车、北军五个营的军士列队直到茂陵，为霍光送葬。赐霍光谥号为宣成侯。皇帝征调河东、河内、河南三郡的士卒为霍光挖土修墓，建造陵墓祠堂，并在祠堂周围设置了三百户人家守护陵墓，长丞按照旧例守护陵园。

王莽传

王莽字巨君，孝元皇后之弟子也[①]。元后父及兄弟皆以元、成世封侯[②]，居位辅政，家凡九侯、五大司马[③]。语在《元后传》。唯莽父曼蚤死，不侯[④]。莽群兄弟皆将军五侯子[⑤]，乘时侈靡，以舆马声色佚游相高[⑥]，莽独孤贫，因折节为恭俭[⑦]。受《礼经》[⑧]，师事沛郡陈参[⑨]，勤身博学，被服如儒生。事母及寡嫂，养孤兄子，行甚敕备[⑩]。又外交英俊，内事诸父[⑪]，曲有礼意[⑫]。阳朔中[⑬]，世父大将军凤病[⑭]，莽侍疾，亲尝药，乱首垢面，不解衣带连月[⑮]。凤且死，以托太后及帝[⑯]，拜为黄门郎[⑰]，迁射声校尉[⑱]。

注释

① 孝元皇后（前 71—13）：汉元帝的皇后名王政君，生汉成帝刘骜。

② 元、成世：元帝、成帝时期。封侯：王政君之父王禁封阳平侯，兄王凤继之为侯，弟王谭封平阿侯，王崇封安成侯，王商封成都侯，王立封红阳侯，王根封曲阳侯，王逢时封高平侯，从弟王音封安阳侯。另外，侄王莽封新都侯，姊王君侠、妹王君力、妹王君弟都有封号和汤沐邑。

③ 九侯：指阳平侯王禁、平阿侯王潭、安成侯王崇、成都侯王商、红阳侯王立、曲阳侯王根、高平侯

王逢时、安阳侯王音、新都侯王莽。五大司马：王凤、王音、王商、王根、王莽都曾任大司马。大司马，官名。掌管全国军政，实权超过丞相。西汉后期往往为掌权的外戚担任。

④不侯：未得封侯。

⑤群兄弟：指叔伯兄弟。将军：武官名。汉代有大将军、骠骑将军等各种名号的将军。五侯：王谭、王商、王立、王根、王逢时于同日封侯，世称“五侯”。

⑥相高：互相攀比。

⑦折节：降低身份。

⑧《礼经》：指《仪礼》或《士礼》。

⑨沛郡：郡名。治相县（在今安徽淮北市西北）。

⑩敕备：谨慎周全。

⑪诸父：伯叔的统称。

⑫曲：详尽。

⑬阳朔：汉成帝的年号，共四年（前24—前21）。

⑭世父：伯父。凤：王凤（？—前22），成帝时任大司马大将军，辅政十一年。

⑮不解衣带：没有正常地睡觉。

⑯太后：指元后。

⑰黄门：秦汉宫中官署名。设有黄门侍郎、给事黄门侍郎等官。

⑱射声校尉：武官名。掌管待诏射声士。

译文

王莽字巨君，是孝元皇后的侄子。在汉元帝、汉成帝的时候，孝元皇后的父亲和兄弟们都被封侯，身居高位辅佐朝政。他们家族里共有九人得以封侯、五位担任大司马，这些在《元后传》里有记载。只有王莽的父亲王曼因去世较早，没被封侯。王莽的堂兄弟们都是将军、侯爷的儿子，他们依仗权势，生活奢侈糜烂，争相攀比车马豪华、姬妾貌美等。只有王莽孤独贫穷，因而能放下尊贵的地位，生活节俭，待人谦恭。他师从沛郡人陈参，学习《礼经》，勤奋学习博览群书，穿着也与普通的书生一样。他侍奉母亲和守寡的嫂子，抚养没了父亲的侄子，处事十分严谨。另外，他在外面结交英才俊杰，在家族里侍奉伯父叔父们，都委婉周到很有礼节。阳朔年间，王莽的伯父大将军王凤病了，王莽侍候他，亲口尝汤药，忙得蓬头垢面，接连几个月都没有脱衣睡觉。王凤临终前，把王莽托付给太后和汉成帝，王莽被任命为黄门郎，后来被升为射声校尉。

久之，叔父成都侯商上书[①]，愿分户邑以封莽，及长乐少府戴崇、侍中金涉、胡骑校尉箕闳、上谷都尉阳并、中郎陈汤[②]，皆当世名士，咸为莽言，上由是贤莽。永始元年[③]，封莽为新都侯，国南阳新野之都乡[④]，千五百户。迁骑都尉、光禄大夫、侍中[⑤]，宿卫谨敕，爵位益尊，节操愈谦。散舆马衣裘，振施宾客，家无所余。收赡名士[⑥]，交结将相卿大夫甚众。故在位更推荐之[⑦]，游者为之谈说，虚誉隆洽，倾其诸父矣[⑧]。敢为激发之行[⑨]，处之不惭恧[⑩]。

注释

①商：王商（？—前10）。成帝时任大司马大将军，辅政四年。

②长乐少府：官名。掌长乐宫事务。侍中：加官名。侍卫皇帝，出入宫廷。胡骑校尉：武官名。掌管归附的胡人骑兵，为北军八大校尉之一。上谷：郡名。治所在沮阳（在今河北怀来东南）。中郎：官名。属郎中令（光禄勋）。

③永始元年：公元前16年。

④国：即封国。南阳新野：南阳郡新野县（今河南新野）。都乡：侯国。

⑤骑都尉：官名。掌皇帝的卫队。光禄大夫：官名。属郎中令，汉武帝时郎中令更名光禄勋，遂改称光禄大夫。

⑥收赡：接受，供养。

⑦在位：指位居高官者。更：交替。

⑧倾：超过。

⑨激发：矫揉造作。

⑩恧nù：惭愧。

译文

过了很久，王莽的叔父成都侯王商向皇帝上书，希望将自己的封户拿出来分封给王莽，后来长乐少府戴崇、侍中金涉、胡骑校尉箕闳、上谷都尉阳并、中郎陈汤等都上书称赞王莽，这些人在当时都是很有名望的人，于是皇上便认为王莽是贤人。汉成帝永始元年（前16），王莽被封为新都侯，封地在南阳郡新野县的都乡，食邑一千五百户。后来又升为骑都尉兼光禄大夫加侍中。王莽在宫中值宿警卫，谨慎而且全面，随着他官职的提升，为人处世却越来越谦恭。他常常散发车马衣物，救济宾客，致使家中所剩无几。他收容供养知名人士，还结交很多将相权贵。所以当权的人更加称赞他，社会上的游士也赞美他，他声名鹊起，胜过他的伯父、叔父们。他敢于行事矫揉造作，而且也不觉得羞愧。

莽兄永为诸曹[①]，蚤死，有子光，莽使学博士门下。莽休沐出，振车骑，奉羊酒，劳遗其师，恩施下竟同学[②]。诸生纵观，长者叹息。光年小于莽子宇，莽使同日内妇[③]，宾客满堂。须臾，一人言太夫人苦某痛[④]，当饮某药，比客罢者数起焉[⑤]。尝私买侍婢，昆弟或颇闻知，莽因曰："后将军朱子元无子[⑥]，莽闻此儿种宜子[⑦]，为买之。"即日以婢奉子元。其匿情求名如此。

注释

① 诸曹：泛指能上朝审理奏章的官员。

② 竟：遍。

③ 内妇：娶妻。内，同"纳"。

④ 太夫人：对贵族官僚之母的尊称。此指王莽之母。

⑤ 比客罢者数起：疑作"比客罢起者数"，谓至客罢

者王莽屡起往候太夫人之疾。比，及，等到。罢，停止。

⑥朱子元（？—前5）：朱博，西汉大臣。京兆杜陵人。《汉书》卷八十三有其传。

⑦此儿种宜子：谓此女的血统能够生育儿女。

译文

王莽的哥哥王永曾担任诸曹，去世得早，有个儿子叫王光，王莽让他到一位博士门下求学。王莽在休假的时候，就驾着车马，带着羊和酒，慰劳王光的老师，连王光的同学们也都得到赏赐。许多学生前来围观，老人们也都称赞王莽。王光比王莽的儿子王宇年纪小，王莽让他俩在同一天娶亲，来祝贺的宾客坐满了堂屋。过了一会儿，有一人对王莽说太夫人犯了某种病痛，应该服用什么样的药，到宾客散去时，王莽已经起身看望母亲好几次。他私下里曾经买了一个婢女，兄弟们慢慢都知道了，王莽便说："后将军朱子元没有子嗣，我听说这个女子能多生儿子，便替他买了她。"当天就把这个女子送给了朱子元。王莽为了追求名誉而隐藏自己的真实感情已到了这种地步。

是时，太后姊子淳于长以材能为九卿[①]，先进在莽右[②]。莽阴求其罪过，因大司马曲阳侯根白之[③]，长伏诛，莽以获忠直，语在《长传》[④]。根因乞骸骨，荐莽自代[⑤]，上遂擢为大司马。是岁，绥和元年也[⑥]，年三十八矣。莽既拔出同列，继四父而辅政[⑦]，欲令名誉过前人，遂克己不倦，聘诸贤良以为掾史[⑧]，赏赐邑钱悉以享士[⑨]，愈为俭约。母病，公卿列侯遣夫人问疾，莽妻迎之，衣不曳地[⑩]，布蔽膝。见之者以为僮使[⑪]，问知其夫人，皆惊。

注释

① 淳于长（？—前8）：字子儒。魏郡元城人。曾任卫尉（九卿之一），封定陵侯。《汉书·佞幸传》有其传。

② 先进：指发迹较早。右：古人以右为尊。

③ 根：王根（？—前2）。成帝时任大司马骠骑将军，辅政五年。

④《长传》：指《汉书·佞幸传·淳于长传》。

⑤ 自代：代替自己。

⑥ 绥和元年：公元前8年。

⑦ 四父：指诸父王凤、王音、王商、王根。

⑧ 掾史：属吏的泛称，秦汉时中央及地方官署均置。

⑨ 邑钱：封邑的赋税收入。

⑩ 曳地：衣长曰曳地。曳，拖。

⑪ 僮使：仆人，使女。

译文

当时，太后的外甥淳于长因为有才能而担任九卿，他在王莽之前做官，地位也高于王莽。王莽暗中搜集他的罪证，通过大司马曲阳侯王根向汉成帝告发了淳于长，淳于长伏法被杀，王莽因此获得忠诚正直的美誉，这些事《淳于长传》中有记载。之后王根趁机请求辞官，推荐王莽接替自己，于是皇上提拔王莽为大司马。当时是绥和元年（前8），王莽三十八岁。王莽已超出自己的同辈，继四位伯父、叔父之后辅佐朝政，还想要使自己的名声超过前人，于是不知疲倦地工作，还严格要求自己，聘请了许多贤能之士为他办事，皇帝的赏赐和封邑的收入全都用来犒劳士人，他自己反而更加俭朴节约。他的母亲生病了，王公大臣都让自己的夫人前来探问病情，王莽的妻子出去迎接，穿的衣服竟然都不能拖到地面，布裙也仅至膝盖。见到她的人都以为她是个奴仆，询问后才知道她是王莽的夫人，都非常吃惊。

辅政岁余，成帝崩，哀帝即位，尊皇太后为太皇太后。太后诏莽就第①，避帝外家②。莽上疏乞骸骨，哀帝遣尚书令诏莽曰③："先帝委政于君而弃群臣④，朕得奉宗庙，诚嘉与君同心合意⑤。今君移病求退⑥，以著朕之不能奉顺先帝之意，朕甚悲伤焉。已诏尚书待君奏事。"又遣丞相孔光、大司空何武⑦、左将军师丹、卫尉傅喜白太后曰："皇帝闻太后诏，甚悲。大司马即不起⑧，皇帝即不敢听政。"太后复令莽视事。

注释

①就第：回到自己的府第，意指辞官。

②帝外家：指哀帝的祖母家傅氏及母家丁氏。
③尚书令：官名。掌文书章奏，为九卿之一少府属官。
④弃群臣：君死之婉称。
⑤嘉：喜乐。
⑥移病：上书称病。
⑦大司空：官名，即御史大夫。成帝时改御史大夫为大司空。
⑧即：如果。不起：不出来做官。

译文

王莽辅政一年多以后，汉成帝去世，汉哀帝继位，尊称皇太后为太皇太后。王太后下令让王莽辞官回家，把权力让给哀帝的外戚。于是王莽上书请求辞官归家，哀帝就派尚书令向王莽下旨："先帝把朝政委托于您就弃群臣归天了，朕能够继承大统，实在希望与你同心协力管理朝政。如今你却上书说有病要求辞官，这表明朕不能顺从先帝的旨意，朕对此很是悲伤。朕已经命令尚书恭候您入朝奏事。"又派遣丞相孔光、大司空何武、左将军师丹、卫尉傅喜禀告太后说："皇帝听到太后的诏命，很是悲伤。如果大司马不出来辅佐朝政，皇帝就不敢处理政务了。"于是王太后又重新让王莽辅政。

时哀帝祖母定陶傅太后、母丁姬在[①]，高昌侯董宏上书言："《春秋》之义，母以子贵[②]，丁姬宜上尊号。"莽与师丹共劾宏误朝不道[③]，语在《丹传》。后日，未央宫置酒[4]，内者令为傅太后张幄[5]，坐于太皇太后坐旁。莽案行[6]，责内者令曰："定陶太后藩妾[7]，何以得与至尊并[8]！"彻去，更设坐。傅太后闻之，大怒，不肯会[9]，重怨恚莽[10]。莽复乞骸骨，哀帝赐莽黄金五百斤，安车驷马，罢就第，公卿大夫多称之者，上乃加恩宠，置使家[11]，中黄门十日一赐餐[12]。下诏曰："新都侯莽忧劳国家，执义坚固，朕庶几与为治。太皇太后诏莽就第，朕甚闵焉。其以黄邮聚户三百五十益封莽[13]，位特进[14]，给事中[15]，朝朔望见礼如三公[16]，车驾乘绿车从[17]。"后二岁，傅太后、丁姬皆称尊号，丞相朱博奏："莽前不广尊尊之义[18]，抑贬尊号，亏损孝道，当伏显戮[19]，幸蒙赦令，不宜有爵土[20]，请免为庶人。"上曰："以莽与太皇太后有属[21]，勿免，遣就国[22]。"

注释

① 定陶：汉诸侯王国名，治定陶（今山东定陶）。傅太后：河内温县人。元帝妃，生刘康（定陶恭王）。哀帝即位后，尊其为太皇太后。丁姬：山阳瑕丘人。定陶恭王刘康妻，生刘欣（哀帝）。哀帝即位后，尊其为帝太后。

② 母以子贵：母亲因儿子的显贵而显贵。见《春秋公羊传》隐公元年。

③ 不道：刑罪名。

④ 未央宫：汉代的主要宫殿，旧址在今陕西西安市西北部。

⑤ 内者令：官名。亦作内谒者令。属少府。张幄：陈设有帷幄的座位。
⑥ 案行：巡视。案，同“按”。
⑦ 藩：指诸侯王的封国。
⑧ 至尊：指太皇太后（元后）。
⑨ 会：参加酒会。
⑩ 重：甚。恚：愤怒，怨恨。
⑪ 置使家：设置专使在他家侍候。
⑫ 中黄门：门官。给事于内廷。
⑬ 黄邮聚：地名。在今河南南阳市东南。
⑭ 特进：官名。西汉末始置，授予有特殊地位的列侯。
⑮ 给事中：可以给事殿中，以备顾问，讨论政事。
⑯ 朝朔望：每逢阴历初一和十五朝拜皇帝。见礼：指皇帝接见臣下之礼。
⑰ 车驾：指皇帝出行。绿车：皇孙所乘之车。让王莽乘绿车随从车驾，乃示恩宠。
⑱ 尊尊：动宾结构。指给傅太后、丁姬上尊号之事。
⑲ 显戮：明正典刑，处决示众。
⑳ 爵土：爵位与封地。
㉑ 有属：有亲属关系。
㉒ 就国：回到自己的封国。

译文

当时哀帝的祖母定陶国傅太后、母亲丁姬都在世，高昌侯董宏上书说：“根据《春秋》之义，母亲凭借儿子的尊贵而尊贵，丁姬应该加上尊号。”王莽和师丹一起弹劾董宏扰乱朝纲，这些事在《师丹传》中有记载。后来，未央宫举行宴会，内者令将傅太后的帷帐设在太皇太后的座位旁边。王莽巡视时发现，责备内者令说："定陶太后是诸侯王的太后，怎么能跟最尊贵的太皇太后并列！"于是撤去帷帐，改设为一个座位。傅太后听说此事后，非常愤怒，不愿出席宴会，加深了对王莽的怨恨。王莽再次请求辞官，哀帝赏赐他五百斤黄金，乘着一辆四匹骏马拉的安车，辞官归家。朝中大臣对他多有赞誉，于是皇上对他更加优待宠信，在他家中特意安排使者侍候他，让宫内太监每十天就赏赐一次酒食。皇上下诏说："新都侯王莽为国家劳心劳力，行事规整从不疏忽，朕差不多都是依靠他才得以治理天下。太皇太后命王莽辞官归家，朕对此十分惋惜。现把黄邮聚的民户三百五十家加封给王莽，授予他特进、给事中的官职，每逢初一、十五参加朝会，礼节如同三公那样，皇上出行允许他乘坐绿车随行。"两年以后，傅太后、丁姬都有了尊贵的封号，丞相朱博上奏书说："王莽之前不肯弘扬尊敬尊长的原则，压制贬低太后的尊贵封号，使皇上有损孝道，应当伏法受诛，幸亏蒙受皇上的赦免，但不应当拥有爵位和封地。请求将他贬为平民。"皇上说："因为王莽与太皇太后有亲属关系，不宜免除爵位和封地，就把他遣回封国去吧"。

莽杜门自守，其中子获杀奴，莽切责获[①]，令自杀。在国三岁，吏上书冤讼莽者以百数。元寿元年[2]，日食，贤良周护[3]、宋崇等对策深颂莽功德，上于是征莽。

注释

① 切：严刻。

② 元寿元年：公元前2年。

③ 贤良：指应举的士人。

译文

王莽回到封国后，关门闭户，安分守己，他的次子王获杀死了奴仆，王莽痛斥王获，要他自杀谢罪。王莽留在封国的三年中，上书替他鸣冤辩白的官员数以百计。元寿元年（前2），出现了日食，贤良周护、宋崇等在回答皇帝的策问时多加颂扬王莽的功德，皇上于是将王莽征召回朝。

始莽就国，南阳太守以莽贵重[1]，选门下掾宛孔休守新都相[2]。休谒见莽，莽尽礼自纳[3]，休亦闻其名，与相答。后莽疾，休候之，莽缘恩意，进其玉具宝剑[4]，欲以为好。休不肯受，莽因曰："诚见君面有瘢，美玉可以灭瘢，欲献其瑑耳[5]。"即解其瑑，休复辞让。莽曰："君嫌其贾邪[6]？"遂椎碎之，自裹以进休，休乃受，及莽征去，欲见休，休称疾不见。

注释

①南阳：郡名。治宛县（今河南南阳市）。

②门下掾：郡县佐吏。总录门下诸事。新都相：新都侯的相。掌政事。

③自纳：主动结交。

④玉具宝剑：以玉装饰的宝剑。

⑤瑑 zhuàn：玉器雕饰的凸纹。这里借指玉具。

⑥贾：谓贵重。

译文

当初王莽回到封国时，南阳太守因为王莽位高权重，选调属官宛县人孔休临时担任新都国相。孔休拜见王莽时，王莽极尽礼节主动结交他，孔休也听说过他的名声，两人相互来往。后来王莽生病的时候，孔休去问候他，王莽借此机会报答孔休的情谊，送上镶嵌着美玉的宝剑，打算和他交好。孔休不肯接受，王莽于是说："我确实是看到您脸上有伤痕，用美玉可以消除伤痕，想送给您这上面的玉罢了。"就取下美玉送给他，孔休再次推辞不受。王莽说："您是嫌它太贵重吗？"于是用椎打碎它，自己把碎玉包起来送给孔休，孔休才接受。等到王莽被征召回朝要离开时，想见一下孔休，孔休推托生病没有相见。

莽还京师岁余，哀帝崩，无子，而傅太后、丁太后皆先薨，太皇太后即日驾之未央宫收取玺绶[①]，遣使者驰召莽。诏尚书，诸发兵符节，百官奏事，中黄门、期门兵皆属莽②。莽白："大司马高安侯董贤年少③，不合众心，收印绶。"贤即日自杀。太后诏公卿举可大司马者，大司徒孔光、大司空彭宣举莽④，前将军何武、后将军公孙禄互相举⑤。太后拜莽为大司马，与议立嗣⑥。安阳侯王舜，莽之从弟⑦，其人修饬，太后所信爱也，莽白以舜为车骑将军，使迎中山王奉成帝后⑧，是为孝平皇帝。帝年九岁，太后临朝称制⑨，委政于莽。莽白赵氏前害皇子⑩，傅氏骄僭⑪，遂废孝成赵皇后、孝哀傅皇后⑫，皆令自杀，语在《外戚传》。

注释

① 收取玺绶：据《后汉书·张步传》，哀帝临崩，以玺绶付董贤。元后听了王闳的报告，向董贤夺了玺绶。

② 期门兵：汉武帝时始设，平帝时改称虎贲郎。乃皇帝的卫兵。

③ 董贤（前23—前1）：哀帝宠臣。字圣卿，冯翊云阳人。《汉书·佞幸传》有其传。

④ 彭宣：字子佩，淮阳阳夏人。起初荐举王莽，后见王莽专权，乃辞官退去。

⑤ 后将军：乃"左将军"之误，见《汉书·公卿表》与《汉书·何武传》。

⑥ 立嗣：谓选定皇位继承人。

⑦ 王舜：王音之子。

⑧ 中山王：指中山王刘衎，乃元帝子刘兴之子，成帝之侄。

⑨ 称制：谓代行皇帝的职权。

⑩ 赵氏：指成帝宠妃赵飞燕姊妹。赵飞燕姊妹专宠十余年，曾谋杀成帝跟宫女曹宫和许美人所生的两个男婴。

⑪ 傅氏：指元帝妃傅氏的家族。自哀帝尊祖母傅氏为皇太太后之后，傅家封侯者六人，任大司马者二人，任九卿与二千石者六人，任侍中诸曹者十多人，权倾一时。

⑫ 孝成赵皇后：赵飞燕，上党阳阿人。《汉书·外戚传》有其传。孝哀傅皇后：哀帝皇后傅氏，傅晏之女。《汉书·外戚传》有其传。

译文

王莽回到京城一年多以后，哀帝去世，没有儿子继位，而傅太后和丁太后也都在哀帝之前去世了，太皇太后当天便来到未央宫收取玺绶，派遣使者快马前去召王莽前来。命令尚书，朝廷所有派遣军队的符节凭证，文武百官上朝奏事，内宫太监和皇帝的亲兵都归王莽管制。王莽说："大司马高安侯董贤年纪太轻，不合大家的心意，特收回他的印信。"董贤当天就自杀了。王太后诏令王公大臣举荐适合接任大司马位置的人，大司徒孔光和大司空彭宣举荐王莽，前将军何武、后将军公孙禄互相举荐。王太后任命王莽为大司马，和他商议皇位继承人之事。安阳侯王舜是王莽的堂弟，他为人谨慎周全，是王太后所信赖的人，王莽建议任命王舜为车骑将军，让他去迎接中山王刘衎来继承帝位，这就是汉平帝。平帝刚刚九岁，王太后临朝听政，把政务委托给王莽处理。王莽说之前赵飞燕姊妹害死皇子，傅氏骄横僭越礼制，于是废掉孝成赵皇后、孝哀傅皇后，命令她们自杀，这些事在《外戚传》中都有记载。

莽以大司徒孔光名儒，相三主[①]，太后所敬，天下信之，于是盛尊事光，引光女婿甄邯为侍中奉车都尉[②]。诸哀帝外戚及大臣居位素所不说者，莽皆傅致其罪[③]，为请奏，令邯持与光。光素畏慎，不敢不上之，莽白太后，辄可其奏。于是前将军何武、后将军公孙禄坐互相举免，丁、傅及董贤亲属皆免官爵，徙远方。红阳侯立太后亲弟，虽不居位，莽以诸父内敬惮之，畏立从容言太后[④]，令己不得肆意，乃复令光奏立旧恶："前知定陵侯淳于长犯大逆罪，多受其赂，为言误朝[⑤]；后白以官婢杨寄私子为皇子，众言曰吕氏、少帝复出[⑥]，纷纷为天下所疑，难以示来世，成襁褓之功。请遣立就国。"太后不听。莽曰："今汉家衰，比世无嗣[⑦]，太后独代幼主统政，诚可畏惧，力用公正先天下[⑧]，尚恐不从，今以私恩逆大臣议如此，群下倾邪，乱从此起！宜可且遣就国，安后复征召之[⑨]。"太后不得已，遣立就国。莽之所以胁持上下[⑩]，皆此类也。

注释

①相三主：指在成帝、哀帝、平帝时均任丞相。

②奉车都尉：官名。掌管皇帝车马，多由皇帝亲信担任。

③傅致其罪：罗织其罪。

④言太后：谓言于太后。

⑤为言误朝：妄称誉之，惑误朝廷。

⑥吕氏、少帝：指吕后掌政，于惠帝死后，取后宫美人子冒称太子，立为皇帝（即少帝）。

⑦比世无嗣：指成帝、哀帝皆无子。比，连接。

⑧此句意为尽力做得公正，为天下人的表率。

⑨安后：谓国家稍安之后。

⑩胁持：挟制。

译文

王莽因为大司徒孔光是知名儒士，而且辅佐过成帝、哀帝和平帝三位君主，是太后都尊敬的人，为天下人所信任，于是极尽恭敬地对待孔光，举荐孔光的女婿甄邯担任侍中兼奉车都尉。对于哀帝的外戚和他平时所讨厌的在位大臣，王莽都罗织他们的罪名，写成奏章，让甄邯带给孔光。孔光一向谨慎怕事，不敢不上奏。王莽又禀告王太后，这些奏章便被批准。于是前将军何武、后将军公孙禄因互相推荐任大司马而被免职，哀帝的外戚丁氏、傅氏和董贤的亲属都被免去官职和爵位，流放到远方。红阳侯王立是王太后的亲弟弟，虽然没有在朝当官，但是王莽因为他是自己叔父而内心畏惧他，害怕王立向王太后进言，使自己不能为所欲为，就又让孔光向王太后奏禀王立往日的罪过：“王立以前明明知道定陵侯淳于长犯下大逆不道之罪，还接受他的很多贿赂，对他妄加褒奖，迷惑朝廷；后来又说要将官奴杨寄的私生子立为皇子，众人都说这是吕后与少帝之事的再现，被天下人议论纷纷，这样难以昭示后世，完成辅佐幼主的功业，请把王立遣回他的封国去。”王太后没有采纳。王莽说：“如今汉室衰落，接连几代没有皇位继承人，太后独自代替幼主执掌朝政，实在应该诚惶诚恐谨小慎微，努力以公平正义作为天下人的表率，即使如此还担心有不服从的呢，如果您现在因为一己之私而拒绝采纳大臣们的意见，就会使群臣邪念丛生互相倾轧，从此产生祸乱！最好暂时将他遣送回封国去，待国事稍为安定之后再将其召回。”王太后迫不得已，便让王立回封国去了。王莽用来欺上瞒下的手段，都是这样。

于是附顺者拔擢，忤恨者诛灭。王舜、王邑为腹心[①]，甄丰、甄邯主击断[②]，平晏领机事[③]，刘歆典文章[④]，孙建为爪牙。丰子寻、歆子棻、涿郡崔发、南阳陈崇皆以材能幸于莽[⑤]。莽色厉而言方[⑥]，欲有所为，微见风采[⑦]，党与承其指意而显奏之[⑧]，莽稽首涕泣，固推让焉，上以惑太后，下用示信于众庶。

注释

① 王邑（？—公元23）：王商之子。

② 主击断：指掌管纠察、弹劾、审判等职权。

③ 领机事：统管机密的军国大事。

④ 刘歆（？—公元23）：沛郡沛县人。刘向之子。《汉书》卷三十六有其传。刘歆自哀帝建平四年已改名“秀”，此传皆作“歆”，班氏避光武帝讳也（李慈铭说）。典文章：主管礼乐法度。

⑤ 涿郡：郡名。治涿县（今河北涿州）。

⑥ 色厉而言方：表情严厉而言辞方直。

⑦ 风采：神色。

⑧ 党与：同党之人。

译文

就这样，依附顺从他的人得到提拔，反对他和他结怨的人就被杀害。王舜、王邑成为他的心腹，甄丰、甄邯掌管纠察、弹劾、审判等职权，平晏掌管机密的军政大事，刘歆主管典章制度，孙建成为他的得力助手。甄丰的儿子甄寻、刘歆的儿子刘棻和涿郡的崔发、南阳的陈崇都因为有才干而得到王莽的厚待。王莽外表严厉而且说话一本正经，他想要做什么事情的时候，只需略微通过神色示意一下，党羽就会按照他的意思明白地向上奏禀，王莽自己却叩头哭泣，坚决推辞以示谦让，对上用以迷惑王太后，对下用以向广大平民百姓显示诚信。

始，风益州令塞外蛮夷献白雉[1]，元始元年正月[2]，莽白太后下诏，以白雉荐宗庙。群臣因奏言太后："委任大司马莽定策安宗庙[3]。故大司马霍光有安宗庙之功，益封三万户[4]，畴其爵邑[5]，比萧相国[6]。莽宜如光故事[7]。"太后问公卿曰："诚以大司马有大功当著之邪[8]？将以骨肉故欲异之也[9]？"于是群臣乃盛陈"莽功德致周成白雉之瑞[10]，千载同符[11]。圣王之法，臣有大功则生有美号，故周公及身在而托号于周[12]。莽有定国安汉家之大功，宜赐号曰安汉公，益户，畴爵邑，上应古制[13]，下准行事[14]，以顺天心。"太后诏尚书具其事[15]。

注释

① 益州：郡名。治滇池（在今云南晋宁东）。塞外蛮夷：指越裳氏。

② 元始元年：公元元年。

③ 定策：特指谋立皇帝。

④ 三万户：疑作"二万户"。《霍光传》言益封霍光"凡二万户"。

⑤ 畴其爵邑：谓其死后，子孙继承爵邑与其相等（而不减少）。

⑥ 比：等同。萧相国：萧何。《汉书》有其传。

⑦ 故事：成例。指王莽应比照霍光成例。

⑧ 著：彰明，显著。

⑨ 异：特殊。

⑩周成白雉：周成王时，越裳氏献白雉。见《孝经纬》。

⑪符：谓符命。

⑫“圣王之法”三句：相传周成王年幼时，周公摄政，平定叛乱，分封诸侯，营建洛邑，制礼作乐，使周兴盛，托号于国。谓周公以周为号。

⑬古制：指周公享有美号的故事。

⑭行事：犹言故事。指霍光的故事。

⑮具：陈述。

译文

当初，王莽暗示益州官员让塞外的蛮夷越裳氏进献白色羽毛的雉鸡，元始元年正月，王莽提议王太后下诏书，用白毛雉鸡到宗庙祭祀。大臣们便趁机向太后上奏说：“太后委任大司马王莽决策拥立天子，以安定朝廷。先前的大司马霍光有安定汉室的功劳，加封三万户封邑，并且特许他死后子孙继承爵位封邑，与他在世时同等，如同萧相国一样。应当遵循霍光的旧例加封王莽。”王太后询问王公大臣们说：“真的是因为大司马功勋卓著应当表彰他呢？还是因为他是我至亲的缘故而特殊对待他呢？”于是大臣们极力劝说：“王莽的功德显著才招来像周公辅佐周成王时出现白雉一样的祥瑞征兆，虽隔千年但符命却相同。圣明帝王的法度是，臣下有了卓著的功勋生前应当享有美好的称号，所以周公在世时就得以用国号周作为自己的称号。王莽有安邦定国、安定汉室的大功勋，应当赐给安汉公的称号，增加封户，特许在他死后他的子孙完整地继承爵位封地而不得削减，既参照古例，又遵循近代事例，以顺应天意。”王太后就下令让尚书记下此事。

莽上书言：“臣与孔光、王舜、甄丰、甄邯共定策，今愿独条光等功赏[①]，寝置臣莽，勿随辈列。”甄邯白太后下诏曰：“‘无偏无党，王道荡荡[②]。’属有亲者，义不得阿。君有安宗庙之功，不可以骨肉故蔽隐不扬。君其勿辞。”莽复上书让。太后诏谒者引莽待殿东箱[③]，莽称疾不肯入。太后使尚书令恂诏之曰[④]：“君以选故而辞以疾[⑤]，君任重，不可阙，以时亟起[⑥]。”莽遂固辞。太后复使长信太仆闳承制召莽[⑦]，莽固称疾。左右白太后[⑧]，宜勿夺莽意，但条孔光等，莽乃肯起。太后下诏曰：“太傅博山侯光宿卫四世[⑨]，世为傅相[⑩]，忠孝仁笃，行义显著[⑪]，建议定策，益封万户，以光为太师[⑫]，与四辅之政[⑬]。车骑将军安阳侯舜积累仁孝，使迎中山王，折冲万里[⑭]，功德茂著，益封万户，以舜为太保[⑮]。左将军光禄勋丰宿卫三世[⑯]，忠信仁笃，使迎中山王，辅导共养，以安宗庙，封丰为广阳侯，食邑五千户，以丰为少傅[⑰]。皆授四辅之职，畴其爵邑，各赐第一区。侍中奉车都尉邯宿卫勤劳，建议定策，封邯为承阳侯，食邑二千四百户。”四人既受赏，莽尚未起，群臣复上言：“莽虽克让，朝所宜章，以时加赏，明重元功，无使百僚元元失望[⑱]。”太后乃下诏曰：“大司马新都侯莽三世为三公，典周公之职，建万世策，功德为忠臣宗，化流海内[19]，远人慕义，越裳氏重译献白雉[20]。其以召陵、新息二县户二万八千益封莽[21]，复其后嗣[22]，畴其爵邑，封功如萧相国。以莽为太傅，干四辅之事，号曰安汉公。以故萧相国甲第为安汉公第，定著于令[23]，传之无穷。”

注释

①独：只，仅仅。条：谓分条列举。

②“无偏无党”二句：见《尚书·洪范篇》。谓不阿党偏私，王道广大平易。

③谒者：官名。属郎中令（光禄勋）。

④恂：指姚恂。

⑤选：通“巽”，逊也，谓谦让。（李慈铭、杨树达说）

⑥亟：急也。

⑦长信太仆：官名。掌太后车马。闳：王闳，王谭之子。承制：捧着制书。

⑧左右：指近侍之臣。

⑨太傅：官名。辅佐国君。四世：指元帝、成帝、哀帝、平帝四代。

⑩傅相：指称辅导国君之官。

⑪行义：谓行为合于道义。

⑫太师：官名。辅佐国君，位右于太傅。

⑬与：参与。四辅：相传古代帝王有四个辅佐。王莽设四辅。又给太子置师疑、傅承、阿辅、保弼四官。

⑭折冲：指排除艰险。

⑮太保：官名。辅助国君。位次于太傅。

⑯光禄勋：官名。掌守卫宫殿门户。三世：指成帝、哀帝、平帝三代。

⑰少傅：官名。位次于三公。

⑱元元：指百姓。

⑲化：指品德作风。流：谓广泛影响。

⑳重译：辗转翻译。

㉑召陵：县名。在今河南唐河县东北。新息：县名。今河南息县。

㉒复：免除赋役。

㉓定著于令：明确规定于法令。

译文

王莽上书说："臣和孔光、王舜、甄丰、甄邯共同商定治国大计，现在希望只要列出孔光等人的功劳和应得的赏赐就行了，我的就不要提了，我无法和他们相提并论。"甄邯建议太后下诏书说："'不偏私不结党，圣王所行的正道才可以坦荡。'对于有亲属关系的人，按理说有所偏私。您有安定汉室的功劳，不能因为是亲戚的缘故就隐讳不予褒扬。希望您不要再推辞了。"王莽还是上书辞让。王太后命谒者带领王莽到正殿的东厢房等待，王莽托病不去。王太后让尚书令姚恂下诏说："您因为不肯接受朝廷褒奖的缘故以生病推托，但是您的责任重大，不能缺席，应该尽快上朝受封。"王莽还是坚决推辞。太后又让长信太仆王闳奉旨去召王莽，王莽仍坚持托病不出。王太后身边的大臣们进言说，最好别违背王莽的意愿，只要列举孔光等人的功劳和赏赐，王莽就肯上朝主事了。王太后下诏书说："太傅博山侯孔光尽心辅佐四朝天子，一直都担任太傅、丞相这样的重要职务，忠孝仁义，行为规矩，名声在外，提议决策拥立新的皇帝，增加封邑一万户，任命孔光为太师，参加四辅的决策。车骑将军安阳侯王舜素来仁义忠孝，派他迎立中山王，历经曲折，功德卓著，增加封邑一万户，任命为太保。左将军光禄勋甄丰效忠三朝天子，忠义诚信，仁爱笃厚，派他迎接中山王，辅助劝导奉养，安定汉室，赐封甄丰为广阳侯，食邑五千户，任命甄丰为少傅，三人都被授予四辅的职位，他们的子孙继承他们的爵位和封邑可以不被削减，每人赏赐一座府第。侍中奉车都尉甄邯一直以来辛勤护卫朝廷，提议决策拥立新皇帝，封甄邯为承阳侯，食邑两千四百户。"以上四个人都受到封赏后，王莽还是没有上朝理政，大臣们又上书说："王莽虽然克己谦让，朝廷还是应加以表彰的，及时加以封赏，以表明朝廷重视首功之臣，不要让文武百官和老百姓失望。"王太后便下诏说："大司马新都侯王莽担任过三朝的三公，像周公一样辅政，制定了使国家长治久安的政策，功劳德行是众忠臣之首，教化遍及全国，即使远方异域的人们也仰慕他的大义而来归顺，所以越裳氏辗转万里进献白雉。现以召陵、新息两县民户两万八千家加封给王莽，免除他后代的赋税徭役，特许他的子孙可以继承他的爵位和封邑不变，按照萧相国的先例封赏他。任命王莽为太傅，主管四辅的事务，封号为安汉公。把之前萧相国的豪华府邸作为安汉公的府第，把这些以律令的形式规定下来，传之于子子孙孙，无穷无尽。”

于是莽为惶恐[1]，不得已而起受策。策曰：“汉危无嗣，而公定之；四辅之职，三公之任，而公干之；群僚众位，而公宰之：功德茂著，宗庙以安，盖白雉之瑞，周成象焉[2]。故赐嘉号曰安汉公，辅翼于帝，期于致平[3]，毋违朕意。”莽受太傅安汉公号，让还益封畴爵邑事，云愿须百姓家给[4]，然后加赏。群公复争，太后诏曰：“公自期百姓家给，是以听之。其令公奉、舍人、赏赐皆倍故[5]。百姓家给人足，大司徒、大司空以闻[6]。”莽复让不受，而建言宜立诸侯王后及高祖以来功臣子孙，大者封侯，或赐爵关内侯食邑[7]。然后及诸在位，各有第序[8]。上尊宗庙，增加礼乐，下惠士民鳏寡。恩泽之政无所不施，语在《平纪》[9]。

注释

① 为：同“伪”。

② 周成象：周公辅佐成王之象。

③ 致平：达到太平。

④ 家给 jǐ：家家自给自足。

⑤ 舍人：家臣。倍故：数目比原来的增加一倍。

⑥ 闻：报告。

⑦ 关内侯：秦汉爵名，第十九级。

⑧ 第序：等级，次序。

⑨《平纪》：即《汉书·平帝纪》。

译文

于是王莽假装诚惶诚恐的样子，迫不得已才上朝接受册封。策书上写道："汉室衰微，无人继承皇位，是您安定了朝纲；四辅的职责，三公的重任，您承担起来；文武百官由您统率起来：您的功德卓著，国家因您而得以安定，出现白雉鸡的祥瑞征兆，有周公辅佐周成王的气象。因此赐封美好的称号叫作安汉公，辅佐皇帝，希望能使天下太平，不要违背朕的旨意。"王莽接受了太傅之职和安汉公的封号，辞去了增加封地和规定子孙世袭爵位封邑的赏赐，说是希望等到百姓家家都丰衣足食了，再接受这样的赏赐。大臣们又上书力争，太后下诏说："安汉公自己提出要以百姓家家都自给自足为期，所以采纳了他的意见。应该使他的俸禄、家臣和赏赐都比原来增加一倍。等到百姓家家丰衣足食了，大司徒、大司空就上奏上来。"王莽还是辞让没有接受，却建议应该分封各位诸侯王的后代以及高祖以来的功臣的子孙，有大功的封为列侯，或者赐封关内侯的爵位和食邑。然后再按等级封赏诸位在职的王公大臣。对上尊敬祖宗，增加祭祖时的礼仪和乐队规模；对下施恩惠给士人、平民以及鳏寡者等无依靠的人，凡是施恩布德的政策没有不实行的。这些事都记载在《汉书·平帝本纪》中。

莽既说众庶，又欲专断，知太后猒政[①]，乃风公卿奏言："往者，吏以功次迁至二千石[②]，及州部所举茂材异等吏[③]，率多不称，宜皆见安汉公。又太后不宜亲省小事[④]。"令太后下诏曰："皇帝幼年，朕且统政，比加元服[⑤]。今众事烦碎，朕春秋高，精气不堪，殆非所以安躬体而育养皇帝者也。故选忠贤，立四辅，群下劝职[⑥]，永以康宁。孔子曰：'巍巍乎，舜禹之有天下而不与焉[⑦]！'自今以来，惟封爵乃以闻。他事，安汉公、四辅平决[⑧]。州牧、二千石及茂材吏初除奏事者[⑨]，辄引入至近署对安汉公，考故官，问新职，以知其称否。"于是莽人人延问，致密恩意，厚加赠送，其不合指，显奏免之，权与人主侔矣[⑩]。

注释

① 猒：嫌恶，憎恶。

② 功次：按功勋大小排列次序。二千石：指俸禄两千石的官吏。

③ 州部：指十三刺史部（州）。茂才异等：西汉荐举科目有秀才，其特优者称异等。班固为避光武帝讳，改秀为"茂"。

④ 省：过问之意。

⑤ 比：等到。加元服：指举行冠礼。

⑥ 劝职：尽力做好本职工作。

⑦“巍巍乎”二句：见《论语·泰伯篇》。谓舜、禹治天下，委任众贤理政，而不亲自参与政事。巍巍，高大的样子。

⑧平决：评断。

⑨除：拜官任职。

⑩侔：齐等。

译文

王莽在让大家信服之后，又想独断专权，他知道王太后无心政事，就暗示王公大臣们上书说：“以往的官吏凭着功绩升迁到二千石之职，以及州部所荐举的优异秀才而得到提拔的官吏，大多数都不称职，这些人应该拜见安汉公接受考核。再者太后不宜亲自过问一些细微琐事。”他们让王太后下诏书说：“皇帝尚且年幼，我暂且代掌朝政，等到皇帝成年加冠为止。如今政务繁杂琐碎，我的年纪大了，精神体力都跟不上了，这恐怕也不是保养自己身体、培育皇帝的办法。所以选用忠诚贤能的人，设立四辅大臣，使百官都忠于职守，永保天下太平。孔子说：‘圣王之道多么伟大啊，舜、禹治理天下，都是将政务委任给贤臣，而不需事必躬亲！从今往后，只需封爵位的大事上报，其他事务由安汉公和四辅大臣处理。州牧、两千石级以及秀才出身的官吏初次授官任职需要禀奏事务的，就带他们到宫殿附近的公署报告安汉公，考察原来的公务，询问新任的职务，以了解他们是否称职。”于是王莽一一接见询问这些官吏，细心周全，多多褒奖赏赐，遇到不合心意的官员，就明白地上奏请求免职，他的权力几乎和皇帝差不多大了。

莽念中国已平，唯四夷未有异，乃遣使者赍黄金币帛，重赂匈奴单于，使上书言："闻中国讥二名[①]，故名囊知牙斯今更名知[②]，慕从圣制。"又遣王昭君女须卜居次入侍[③]。所以诳耀媚事太后[④]，下至旁侧长御[⑤]，方故万端[⑥]。

注释

① 讥二名：中国古人之名大都只用一个字，用两个字就不合礼。《春秋公羊传》定公六年云："讥二名，二名非礼也。"

② 故名：原名。囊知牙斯：匈奴乌珠留单于之名。

③ 王昭君：王嫱，南郡秭归人。汉元帝时入宫，后出嫁于匈奴呼韩邪单于，称宁胡阏氏 yānzhī，生一子。呼韩邪死后，又复为复株累单于妻，生两女。须卜居次：王昭君之长女，名云。

④ 诳耀：欺骗，炫耀。

⑤ 长御：汉皇后侍官名。

⑥ 方故：办法，手段。万端：多种多样。

译文

王莽考虑到中原已经安定，四方夷族也没有动乱，就派遣使者携带黄金和布帛，以厚礼贿赂匈奴单于，让他上书说："听说中原看不起人名里有两个字的，我原名叫作囊知牙斯，现在改名叫作知，以表示仰慕遵从中原的礼制。"又让王昭君的女儿须卜居次进宫侍奉王太后。为了蒙蔽和献媚王太后，小到她身边的随从宦官、侍女，王莽的手段都是如此变化多端。

莽既尊重，欲以女配帝为皇后，以固其权，奏言："皇帝即位三年，长秋宫未建[①]，液廷媵未充[②]。乃者，国家之难，本从亡嗣[③]，配取不正[④]。请考论《五经》，定取礼[⑤]，正十二女之义[⑥]，以广继嗣。博采二王后及周公孔子世列侯在长安者适子女[⑦]。"事下有司[⑧]，上众女名，王氏女多在选中者。莽恐其与己女争，即上言："身亡德，子材下[⑨]，不宜与众女并采。"太后以为至诚，乃下诏曰："王氏女，朕之外家，其勿采。"庶民、诸生、郎吏以上守阙上书者日千余人，公卿大夫或诣廷中，或伏省户下，咸言："明诏圣德巍巍如彼，安汉公盛勋堂堂若此，今当立后，独奈何废公女？天下安所归命[⑩]！愿得公女为天下母[⑪]。"莽遣长史以下分部晓止公卿及诸生[⑫]，而上书者愈甚。太后不得已，听公卿采莽女。莽复自白："宜博选众女。"公卿争曰："不宜采诸女以贰正统[⑬]。"莽白："愿见女。"太后遣长乐少府、宗正、尚书令纳采见女[⑭]，还奏言："公女渐渍德化，有窈窕之容，宜承天序[⑮]，奉祭祀。"有诏遣大司徒、大司空策告宗庙，杂加卜筮[⑯]，皆曰："兆遇金水王相[⑰]，卦遇父母得位[18]，所谓‘康强’之占，‘逢吉’之符也[19]。”

注释

①长秋宫：皇后所住的宫名，故借指皇后。

②液廷：即掖廷，官署名。媵：随嫁的女子。此指妃嫔。

③本从亡嗣：指成帝选定哀帝继位乃因无子之事。亡，同“无”。

④配取不正：指成帝以出身微贱的赵飞燕姊妹为后妃，不合礼法。取，同“娶”。

⑤取礼：婚姻嫁娶的礼仪。

⑥十二女之义：相传自夏代始，帝王娶十二女为后妃。

⑦二王：指商、周王族。世：后嗣。适子女：即正妻所生的儿女。适，通“嫡”。

⑧有司：指官吏。古代设官分职，各有专司，故称有司。

⑨子：指女儿。

⑩归命：谓寄托命运。

⑪天下母：指皇后。

⑫分部：分批。

⑬贰正统：意谓干扰王莽女儿应得皇后的地位。贰，干扰。

⑭宗正：官名。掌皇族事务。纳采：古代婚礼程序之一。男方备礼前往女家求婚。

⑮天序：帝王的世系。

⑯杂加卜筮：意谓采用多种占卜方式，以卜吉凶。

⑰兆：征兆。金水王相：古人以为，金水相生，故金王则水相。

⑱卦：古人以阴阳两爻的组合出八经卦，以八经卦上下相重，组成六十四卦。

⑲逢吉：大吉。

译文

王莽既已位高权重，想把女儿嫁给平帝立为皇后，以巩固自己的权力，便上书说："皇上登基三年了，皇后之位仍然空缺，嫔妃没有纳足。以往国家的危难，根本上是因为没有继承人，婚娶不当。请根据《五经》的理论，制定皇上的嫁娶礼制、遵循古代帝王娶十二女以充实后宫的原则，以期繁盛皇家后代。因此应广泛选取如今在长安中商、周王族的后代和周公、孔子后代在长安的列侯嫡长女进宫。"这件事交给主管官吏办理，上报众多女子的名单中，王氏家族的女儿有很多。王莽担心她们和自己的女儿竞争，就上奏书说："臣自身没有德行，女儿相貌也不行，不宜与其他女子一起被选入。"王太后误以为他是出于至诚之意，就下诏书说："王氏家族的女儿，是我的亲属，就不要选她们入宫了。"结果，包括平民、众儒生、郎官以上的官员守候在宫门前上书的每天达一千多人，王公大臣和大夫们有的上朝直谏，有的在地方官府，都说："诏令所表现出来的圣明德行是那样崇高，安汉公的伟大功勋是这样的显著，而今要选立皇后，为什么偏偏要排除安汉公的女儿呢？这样天下人应当归附于何处呢！

我们希望选安汉公的女儿做皇后。”王莽派遣长史以下的属官分批告知劝阻王公大臣和儒生们不要再上书了，可是上书要求的人反而更多。太后迫不得已，只得听从王公大臣们的建议选王莽的女儿入宫。王莽又建议说：“应该广泛地挑选其他女子进宫。”王公大臣们争辩说：“不宜在其他女子中选取皇后乱了正统，皇后理应是安汉公的女儿。”王莽说：“那就看看我的女儿吧。”太后派遣长乐宫少府、宗正、尚书令带着彩礼前去相看，回来禀奏道：“安汉公的女儿品德优良，容貌美丽，适合延续皇族世系，接掌祭祀。”太后另外下诏派遣大司徒、大司空到宗庙祭祀，用多种方法来占卜吉凶，都说：“遇着金旺水相的征兆，因为金生水，卦的意思是泰卦，预示着父母得位，这就是所谓‘康乐强健’的预兆，‘子孙大吉’的象征。”

四年春[①]，郊祀高祖以配天，宗祀孝文皇帝以配上帝。四月丁未[②]，莽女立为皇后，大赦天下。遣大司徒司直陈崇等八人分行天下[③]，览观风俗。

注释

① 四年：元始四年，公元 5 年。

② 四月：《汉书·平帝纪》作“二月”。

③ 陈崇等八人：王恽、阎迁、李翕、陈崇、郝党、谢殷、逯普、陈凤。据《恩泽侯表》。

译文

元始四年（5）春季，在郊外祭天，同时配祭高祖，在宗庙中祭祀上帝，同时配祭孝文皇帝。四月丁未日，王莽的女儿被立为皇后，大赦天下。派遣大司徒、司直陈崇等八人分别赴全国各地巡视，体察民情，考察社会风俗。

风俗使者八人还，言天下风俗齐同，诈为郡国造歌谣，颂功德，凡三万言。莽奏定著令。又奏为市无二贾，官无狱讼，邑无盗贼，野无饥民，道不拾遗，男女异路之制，犯者象刑①。刘歆、陈崇等十二人皆以治明堂，宣教化，封为列侯。

注释

①象刑：相传古代以衣服的一定颜色和式样象征处置，而不真动刑惩处。

译文

体察民情考察社会风尚的八个使者回到京城，上报说天下风俗整齐同心，他们为各郡、各封国伪造民歌、民谣，歌功颂德，总计三万字。王莽把它上奏，明确记载到文件中。又上奏说市上物无二价，官府没有诉讼案件，城里没有盗贼，郊外没有饥民，人们路不拾遗，男女风尚合乎礼仪，触犯法律的人也只是受到象征性的处罚。刘歆、陈崇等十二人都因为修建明堂，宣扬教化，被封为列侯。

莽既致太平，北化匈奴，东致海外，南怀黄支[①]，唯西方未有加。乃遣中郎将平宪等多持金币诱塞外羌[②]，使献地，愿内属。宪等奏言：“羌豪良愿等种，人口可万二千人，愿为内臣，献鲜水海、允谷盐池[③]，平地美草皆予汉民，自居险阻处为藩蔽。”问良愿降意，对曰：“太皇太后圣明，安汉公至仁，天下太平，五谷成孰，或禾长丈余，或一粟三米，或不种自生，或茧不蚕自成，甘露从天下，醴泉自地出，凤皇来仪，神爵降集，从四岁以来，羌人无所疾苦，故思乐内属。’宜以时处业，置属国领护[④]。”事下莽。

注释

① 黄支：国名。一说在今印度马德拉斯邦，一说在今印尼苏门答腊岛。

② 中郎将：官名。属光禄勋。羌：古族名。主要分布于今甘肃、青海等地。

③ 鲜水海：一称西海，即青海湖。允谷：地名。在青海湖东南。

④ 属国：附属区，处置各族。汉设都尉掌其事务。

译文

王莽既已实现太平，北方教化匈奴，东方扩张到海外，南方对黄支实施怀柔政策，只有西方尚未加以影响。他便派遣中郎将平宪等人携带很多金银布帛去招降塞外的羌人，让他们献出土地，表示愿意归属汉朝。平宪等奏报说："羌人首领良愿统治下的各部落，人口约一万两千人，愿意对汉称臣，献上鲜水海和允谷盐池，将平坦的土地和美丽的草原都交给汉人，自己住到险要阻塞的地方作为汉朝的屏障。"询问良愿归降的原因，他回答说："太皇太后圣明，安汉公大仁大义，天下太平，五谷丰登，有的禾苗长到一丈多长，有的谷子一颗里有三粒米，有的甚至不需播种，却自己长出庄稼，有的没有养蚕就能生茧，甘露从天而降，甘泉从地下涌出，凤凰因向往而飞来，神雀降落栖息。自从四年以来，羌人没有遭受过痛苦，所以希望并乐意归属汉朝。应当及时安置他们，设置附属国保护他们。"此事交给王莽处理。

泉陵侯刘庆上书言："周成王幼少，称孺子，周公居摄。今帝富于春秋[①]，宜令安汉公行天子事，如周公。"群臣皆曰："宜如庆言。"

注释

①富于春秋：意谓年轻（未来年岁尚多）。

译文

泉陵侯刘庆上书说："周成王少年时，称为孺子，周公代理朝政。当今皇帝年纪还小，应当让安汉公代行天子之事，像周公当年那样。”大臣们都说：“应该按刘庆说的做。”

平帝疾，莽作策[①]，请命于泰畤[②]，戴璧秉圭，愿以身代。藏策金縢[③]，置于前殿，敕诸公勿敢言。十二月平帝崩，大赦天下。莽征明礼者宗伯凤等与定天下吏六百石以上皆服丧三年[④]。奏尊孝成庙曰统宗，孝平庙曰元宗。时元帝世绝，而宣帝曾孙有见王五人[⑤]，列侯广戚侯显等四十八人，莽恶其长大，曰：“兄弟不得相为后[⑥]。”乃选玄孙中最幼广戚侯子婴[⑦]，年二岁，托以为卜相最吉。

注释

①作策：在简上书写祷告文。

②泰畤：古坛名。祭祀天地五帝之处，在甘泉山。

③金縢：古代的机密文件柜。

④服丧三年：臣为君服丧三年，始于此。

⑤见王五人：指淮阳王刘縯、中山王刘成都、楚王刘衎、信都王刘景、东平王刘开明。

⑥兄弟不得相为后：谓兄弟同辈不能继位。

⑦子婴：刘婴（4—24），被王莽玩弄，后死于刘玄部将之手。

译文

平帝病重，王莽写了祷告文，到泰畤替平帝祈祷平安，他佩戴玉璧，捧着玉圭，愿意用自己代替平帝去死。他把策书收藏在金縢中，放在前殿，告诫大臣们不要说漏此事。十二月，平帝去世，宣布大赦天下。王莽征召通晓礼仪的宗伯凤等人参与议定，让全国六百石以上的官吏一律为平帝服丧三年。王莽上奏太后，尊称孝成帝庙号为统宗，平帝庙号叫作元宗。这时元帝的后裔已全部死去，而宣帝的曾孙，在世当王的有五人，为侯的有广戚侯刘显等四十八人，王莽嫌他们都已长大成人不易控制，便说："兄弟平辈之间，不能继承帝位。"于是就选择了玄孙中年龄最小的广戚侯的儿子刘婴作为皇位继承人，年仅两岁，借口说他占卜、看相选择刘婴最吉利。

是月，前辉光谢嚣奏武功长孟通浚井得白石①，上圆下方，有丹书著石，文曰"告安汉公莽为皇帝"。符命之起，自此始矣。莽使群公以白太后，太后曰："此诬罔天下，不可施行！"太保舜谓太后："事已如此，无可奈何，沮之力不能止。又莽非敢有它，但欲称摄以重其权，填服天下耳。"太后听许。

注释

① 前辉光：王莽改右扶风为前辉光。武功：县名。在今陕西眉县东南。

译文

这个月，前辉光谢嚣上奏说武功县令孟通疏浚水井时，挖出了一块白石，上部是圆形，下部是方形，上面有朱砂写着“告安汉公王莽为皇帝”。符命之说从此就开始了。王莽让大臣们把这件事禀告太后，太后说：“这是在欺瞒天下人，不能实行！”太保王舜对太后说：“事情已经到了这个地步，也没有别的办法，想要阻止他已经无能为力。而且王莽并不敢有什么野心，只是想要一个代行皇帝职权的名义，加强权力，使得天下人服从罢了。”太后答应了。

于是群臣奏言：“……臣请安汉公居摄践祚，服天子韨冕，背斧依于户牖之间，南面朝群臣，听政事。车服出入警跸[①]，民臣称臣妾，皆如天子之制。郊祀天地，宗祀明堂，共祀宗庙，享祭群神，赞曰‘假皇帝’，民臣谓之‘摄皇帝’，自称曰‘予’平决朝事，常以皇帝之诏称‘制’，以奉顺皇天之心，辅翼汉室，保安孝平皇帝之幼嗣，遂寄托之义，隆治平之化。其朝见太皇太后、帝皇后，皆复臣节。自施政教于其宫家国采[②]，如诸侯礼仪故事。臣昧死请。”太后诏曰：“可。”明年，改元曰居摄。

注释

① 车服：此指王莽。警跸 bì：戒严。

②官：指王莽所居官署。家：指其家族所居。国：指新都国。采：指以武功县为采地。

译文

于是大臣们上书说："我们请求安汉公坐上皇位，代行天子职权，身着皇帝服饰，头戴皇帝龙冠，背靠摆设在门窗之间的斧形图案屏风，面向南接受百官的朝拜，处理朝政。他出入经过的地方要严加戒备，禁止通行，平民和群臣对他自称奴仆，全都照天子的规格置办。在京郊祭祀天地，在大殿里祭祀列宗，在宗庙祭祀祖宗，祭祀各种神灵，祭辞称安汉公为'假皇帝'，平民和臣子则称他'摄皇帝'，而他自称'予'。处置朝廷事务，常用皇帝诏书的形式，称为'制书'，以顺应上天的意愿，辅佐汉朝皇室，维护孝平皇帝幼小后嗣的安全，成就了受委托居位摄政的大义，使治国安邦的教化得到兴盛。但当他朝见太皇太后、皇后时，都要恢复臣子的礼节。他可以在自己的官署、宅第、封国、采地独立自主地施行政令，按照诸侯礼制的成例办理。我们冒死罪请求。"太后下诏说："可以。"第二年，改年号为居摄。

三月己丑，立宣帝玄孙婴为皇太子，号曰孺子。以王舜为太傅左辅，甄丰为太阿右拂，甄邯为太保后承[①]。又置四少[②]，秩皆二千石。

注释

①太傅左辅、太阿右拂bì、太保后承：皆王莽所新设的官名，掌管教授太子。

②四少：少师、少傅、少阿、少保。

译文

三月己丑日，立宣帝玄孙刘婴为皇太子，号为孺子。任命王舜为太傅左辅，甄丰为太阿右拂，甄邯为太保后承。又设置四少官位，俸禄都是两千石。

四月，安众侯刘崇与相张绍谋曰："安汉公莽专制朝政，必危刘氏。天下非之者，乃莫敢先举，此宗室耻也。吾帅宗族为先，海内必和。"绍等从者百余人，遂进攻宛，不得入而败。

译文

居摄元年（6）四月，安众侯刘崇与他的丞相张绍谋划说："安汉公王莽把持朝政独断专权，必定会危害刘氏皇权。天下反对他的人很多，竟没人敢率先行动，这是皇族的耻辱。我率领同族的人先动手，全国一定都会响应。"张绍等跟随他的有一百多人，于是进攻宛城，没有攻进去就失败了。

群臣复白："刘崇等谋逆者，以莽权轻也。宜尊重以填海内[①]。”五月甲辰，太后诏莽朝见太后称“假皇帝”。

注释

①尊重：增强权力。

译文

大臣们又上奏说：“刘崇等人之所以谋反，是因为王莽的权力太轻。应该加重他的权力使他能威震天下。”五月甲辰曰，太后下令王莽朝见她时可自称“假皇帝”。

梓潼人哀章学问长安[①]，素无行，好为大言。见莽居摄，即作铜匮，为两检[②]，署其一曰“天帝行玺金匮图”，其一署曰“赤帝行玺某传予黄帝金策书[③]”。某者，高皇帝名也。书言王莽为真天子，皇太后如天命。图书皆书莽大臣八人[④]，又取令名王兴、王盛[⑤]，章因自窜姓名[⑥]，凡为十一人，皆署官爵，为辅佐。章闻齐井、石牛事下，即日昏时，衣黄衣，持匮至高庙，以付仆射[⑦]。仆射以闻。戊辰[⑧]，莽至高庙拜受金匮神嬗。御王冠，谒太后，还坐未央宫前殿，下书曰：“予以不德，托于皇初祖考黄帝之后，皇始祖考虞帝之苗裔，而太皇太后之末属。皇天上帝隆显大佑，成命统序，符契图文[⑨]，金匮策书，神明诏告，属予以天下兆民。赤帝汉氏高皇帝之灵，承天命，传国金策之书，予甚祇畏，敢不钦受！以戊辰直定，御王冠，即真天子位，定有天下之号曰新[10]。其改正朔[11]，易服色[12]，变牺牲[13]，殊徽帜，异器制[14]。以十二月朔癸酉为建国元年正月之朔，以鸡鸣为时[15]。服色配德上黄[16]，牺牲应正用白[17]，使节之旄幡皆纯黄[18]，其署曰‘新使五威节[19]’，以承皇天上帝威命也。”

注释

①梓潼：县名。今四川梓潼。哀章（？—23）：广汉梓潼人。在王莽建国后位至上公。

②检：题签。

③赤帝：汉代迷信传说有赤帝子（刘邦）诛蛇故事。

④大臣八人：指王舜、平晏、刘歆、甄邯、王寻、王邑、甄丰、孙建。

⑤王兴、王盛：意谓王氏兴盛。

⑥窜：掺杂。

⑦仆射：官名。掌高庙事务。

⑧戊辰：初始元年（8）十一月二十五日。

⑨符契：符命。

⑩号曰新：王莽国号称“新”，变名甚多。据陈直考证，有新家、新室、黄室、新成、新世等；仅新室、黄室见于《汉书》，其余皆散见于铜器印镜等。

⑪改正朔：谓改定新历法。正朔，指一年的第一天。

⑫易服色：变换车马、服饰的颜色。

⑬牺牲：指祭祀用的牲畜。

⑭器制：指祭器、礼器之形制。

⑮鸡鸣为时：汉代原以夜半（子时）为一天之始，王莽改以鸡鸣（丑时）为一天开始。

⑯配德上黄：王莽据五德终始说，以为汉是火德，尚赤；而土可以继火，故尚黄。

⑰应正用白：王莽之正为阴历十二月，建丑，丑色白，故牺牲用白。

⑱旄幡 fān：以牦牛尾装饰的旗帜。

⑲五威：指秉承五帝（东方青帝、南方赤帝、西方白帝、北方黑帝、中央黄帝）之威命。

译文

梓潼县人哀章在长安求学，一向品行不端，喜欢说大话。他见王莽已经代行皇帝大权，就做了一只铜柜，写了两道封书题笺，其中一张写着“天帝行玺金匮图”，另一张写着“赤帝行玺某传予黄帝金策书”。所谓某，就是汉高祖刘邦的名字。策书说王莽是真命天子，皇太后应遵循天意行事。图和书都写着王莽的八个大臣，又取了两个好名字叫王兴、王盛，哀章也把自己的名字混在里面，这样总共是十一人，都标明官衔和爵位，作为辅佐的大臣。哀章听说齐郡新井和巴郡石牛的事件，就在当天黄昏的时候，身穿黄色衣服，提着铜柜子到了高帝庙，把它交给仆射。仆射将此事上报。戊辰日，王莽到高帝庙接受天神命高皇帝禅让的铜柜子。他头戴王冠，拜见太后，回来坐在未央宫前殿，下诏书说：“我德行浅薄，有幸是先祖黄帝的子孙，皇始祖考虞帝的后裔，以及太皇太后的亲属。上天赐厚恩保佑，既定的天命让我继承大统，符命、图书和文字，以及铜柜里的策书，都是神灵的指示，把天下千百万民众托付给我。托赤帝汉朝高皇帝的神灵，秉承上天之命，禅让皇位的金策书，我非常敬畏，哪敢不恭敬地接受！在戊辰日选定好时辰我戴上皇冠，登上真龙天子的宝座，定国号为新。应该修订历法，改变车马、服饰的颜色，改变祭祀用的牲畜的毛色，更换旗帜之类的标志，重定器具的形制。把今年十二月初一癸酉日作为建国元年正月初一，以丑时作为一天的开始。车马、服饰的颜色崇尚黄色，祭祀用的牲畜和正月建丑宜用白色，使节上用作装饰的牦牛尾都采用纯黄色，上面写着‘新使五威节’，以显示秉承皇天上帝威严的命令。”

始建国元年正月朔[①]，莽帅公侯卿士奉皇太后玺韨[②]，上太皇太后，顺符命，去汉号焉。

注释

① 始建国元年：公元 9 年。正月：此为王莽改历的正月。
② 皇太后玺：王莽为皇太后新制之玺，曰：“新室文母太皇太后。”韨：系印玺的带子。

译文

始建国元年（9）正月第一日，王莽率领公侯卿士捧着新制的皇太后御玺，送给太皇太后，以顺应符命的意思，去掉汉朝的名号。

赞曰：王莽始起外戚，折节力行，以要名誉[①]，宗族称孝，师友归仁。及其居位辅政，成、哀之际，勤劳国家，直道而行，动见称述。岂所谓“在家必闻，在国必闻”，“色取仁而行违”者邪[②]？莽既不仁而有佞邪之材，又乘四父历世之权[③]，遭汉中微，国统三绝，而太后寿考为之宗主[④]，故得肆其奸慝[⑤]，以成篡盗之祸。推是言之，亦天时，非人力之致矣。及其窃位南面，处非所据[⑥]，颠覆之势险于桀、纣[⑦]，而莽晏然自以黄、虞复出也[⑧]。乃始恣睢[⑨]，奋其威诈，滔天虐民[⑩]，穷凶极恶，毒流诸夏，乱延蛮貉，犹未足逞其欲焉。是以四海之内，嚣然丧其乐生之心[⑪]，中外愤怨，远近俱发，城池不守[⑫]，支体分裂，遂令天下城邑为虚，丘垅发掘[⑬]，害徧生民，辜及朽骨[⑭]，自书传所载乱臣贼子无道之人，考其祸败，未有如莽之甚者也。昔秦燔《诗》、《书》以立私议[⑮]，莽诵《六艺》以文奸言[⑯]，同归殊涂[⑰]，俱用灭亡，皆炕龙绝气[⑱]，非命之运[⑲]，紫色蛙声[⑳]，余分闰位[㉑]，圣王之驱除云尔[㉒]！

注释

① 要：求取；博取。

②“在家必闻”二句，“色取仁而行违”：均见《论语·颜渊篇》。

③四父：王凤、王音、王商、王根四人，皆王莽之诸父。

④太后：指元后王政君。寿考：谓长寿。宗主：意谓保护伞。

⑤肆：放。慝 tè：邪恶。

⑥处非所据：占据其所不应占有的地位。

⑦颠覆：毁灭。

⑧晏然：安静貌。黄、虞：黄帝、虞舜。

⑨恣睢：放纵骄横貌。

⑩滔：慢。

⑪嚣然：忧愁的样子。

⑫城池：城墙和护城河，借称都邑。此指长安。

⑬丘垅：指坟墓。

⑭偏：同“遍”。辜：祸害。

⑮立私议：指废分封制立郡县制使中央集权，天下事为一家之议。

⑯文：文饰，掩饰。

⑰同归殊涂：即殊途而同归。谓用不同的手段而达到同样愚民的目的。涂，同“途”。

⑱炕龙：《易经》乾卦上九爻辞曰“亢龙有悔”，谓无德而居高位的人。绝气：断了气数。

⑲非命之运：非天命之命。

⑳紫色：紫色为间色，不是原色。古人以为是不正之色。蛙声：邪声，不是正音。

㉑余分闰位：谓王莽无正王之命，称帝不正，如岁月之余而闰。即不承认其正统地位。

㉒圣王：指光武帝刘秀。

译文

赞曰：王莽起初凭借皇亲国戚起家，屈己于人下，勤勉而行，从而博取名誉，由此家族称赞他遵守孝道，老师、朋友也赞美他具有仁厚的品德。他因此登上高位辅佐朝政，在汉成帝、哀帝时，为了朝政不辞辛苦，秉公行事，他的行为常被人称道。难道他就是孔子所说的“在家族中一定有名声，在朝廷上也一定有好名声”，“表面上好像赞成宽厚仁道，行动中却违反它”的人吗？王莽原没有仁厚的品德，却有着花言巧语、虚伪奸诈的才能。他还利用他四个伯父、叔父在元帝、成帝两代做官所掌握的权力，适逢汉朝中道衰落，三次没有皇位继承人，而王太后又高寿，能够长期对他进行保护，他的奸诈手段得以实施，从而造成篡夺皇位、窃取政权的灾难。从这些事情来看，这也是天意，非人力而为。在他窃取皇位，坐上本不属于他的位置后，他衰败的势头比夏桀、商纣还要迅速，然而王莽还想当然地认为他就是黄帝、虞舜再世，开始放纵暴政，放施威权，违背天道，荼毒百姓，流毒全国，灾祸遍及四方，然而这也没有满足他的欲望。当举国上下丧失信心，民怨沸腾时，全国各地都被发动起来，城池陷落，他的尸体也被分裂，从而使举国城池成为废墟，很多坟墓也遭到发掘，在这场灾难中无论活人还是死人都受到波及，自从有文字记载以来的乱臣贼子，推究他们带来的灾祸和他们的失败，没有比王莽更过分的。从前秦朝焚毁《诗经》《书经》等典籍，以确立他们的主张，王莽引用《六经》来粉饰他的谬论，他们的做法不一，但结果相同，也都因此导致灭亡，他们都不修德行而窃据高位，上天不会照顾他们，在漫长的历史中他们只是一些杂色淫声，是被圣王扫除的对象罢了。

图书在版编目（CIP）数据

汉书译注 /（东汉）班固著；陈朴，徐峰译注. —北京：北京联合出版公司，2015.7（2023.8重印）

ISBN 978-7-5502-3918-0

Ⅰ.①汉… Ⅱ.①班… ②陈… ③徐… Ⅲ.①中国历史－西汉时代－纪传体②《汉书》－译文③《汉书》－注释 Ⅳ.①K234.104.2

中国版本图书馆CIP数据核字（2015）第143698号

汉书译注

作　　者：（东汉）班固
译　　注：陈　朴　徐　峰
出 品 人：赵红仕
选题策划：梁明德　邵鹏军
责任编辑：王　巍
特约编辑：刘文硕
封面设计：格林文化
版式设计：格林文化

北京联合出版公司出版
（北京市西城区德外大街83号楼9层　100088）
三河市华润印刷有限公司　新华书店经销
字数150千字　960毫米×640毫米　1/16　印张21.5
2015年9月第1版　2023年8月第3次印刷
ISBN 978-7-5502-3918-0
定价：49.00元
